ビギナーズ地域福祉

牧里毎治・杉岡直人・森本佳樹［編］

はじめに

　本書の趣旨は表題が示すように，わかりにくい地域福祉なるものをはじめて学ぶ読者にもわかりやすく説明し語り継ごうと，ビギナーのための地域福祉論にしようという思いから始まった。わかりやすいものになったかどうか，いささか不安ではあるが，それは読者が評価することなのだろう。

　本書が企画されてから出版にこぎ着けるまでかなりの時間を費してしまった。これはひとえに共同執筆者である私の責任であると感じている。最初に執筆予定者が諸般の事情で交代したり，共同執筆者がそれぞれ大学，学会などで重責を果たさなければならない立場になって時間的余裕がなくなってしまったこともある。言い訳ばかりしても出版の遅れを正当化できるわけではないので，素直に謝罪しておきたい。

　本書の構成は次のとおりである。住民の目線で問題解決の仕組みをつくっていく取組みの全体が，地域福祉であると考えているので，本書は地域福祉をわかりやすく理解してもらうために，次の4つのパートに分けて構成してみた。

　第1部では，どんなステージで地域福祉が動いているのか，その大きな器，受け皿としての地域に焦点を当て，地域福祉の対象になっている組織や問題，課題などについて考える。

　第2部では，地域福祉を進める人材や組織が，どういう方法でどんな活動をしているのか，また，それを間接的に支援するコミュニティワーカーがどういう機能をもつ仕事なのかに焦点を当てる。

　第3部では，そういう活動なり組織なりを，実践方法に焦点を当てて考える。地域福祉のいろいろな活動や取組みも，ある意味では

実践方法としてできている。そういう実践方法という視点から見たときに、地域福祉はどのように読み解くことができるのか。たとえば、相談のあり方、組織の公私の役割。あるいは地域福祉計画をつくっていくうえで、実践とはどんな関わりをもっているのかということを考えてみよう。

最後の第4部では、地域福祉に関わるお金の動きに焦点を当てて考える。私たちの市民社会は市場社会でもある。私的な市場であれ、社会市場であれ、そこにはお金が動いている。その中で人が働いたり活動をしたり、イベントや事業をしている。お金の動きに注目して、地域社会で起きていることを見てみるとどのようなことがわかるだろうか。とくに、地域福祉では、税金、寄付金あるいは会費、利用料というものが、私たちの暮らしの中でどのようにつながっているのかということを考えながら、地域福祉の全体像を理解できることをめざしたつもりである。

このような構成のもくろみが当たったかどうかは読者が決める。評価を含めてご叱正いただければと思う。

　2013年6月

執筆者を代表して

牧里 毎治

執筆者紹介（執筆順，＊は編者）

＊牧里毎治（まき さと つね じ）　［序章，第4, 5, 6章］
現在　関西学院大学人間福祉学部教授
主著　『福祉系NPOのすすめ』（監修）ミネルヴァ書房，2011年。『社会起業入門』（共編）ミネルヴァ書房，2012年。

＊杉岡直人（すぎ おか なお と）　［第1, 2, 3章］
現在　北星学園大学社会福祉学部教授
主著　『福祉行財政と福祉計画』（編著）みらい，2013年。『協働性の福祉社会学』シリーズ福祉社会学第3巻（共著），東京大学出版会，2013年。

加山　弾（か やま だん）　［第4, 5, 6章］
現在　東洋大学社会学部准教授
主著　『地域福祉の理論と方法』（共著）ミネルヴァ書房，2010年。『地域におけるつながり・見守りのかたち』（共著）中央法規出版，2011年。

＊森本佳樹（もり もと よし き）　［第7, 8, 9章］
現在　立教大学コミュニティ福祉学部教授
主著　『地域福祉情報論序説』川島書店，1996年。『地域包括ケアシステム』（編著）光生館，2011年。

拾井雅人（ひろ い まさ と）　［第10, 12章］
現在　神戸医療福祉大学社会福祉学部教授
主著　「A Note on Efficiency Wages and Frankl's Attitude Value of Workers with Disabilities」（共著）『経済研究』第56巻第1号，大阪府立大学，2010年。『社会福祉行財政計画論』（共著）法律文化社，2011年。

八木橋慶一（や ぎ はし けいいち）　［第11章］
現在　神戸医療福祉大学社会福祉学部講師
主著　『よくわかる福祉財政』（共著）ミネルヴァ書房，2010年。『社会福祉行財政計画論』（共著）法律文化社，2011年。

髙尾　肇（たか お はじめ）　［第11章］
現在　ノートルダム清心女子大学人間生活学部講師
主著　『よくわかる福祉財政』（共著）ミネルヴァ書房，2010年。『生活支援の理念と介護における尊厳の理解』介護職員基礎研修課程テキスト1（共著），日本医療企画，2007年。

Information

●**本書のねらい**　住民が地域の問題をすくいあげ，仲間やボランティアを巻き込みながら，コミュニティワーカーや社会福祉協議会が支え役となって，問題解決の仕組みをつくっていく地域福祉。本書はとくに住民参加の地域福祉に焦点を当てています。人と地域と社会を住民主体で守っていく地域福祉の全体像がわかる入門書です。

●**本書の構成**　地域福祉の空間と対象（第1部），人材と方法（第2部），実践と基盤整備（第3部），サービス供給と財政（第4部）という4つの部門に分けて構成し，序章を含め全13章から成り立っています。各部扉の裏には，部のイントロダクションを置き，部の問題意識や各章のつながりを解説しています。

●**各章の構成**　各章は，イントロダクション，本文，キーワード，コラムで構成されています。

●**イントロダクション**　各章の冒頭には，1頁を使って導入部を設けました。地域福祉の現場の様子がわかる写真と，その下に案内文があります。まずここでその章のイメージをつかみましょう。

●**キーワード**　本文の記述の重要ポイントはゴチック表示で記し，丁寧に説明しています。

●*Column*（コラム）　本文は文章の流れを重視し，本文の理解を助けるトピックスや解説が必要な用語は，コラムとして別に抜き出しました。

●**参考文献**　本文中の参考文献の出所は，巻末に載せています。本文中には，基本的に（著者名[出版年]）で表示しています。

●**索　　引**　巻末に，基本用語を中心にした索引を付けました。索引項目から本文を読みなおせば，また違った角度から知識を整理することができるでしょう。

ビギナーズ地域福祉：目　次

序　章　住民・市民参加の地域福祉の時代　　1

1　多様化する地域社会と住民・市民の福祉 …………………2
地域社会という舞台　2　　リスクに立ち向かう仕組みづくり　3

2　地域をつくる住民・市民 ………………………………4
自分も何かしたい！　4　　積極的に公共に関わる　5　　「市民」としての生き方　6　　福祉的なコミュニティをつくる　7

3　地域でできること ………………………………………8
地域に合った対応を考える　8　　地域社会の可能性　9　　ボトムアップによる福祉コミュニティづくり　10

4　大震災と地域再生 ………………………………………12
東日本大震災と被災地の生活再建　12　　地域再生と地域福祉　13

第1部　地域福祉の空間と対象

第1章　地域社会と生活　　17

1　地域社会とは単なる地理的空間ではない …………18
●生活の日常性
居場所を選ぶ　18　　日常生活圏　19　　混住化と共生社会化　20　　少子高齢化　22　　ライフステージから

みる日常生活　24　　安心できる生活の拠点とは？　27

2 地域における人と人との関係 …………………29
ほうっておいてほしいけれど仲間もほしい　29　　ヨコ関係の大切さとネットワーク　30

3 支えあいの場としての地域社会 …………………31
支えあい活動の基盤　31　　コミュニティケア　32
ネットワークサロン　34

第2章　地域福祉の政策はどう変化してきたか　37

1 戦前の地域福祉 …………………38

2 戦後から高度経済成長期の前後 …………………40
児童受難の時代（1945〜49年）　40　　障害者福祉・母子福祉対策の時代（1950〜59年）　41　　地域福祉時代の幕開け（1960〜69年）　42

3 地域福祉の展開期 …………………43
障害者福祉から老人福祉へのシフト（1970〜79年）　43
福祉国家の見直しと在宅ケアへ（1980〜89年）　47

4 社会福祉基礎構造改革と地域福祉時代の幕開け ………49
在宅ケア拡充と社会福祉基礎構造改革へ（1990〜99年）　49　　介護保険の施行と見直しおよびサービスの質評価（2000年〜）　51　　認知症対策と福祉のまちづくり　53

第3章　福祉コミュニティの形成　59

1 地域福祉のトレンドを読む …………………60
人口構造の変化＝高齢化のインパクト　60　　地域自立生活と地域移行政策　61　　公私協働とNPO活動の推進　62

2 まちづくりのエリアとしての徒歩生活圏 …………………64
小学校区と徒歩生活圏への注目　64　　実践事例　65
ネットワークの連結点としての中学校区　66　　移動手段の重要性　67

3 福祉コミュニティの形成 …………………………………68
町内会組織の活性化は可能か　68　　ある団地自治会の取組み　70　　防犯・防災と地域組織　71　　町内会のあり方　71　　事業体としての町内会　73

第 2 部　地域福祉の人材と方法

第4章　コミュニティワーカーとは誰のこと？　79

1 コミュニティワーカーという仕事 ……………………80
住民の力を呼び起こすコミュニティワーカー　80　　変わりつつある地域社会　81　　コミュニティワーカーとはどんな人なのか　83

2 コミュニティワーカーが用いる方法・技術 …………90
プロの支援はボランティアとどこが違うのか　90　　コミュニティワークという地域支援技術　91　　コミュニティ・ソーシャルワークという手法　93　　住民参加をどう支援するか　94　　住民の組織化を支援する　96

3 支援における目標設定と評価の目安 …………………100
コミュニティワークのゴール　100　　住民・当事者とともに福祉活動を評価する　101

第5章　コミュニティワーカーの職場　105

1 社協とはどういう組織か ………………………………106

全国に設置されている社協　106　　社協の性格：その法的位置と特徴　107　　データにみる社協　110

2 そのほかの職場 …………………………………112
「点」を「線」に，そして「面」に広げる：ボランティアセンター　112　　在宅福祉サービスを支える団体　114　　地域のいたるところにコミュニティワークの場が　115

3 福祉施設の地域拠点化へ …………………………………115
地域に求められる福祉施設の力　115　　福祉施設の社会化・地域化　117　　施設社会化から地域拠点化へ　118

4 住民パワーを受け止める，NPOやボランティアへの期待 …120
地域福祉にとって欠かせないNPO　120　　NPOはこうして登場した　121　　どのような団体がNPOか　123　　NPOの活動分野とその広がり　125

第6章　ボランティアとしての住民・当事者とコミュニティワーク　129

1 地域福祉のボランティア …………………………………130
住民の絶大な力　130　　ボランティアの多様性　131　　町内会・自治会と地域福祉　132

2 当事者組織とセルフヘルプグループにおける「受益」と「供給」 …………………………………134
当事者組織はボランティアなのか　134　　「当事者性」のタイプ　136　　地域では誰もが当事者　137

3 住民・当事者を組織化するコミュニティワーク ……138
住民主体をバックアップする仕組み　138　　コミュニティワーカーとボランティア　140

4 市民社会が求めるボランティア …………………………………141
住民発の新たな取組み　141　　プラットホームづくり

の必要性 144　　ローカリティを取り戻す 146

第3部　地域福祉の実践と基盤整備

第7章　地域福祉実践とは何か　　151

1　「地域福祉」とはどのような「福祉」なのだろうか …152
地域福祉の実際（事例として） 152　　事例を読み解く前に 156　　コーディネーターの動きを中心に事例を読み解く 160　　社会的ニーズを地域社会で解消する際の「助」の発動の順番について 162　　「地域福祉」は「つながり」をつける「福祉」である 165

2　地域福祉実践を支える考え方と視点 ……………………168
エンパワメントとストレングス・モデル 168　　ソーシャル・インクルージョン，普遍主義的福祉 169　　長期継続ケアと地域包括ケア 170　　新しい公共 171　　利用者主体・当事者主体とアドボカシー・権利擁護 171　　情報開示と説明責任 172　　予防と早期発見 173

3　地域福祉の実践は「つながり」をつけて，地域福祉「らしく」すること ……………………173
地域福祉は「つながり」が重要 174　　地域福祉「らしさ」について 176

4　地域福祉の実践にはどんなものがあるのか …………178
(1) 地域福祉サービス 178　　(2) 地域福祉活動 180　　(3) 地域福祉サービス，地域福祉活動の両方の要素をもつもの 181　　(4) 困りごとを抱えた人を支援するための仕組み 182

5　地域福祉実践を進める技術と方法 …………………183

コミュニティワークとコミュニティ・ソーシャルワーク　184　組織化と小地域ネットワーク　185　ニーズ把握，アウトリーチと総合相談　187　コミュニティケアと地域包括ケア　188　ケアマネジメント　189　地域密着型サービス，小規模多機能型居宅介護　192

第8章　地域福祉の基盤整備と情報化　197

1　地域福祉活動の基盤整備とは何か　198
地域福祉の基盤整備の必要性　198　地域福祉活動の基盤整備の内容　198　地域福祉の基盤整備と計画の関係　206

2　地域福祉を推進する手段としての「福祉情報」　207
地域福祉で情報を考える理由　207　福祉分野での情報化進展の背景　208　福祉の情報化を進展させた2つの制度改革　210　地域福祉の場面での情報化の必要性：具体的な必要性の比較　214　「福祉情報」の種類　217　「福祉情報システム」の種類　220

3　「情報化福祉」の課題と展望　222
福祉情報化の課題　222　「情報化福祉」のイメージ　226

第9章　地域福祉計画と地域包括ケア　231

1　地域福祉計画と地域福祉活動計画　232
「地域福祉計画」とは何か　232　地域福祉計画の策定手法　236　「地域福祉活動計画」とは何か　241　地域福祉計画の策定状況と取組みが進まない背景　242　地域福祉計画における住民参加などの具体的内容と重要性　244

2　「地域包括ケア」とは何か　246

介護保険制度の創設と 2005 年制度改革　247　　地域包括支援センターの役割と機能　250　　「地域包括ケア」の定義　251　　地域包括ケアの成立要件　252　　地域包括ケアと「地域包括ケアシステム」の関係　253　　地域包括ケアと地域福祉の関係　253　　地域包括ケアを支えるインフォーマル・サポートの具体例　255

第 4 部　地域福祉のサービス供給と財政

第 10 章　地域福祉の資金と財源　　263

1　持続可能な地域福祉 …………………………………264
資金調達と財源確保　264　　地域福祉事業の特徴　264　　地域福祉活動団体の存在意義　266

2　地域福祉に必要なカネ …………………………………268
地域福祉ボランティアに必要なカネ　268　　地域福祉活動団体に必要なカネ　270　　地域福祉に必要なカネの負担者　274

3　地域福祉に必要なカネの出所 …………………………275
地域福祉に関する資金の拠出者　275　　形態別にみた財源の特徴　277　　地域福祉活動団体における財源ミックス　280

第 11 章　地域福祉の公的財源　　283

1　地域福祉の「地域」とは …………………………………284

2　国から地方自治体へ交付される地域福祉財源 ………285
財源を考える　285　　国の地域福祉事業と財源　286

3 地方自治体の地域福祉財源 …………………………289

　財源を考える　289　　都道府県の地域福祉事業と財源　290　　市町村の地域福祉事業の財源　292

4 社会福祉協議会の財源 …………………………295

　社会福祉協議会とは　295　　市町村社会福祉協議会の活動財源　297

5 地域福祉財源の展望 …………………………300

第12章　地域福祉の民間財源　303

1 会　費 …………………………304

　会員制度　304　　会費収入　305

2 寄付金 …………………………306

　寄付金の捉え方　306　　個人寄付と法人寄付　307　　寄付税制　309

3 代金・料金（自主事業収入） …………………………312

　自主事業収入の特徴　312　　地域福祉事業と自主事業　312

4 金融による資金調達 …………………………314

　金融の仕組み　314　　間接金融①（銀行融資）　315　　間接金融②（NPOバンクによる融資）　316　　直接金融①（株式，社債の発行）　317　　直接金融②（擬似私募債の発行）　318

5 助 成 金 …………………………319

　助成金の仕組み　319　　助成財団　321　　共同募金会　322　　公営競技系助成団体　325　　市民ファンド　327　　公益信託の受託者（信託銀行など）　328

参 考 文 献 …………………335

索　引 …………… 338

Column 一覧

① 近隣生活とプライバシー ………………………………… 36
② アメリカの認知症ケアと非営利組織 ……………………… 57
③ 韓国のコミュニティ活動（福祉マンドゥレ）…………… 75
④ 〈黒子〉という専門性 ……………………………………… 104
⑤ 地域の福祉拠点の拡充……………………………………… 128
⑥ 地域のメンバーの知恵と力で広がる地域福祉…………… 148
⑦ オレンジリングとSOSネットワーク …………………… 195
⑧ 福祉情報とソーシャルワーク……………………………… 230
⑨ 地域福祉計画を遂行するための10カ条 ………………… 260
⑩ 地域福祉活動は「資本集約型」か「労働集約型」か…… 282
⑪ 自分たちの納めた税金の使い道を住民が考える：1％支援
　 と参加型予算 ……………………………………………… 302
⑫ エシカル消費……………………………………………… 332

本書のコピー，スキャン，デジタル化等の無断複製は著作権法上での例外を除き禁じられています。本書を代行業者等の第三者に依頼してスキャンやデジタル化することは，たとえ個人や家庭内での利用でも著作権法違反です。

序章　*住民・市民参加の地域福祉の時代*

小曽根校区ふれあいサロンでゲームに興ずる住民のみなさん（写真提供：豊中市社会福祉協議会）

　地域福祉とは何なのか。さらに住民や市民が参加する地域福祉とは何なのか。その基礎になっている考え方を理解しよう。とくに基本の基本である「住民・市民」「地域社会」「福祉コミュニティ」の理解と，現代社会が抱えている生活諸問題のうち無縁社会の問題を，地域福祉の中心テーマとして気づいてもらえると嬉しい。少子高齢化とグローバル化は，地域社会をいっそう解体し，人々のつながりを希薄化するだけでなく格差と分断，孤立化と差別化をもたらしている。東日本大震災は，日本社会全体が底抜け状態になっていることを警告してくれた。地域に根ざした地域再生や地域復興が大切だということを学んでほしい。

1 多様化する地域社会と住民・市民の福祉

地域社会という舞台

地域に住んでいる人たちのつながりが弱くなっているとか,地域社会が崩壊してきているなどとよくいわれる。その理由の1つには,住民の暮らし方,行動の仕方,価値観,将来像や夢,そういうものが非常に多様化してきていることが考えられる。

別に,多様性そのものが悪いわけではない。仕事や趣味などが多様化し,選択肢が広がることは,むしろ人生の豊かさというべきだろう。ただ,それによって地域がもっている「福祉力」「教育力」「防犯力」「防災力」などが弱まってきていること,つきつめていえば,誰かが困ったときにそれに気づく人が少なくなっていること,気づいても支える人がいなくなってきていることは問題としてとらえる必要があるだろう。

考え方や生き方が多様化し,ばらばらになっていくと,何か問題が起きたときに住民の関係性を意識的に結び直し,合意形成しようとしても困難な構造になる。地域社会は,そこに長く暮らしている人たち,つまり定住・永住している人たちだけのものではなく,たまたまそこに何かの縁があって居住することになった,あるいは行く所がなくて一時的にそこに住まうことになった人などのためのものでもある。また,よく目を凝らして見ると,住んでいる人以外にも働きにきている人,学びにきている人,遊びにきている人もいて,そういう人々の集合体が私たちの**地域社会**なのではないか。いわば,地域社会(あるいは自治体)が1つの器なり舞台であって,そこにいろいろな人が住みにきたり,働きにきたり,遊びにきたりする。あ

るいは，そこの出身者がお盆や正月に帰ってくるような「受け皿」の役割を果たせる地域社会をめざすのが，地域福祉の考え方といえる。

リスクに立ち向かう仕組みづくり

いろいろな人が混ざりあって住む「混住」が地域社会なのだから，みんなが自己主張，権利主張するだけだとトラブルが絶えないのでそれはなくすほうがいいし，誰もが安心・快適に暮らせるように努力していく必要がある。まして，地域で発生している孤独死，介護や子育てに苦悩した末の虐待，精神疾患，自殺，子どもたちの間で起きているいじめや不登校，子どもや高齢者をねらった犯罪などのようなさまざまな生活リスクは，どの地域でも起きうることばかりであって，みんなが減らす努力をしなければ本当によくなっていかない。そのためには，地域社会の多様性をもう少し正確に見つめ直す必要がある。

誰でも，1人では生きていけないから集まって住む。そういう意味では「集住」，あるいはもう一歩進めば，共に住む「共住」（共生）が地域社会の実態である。当然，みんなで一緒に住むためには，お互いに足りないものを補いあっていかなければいけない。それが「相互扶助」や「相互交流」ということにつながっていく。異なる価値観や異なる行動，あるいは異なる立場の人たちについて踏み込んで考えてみて，誰かの困りごとに対しては，住民が問題解決に立ち向かえるようにする必要もある。それは「ノーマライゼーション」や「インクルージョン」といわれる考え方を行動に移すということである。それを意識的，組織的にやっていこう，地域に合った仕組みにしていこうという取組みが**地域福祉**だと考えることができる。

2 地域をつくる住民・市民

自分も何かしたい！　かつての福祉では，住民は利益を与えられる「**受益者**」としてとらえられていたが，今は受益者だけではなくて，自分も何かしたいという住民が増えている。地域に貢献したいとか，地元の役に立ちたいとか，そういう気持ちを人々はもっているのではないか。ある意味では利益を提供する「**供益者**」でもある。そういう受益者でもあり供益者でもあるのが，今求められている住民像なのではないか。

住民の一生涯を考えてみよう。小さいときは，母親や父親，あるいは近所の人たちに見守られて育っていく。このときは受益者だけれども，その彼なり彼女が大きくなって，今度は立派な成人になって地元に貢献をしていくと，今度は供益者になる。そして，だんだん年をとって，あるいはそこで結婚をして子どもができると，自分の子どもに対して周りの人がいろいろと支援をしてくれる。教育でも，共に育つということを経験する。このように受益者でもあり供益者でもあるようなことが実現する。

さらに年齢を重ねていくと，体は不自由になり「受益者」としていろいろな人に支えられることが多くなるかもしれない。でもそれだけではなく，その町や村の歴史や文化を伝える「供益者」でもある。情報，知恵，知識などを次の世代に伝えていく役割がある。体は不自由だけれども，意識や心を次の世代に提供している。そう考えることができるのではないか。文化を伝承することや，その地域のもっていた歴史を語り継ぐことは，とても大事なことだと思う。

その中で次の世代が自分たちの歴史・伝統・文化をまた背負って

いく。このような,一種の「心意気」がある町ほど,その地域の人たちを元気づける何かが生まれてくる。その村に生まれた,町に育った,そういう歴史を背負って生きている住民は,けっこう積極的であったり,地域を支える担い手になっていく。

積極的に公共に関わる　「地域に貢献する」「地域に関わる」「住民自治の担い手として行動する」ことは,一言でいえば「**まちづくり**」に参加するということである。戦後,日本が豊かになる過程で,いつの間にか仕事中心の社会となり,地域の課題を共同で解決することを自ら放棄したり,放棄させられたりして,公共的なことに関わる機会はかなり失われてきたのではないだろうか。

　たしかに,便利な社会になり,とても合理的な生活ができるようにはなってきた。しかし一方で,人々がつながりをもって一緒に問題を解決するという連帯機能を失ってきた。そのことを回復しようというのが,市民参加であり,**住民主体**の考え方だと思う。つまり,まちづくりに関わるチャンスをもう一度取り戻したい,あるいはまちづくりに関われる力を回復させたい,民主主義や社会連帯をもう一度学びたいということが,市民参加の思想や住民主体の原則に込められているということだろう。

　日本は近年まで,中央集権的に日本の社会保障や社会福祉を整備してきたが,逆に,そのことによって,地域で共同して問題を解決するチャンスや機能,仕組みを壊してきてしまった。ある意味では,専門的な行政サービスに依存する,依存させられる構造をつくってきた。近代合理主義的な個人主義にマッチしたような社会システム,地域社会のシステムをつくってきたことが,かえって制度疲労を起こし,制度の肥大化を起こしている。その結果として,不祥事や不正が起こりやすい構造にもなっている。

また，日本の社会保障，社会福祉は，住民であり（住民票がある人），国民である（国籍がある）人を対象としている。ホームレスや外国籍住民など，そこから外れる人は例外的な処置や取組みで対応することになるという欠点がある。

　こうしたことから，むしろ市民が，「自分たちでつくり上げてきたものをもう少し見直し，関心をもち，行政組織の上に専門職をもう1つ育て直していこう」とする実験が「地域福祉」なのではないか。

「市民」としての生き方

　ところで，「**市民**」という概念について目にする機会も多いことだろう。市民とは，簡単にいえば，積極的に自分たちの町をつくっていく，あるいは関わっていく主体者としての意識をもつ人である。18世紀にフランスで起きた市民革命の「市民」は，生産手段をもっている人たち（ブルジョアジー）という意味だった。ブルジョアジーは，ドイツ語で「ブルガー」という。ブルガーとは，ブルグという都市国家，城塞都市に住んでいる人たちという意味で，その人たちはブルグを守り育てる。いわば，「住民自治の構成員として認められた」という意識をもっている人たちのことである。一方，そういう意識をもっていない人たち，漂泊する住民や，群れになって単なる日々の暮らしに追われている庶民も含めた人々のことを，住民といった。

　現代を生きる私たちも，自分が地域社会の構成員の1人だと思うなら，ある意味では，供益者として地域に関わり，地元の歴史や伝統，組織を守ろうとしなければならない。地域福祉とは，単に地域の人々から自分が助けられるということではなくて，地域社会をつくっていく1人の担い手として，つまり市民として共に育っていきたいという思いや願いを込めた概念である。地域福祉という考え方

には、自分たちが主体的に取り組むことが、原則として盛り込まれているのである。従来は住民主体の原則とか、時代によっては市民参加とか住民参加といわれていたことを、今、新たに考える時期にきているのではないだろうか。

> **福祉的なコミュニティをつくる**

自分たちの暮らしている場で、目に見える形でその仕組みをつくっていく。行政職にしても専門職にしても、住民から顔の見える仕組みづくりが求められている。

最近は、セーフティネットが非常に重要だといわれている。そのセーフティネットも、単なる単一構造ではなくて、非常に重層的な安全、安心の生活ネットワークが求められている。それは、自分たちの住んでいる地域社会の中でなければどこにもできないのである。しかも、行政や専門職の人たちが官僚的、専門主義的につくるのではなく、自分たちが自分たちの住んでいる暮らしの場で福祉のあり方を編み出していくという側面をもっている。

つまり、「福祉」のいろいろなサービスが個々ばらばらに分断されていく中で、住民たちは「福祉は自分のもの」ということがなかなか感じられないまま、流されてきた。そのことへの反省が、地域福祉を求める情熱を形成してきているのではないか。こうして、自分が年老いたり障害をもったりしたときに、自分たちを受けとめてくれる安心、安全のネットとしての「福祉的なコミュニティ」づくりが求められている。

それは、自分自身が主人公になってつくっていかない限りはできないし、むしろ、住民が積極的に行政や専門職の制度に関わって、改善を求めて提案をしたり提言をしたりすることで、意思決定に生活者の立場から変革をもたらすことになる。

福祉には、なかなか関わりにくい、他人事としてとらえられやす

い面がある。しかし誰もが障害をもったり病気になったり失業する可能性があるのだから、そのような問題に積極的に関心をもち、関わっていく中で、同じ住民の問題としての目線をもち、自分たちの問題として横につながっていくという意味で福祉に参加するようになるのである。このような理由で、今、「住民主体」や「住民参加」「市民参加」が問われている。

3 地域でできること

地域に合った対応を考える

さて、当たり前のように「地域」という言葉を繰り返してきたが、あなたはどんな地域を思い浮かべているだろうか。現在の日本には、過疎やへき地の地域もあれば、都市部の地域などさまざまな地域がある。どんな地域でも、今そこで暮らしている人たちの問題や、昔ながらの助けあいだけではなかなかうまく解決できない問題に対しては、新しい仕組みを入れ、お互いにそこで連帯して問題解決の仕方を考えるしかない。そこに暮らしの原点があって、そこでさまざまな取組みを横つなぎしていかないと、その地域の問題はなかなか解決できない。

たとえば過疎の地域では、「若い人がいない」「仕事があまりない」ことがよく問題となっている。仕事といっても、役所の仕事か農協の仕事以外にはあまりないようなこともある。そのような地域で仕事を起こして若い人を呼び戻し、若い世代が高齢者を支えようという取組みが始まっている。民宿をつくり、ある種の観光地化をすると、村を出ていった青年たちがＵターンで戻ってくることがある。また、その仕事に魅力を感じた人が、どこかから移り住んで

くる（つまりIターンする）ケースもでてくるだろう。つまり，自分たちの暮らしている地域で何ができるかということを考える際，その地域の閉塞した状況の中では問題解決の糸口が見つからないこともあるのだが，たとえ過疎地であっても，日本全体の社会の中で，横につながっている1つの地域社会だと考え，いろいろな取組み方の知恵を出していくことが大切なのだ。

　もちろん，健康なお年寄りが虚弱なお年寄りを助けるような仕組みをつくることもできる。たとえば，普通の人がホームヘルパーの資格を取り，町の役場や社会福祉協議会に登録をして，助けあう。ヘルパーになれば半分は収入としてお金が入るし，半分は村のお互いの助けあいにもなる。

地域社会の可能性　「受け皿」としての地域は，可能性に満ちている。少なくとも，地域福祉はそれを前提とする。近所のお年寄りや困った人を放っておけないという人情に突き動かされる住民が地道に地域で見守り・支えあいをしてくれることで，行政や専門職も安心して要援護者を地域に帰せるのだし，コミュニティワーカーと呼ばれる住民活動の間接援助者という仕事も成立する。

　しかし，問題の種類が拡大し，また，過剰なプライバシー意識の影響で住民同士が分断され，地域の困りごとも把握しづらい中では，「今の時代にどうすれば多くの人たちがつながれるだろう」と，新しい発想でアプローチを見つけ出していく努力も，同時に進めていかなければいけないだろう。たとえば，現役世代であっても，地域の活動に無理なく関われるような柔軟な参加形態を工夫することは重要である。それがたとえ年に1,2回であっても，いずれ時がきたら自分も主たる担い手となるのだと思える流れをもう一度創造する必要がある。また，遠方で暮らすようになった人がいつまでも故郷

を大事に思えるように,そしていつかは地元に戻ろうと思えるようにしていくことも大切だ。たとえば,「ふるさとビデオレター」や「ふるさと宅急便」のように,そこに住んでいなくてもつながっていくような取組みをしていくというのが,これからの地域福祉を考えるうえで非常に重要なポイントといえる。

　こうした取組みは知恵しだいというところがあり,非常にユニークな例もある。徳島県のある山間過疎地で,今まで注目されなかった松葉とか木の実などが,都会の高級料亭で懐石料理に添えるために求められていることに気づいた農協職員がいた。そこで,どこの料亭が何を求めているかということをインターネットで調べて,その需要を村のお年寄りたちに教える。こうして,それまで元気のなかったお年寄りが,自分の家の周りの落葉とか木の実がお金に変わるというシステムをつくってしまった。そうすると,現にお金も入る。ある高齢女性は,それまで年金だけしか収入がなかったけれども,この仕事でいきなり1000万円くらいの年収を得るようになってしまったという。

　このように,都会で必要なものと村にあるものを結びつけることによって,お年寄りの生きがい・やりがいが生まれたり,健康づくりにつながっていく。そうなると,今度は若い人が帰ってくる。このような取組みは,自分たちの足下(地域)を見つめ直して共同で問題に取り組むことから生まれてくる。1人ではなかなか難しいけれども,それを1つの仕組みにすれば,自分たちのまちづくりにつながっていくのである。

ボトムアップによる福祉コミュニティづくり

　私たちの生活の場で起きている,または潜在している(これから表面化しかねない)問題は,地域によって質・量ともに異なるのであるし,それに対して生活を誰がどのように支えてきたか,また

新たな工夫をどのように凝らしているか，ということは地域によって違って当然である。政策・制度に基づいて統一的に対応するべき課題領域については，ある程度，国や行政が決めた方針を地域に降ろしていく，つまり「トップダウン」でなければ実現できないのだが，それだけでやろうとすると画一化・規格化されてしまって，地域特性や住民の気質，個性が発揮されにくいし，肝心の福祉当事者の少数意見が吸い上げられないおそれがある。

　したがって，住民の生活感覚や当事者の声を元に，「ボトムアップ」によって福祉コミュニティづくりを進めていくことが地域福祉のめざす基本的なベクトルとなる。住民は，自らの目線で困りごとを発見する「目」となり，住民同士で支える「手」となる。一方，住民の手に負えない問題に対して，行政や専門職が自らの専門知や技術を駆使し，制度的枠組みにおいて支援に携わる。

　さらには，住民，行政，福祉（高齢，障害などの各分野）・医療・教育など各々の機関・施設が個々ばらばらに動いていたのではコミュニティとは呼べないうえに，効率的な援助は行えないから，それらを横につなぐ仕組み（システム）が必要になる。それを担うのが**コミュニティワーカー**と呼ばれる援助者である。コミュニティワーカーは，地域を支える人材を発掘・育成し，必要な情報を共有し，公私の主体を横につないで連携する仕組みづくりを進める。またそのために，地域を調査したり，計画を立案したり，行政に交渉する技術などを備えている。

　地域福祉を理解する第一歩としては，地域社会の成り立ちやそこで起きる問題群，さまざまなアクター（地域という舞台の登場人物），つまり福祉当事者から一般の住民・市民，専門・非専門の担い手までを知り，それらを動かす仕組みがどうなっているのかを学ぶのがよいだろう。

大震災と地域再生

東日本大震災と被災地の生活再建

　阪神・淡路大震災を上回る被害と混乱をもたらした東日本大震災が発生してから2年が経った。しかし本当の意味での復興はほとんど進んでいないままである。東日本大震災は、計り知れない被害を広域的にもたらし、地震のみならず、想像を超えた大津波と大火災が、瞬く間に町や村を破壊しつくしてしまった。多くの人命と財産が失われただけでなく、地域復興と生活再建の願いはいまだに実現は遠く、先が見えないまま時間だけが経過している。さらに地震と津波による東京電力福島第一原子力発電所の破壊が放射能漏れによる未曾有の2次被害をもたらしてしまった。

　この広域にわたる震災の被害の影響は、東日本の一部の被災にとどまるものではなく、日本社会全体に広く、深く傷を残すものになってしまった。今日の日本の生産システムは、日本列島全体に部品生産工場が分散し、分業と協業の体制の中で操業しているので、一地域の生産ストップが日本経済全般に影響を及ぼしているのである。まさに根底から破砕された地域社会を再生する復興の取組みは、東日本の被災地だけの問題ではなく日本社会、日本経済の問題なのだ。被災地の生活再建、地域復興は、今後の数十年にわたる日本社会の経済・政治・文化に多大な影響を与える重大な課題であり、その意味からも日本全体での息の長い支援と連携を必要とするものである。

　これからの復興の過程で、壊滅状態の地域社会では自治体づくりから再生しなければならないところもあるし、放射能漏れが危惧される地域はゴーストタウン化するおそれさえある。風評被害で福島

県や茨城県の農産物や魚介類が売れないために，仕事を失いかねず経済危機に捨ておかれている人たちもいる。被災地の人々への支援は，現地の雇用を生みだし仕事を再開できるよう生産物を積極的に購入することなのではないだろうか。

一言で地域再生といっても容易なことではないが，被災地域に雇用や仕事を創出することを私たちは支援しなければならないし，支援できるのではないかと思う。被災地の被害状況にもよるが，生活に関わる福祉や介護，保育や教育などを仕事にできるように雇用需要を生み出すことが当面の課題だろう。最終的には被災地で生産される商品を被災地以外の人々が購入できるようにすることが支援かもしれない。寄付やボランティア支援だけでなく，地場産業を育てる支援のための人々による社会的融資や社会的投資も必要だろう。

地域再生と地域福祉 大災害と地域福祉を考えると，地域福祉の取組みの前提となる地域社会が根底から覆されるとき，地域福祉の意味があるのか，破壊しつくされた地域社会を再生することと地域福祉の関わりはどのように考えるべきなのか，これらが問いただしている意味は厳しく根源的なテーマである。大津波に遭った地域再生はいかにあるべきか，半永久的に元住んでいた地域に帰ることができない放射能汚染地域の地域再生はどう考えるべきなのか，他府県などに避難生活をしている被災者にとって避難先の地域社会を永住する地域社会として再生することは可能なのか，あるいは一時的に仮設住宅に避難しているけれども，避難地域でのコミュニティ活動とはどうあるべきなのかなど，課題は本質的で深刻である。

防災や減災の日常的な取組みを怠らないことが大震災に遭遇したときの底力になるとはいわれるものの，いつも災害のことばかりを考えて地域で生活しているわけではない。たしかに日頃の住民の結

束力や地道に積み重ねている取組みや経験が、いざというときの力になるということは理解できるが、経済や情報、ひいては社会生活そのものがグローバルに世界からの影響を受ける時代に生きている現代人にとって、果たして地域社会で人間的なつながりをつくることに意味を見出せるのだろうか。また、土地に結びついた産業構造の時代の地域社会のありようと、情報化し、生活の多様化と流動性が高まるポスト工業社会の中の地域社会とは、基盤となる雇用や就労、そして家族形態や人口構造も異なり、人々の地域社会での結びつきも大きく変容してきている。少子高齢化を含めてこのような時代背景を想定すれば、新しい地域のあり方やモデルとなる地域社会が描かれなければ、どこに進んでいいのか目標を見失ってしまう。大震災はどのような地域社会を再生させたいのか、その根本を問いただしているように思えるのである。

第 1 部

地域福祉の空間と対象

地域福祉の全体は，NPOや地域住民が営む地域社会の文化や経済活動そして自治体や民間事業者による地域福祉事業のさまざまな展開を包含している。そこで何より重要となるのは，日々営まれている生活とコミュニティの実際を知ることである。また，地域福祉を学ぶうえで大切なのは，地域生活を送る中で困りごとを抱える人々をどのように把握し，解決に取り組んできたのかについて歴史的に理解することである。現在，過疎高齢化と人口減少が進行し，縮小社会へとシフトしている。この現実を打破する仕組みとして地域で生活する人々が絆をつくり，共助を通じて新たな公共を担うことが期待されている。

　高齢者や障害者等の地域での自立生活を支援することが，地域包括ケアシステムと在宅医療のあり方を問うことになる。くわえて，地域ケアにおける予防活動の必要性が強調されており，住民参加による福祉のまちづくりを担う住民の役割が重要となっている。同時に，そうした活動を支える公共施設の再利用についてとくに統廃合される学校を中心とした地域における複合サービス拠点の形成が推進されている。

第1章 地域社会と生活

北海道歌志内市全景

　地域社会は，人々の生活の営みが繰り返されているダイナミックな地域福祉の現場である。それは単なる地理的な空間を意味するのではない。誕生したばかりの子どもから高齢者にいたるまで多様な生活を送る主体が，自立した個人として生きていく存在であると同時に他者と共に生きていく存在であることを学ぶ場となる。つまり，地域社会は，仲間をつくり，共助を通じて，新たな公共を担う機会を提供するのである。

1 地域社会とは単なる地理的空間ではない

●生活の日常性

居場所を選ぶ

ある場所に生活するようになった住民は，毎日，居場所を求めて移動し続けることはしない。決まったところを拠点として，規則的な時間に起きて，学校や職場など決まったところへ向かう。もちろん，非日常の空間へ向かうときもある。休日や，たまには休暇をとってどこかへ出かけたり，学生であれば学校をさぼる楽しみや無為な時間を過ごす場所を見つけに出かけることもある。けれども決まった行動をとることは珍しくない。講義や授業を受けるときでも別に席が指定されているわけでないのに，教室に入るとすぐいつも座っている席が空いているかどうかを確認し，空いていればほっとするということは日常的に経験している。地下鉄や飛行機の席も人それぞれの好みがある。

このように，私たちは，決まったところに生活の拠点を求め，ほぼ決まった日常を送っている。大抵の人は団体旅行などに参加したことがあると思うが，珍しいことを見聞きし，楽しいことの連続であり，日々生活の場が変わる中でも，見知らぬ参加者と共に行動するうちに話し相手や仲間もできて，一緒に過ごすことが苦にならなくなり，楽しいという感情が形成されていく。そして短い期間ではあるが，移動する集団の中に，決まった，気に入った居場所を見つけていく。

コミュニティ社会学では，**地域社会**を広場のような地理的空間をイメージするのではなく，「相対的にみて多くの人々が，ある程度の挨拶や交流を想定することのできる集団」と説明している。

日常生活圏

さて，決まったところに居場所を求める私たちは，どんな生活をしているのだろうか。起きたらまずコーヒーなどを飲みながら新聞を読む人，犬の散歩やジョギングに出かける人，朝野球や早朝テニスなどに，また休日には早朝からゴルフに出かける人もいるだろう。自宅から始まる1日の活動の次のステップは，勤務先や学校へ出かける行動である。移動途中のコンビニで弁当を買い，地下鉄や駅の売店で新聞やドリンクを買い求めることもある。ついでに手紙をポストに入れる。銀行などのATMから現金を引き出す人もいる。会社に着けば，外勤やセールスに出かける人は，地下鉄やバス，自転車，営業用の車両を利用して目的地に向かう。学生ならば，授業を受けたり，部活やサークル活動などで時間が過ぎていく。

昼食時になれば，近くの食堂やファミレスやファストフード店へ出かけたり，配達弁当を取り寄せたり，学食や社員食堂で昼食をとったり，あるいは持参した弁当を食べるかもしれない。勤務時間が終われば，残業をする人もいれば帰宅途中に居酒屋やスポーツジムに立ち寄る人もいる。生涯学習の一環として，またリストラ時代に生きる生活者としてスキルアップをめざして資格取得のための専門学校や語学教室に通う人もいる。デパ地下やスーパーなどで買い物をして帰宅する人もいる。

放課後の学生は，就活に役に立ちそうな資格取得のために塾に通う人やバイトに精を出す人もいるし，たまには仲間との飲み会やゼミコンで盛り上がるかもしれない。土日などの休日には，家族や友人とドライブやショッピングに出かける人，子どもと近くの公園でサッカーや野球をして過ごす人もいる。

また，高齢者であれば，介護予防の体操教室や自治体主催のシニア大学やカルチャー教室などに参加する人，また友人などを見舞い

に病院を訪ねたり、持病があれば通院のために出かける人も多い。介護を必要としているなら、居宅介護支援事業所などからのヘルパーに介護をしてもらったり、老人福祉施設などのデイサービスを利用するために週に何回か施設のバスで通う人もいる。

このように、私たちは、じつに多くの地域内の諸資源を活用して日々の生活を送っている。これらの資源を含むエリアを**生活圏**という。厚生労働省は、地域住民が保健サービス（健康づくり）、医療サービスおよび在宅ケア、リハビリテーションなどの介護を含むサービスを住民それぞれのニーズに応じて利用できるように関係機関が一体的、体系的に提供する仕組みを地域包括ケアシステムとして位置づけ、地域包括ケアシステムを展開するのに適したエリアを**日常生活圏域**としており、人口3万人程度を想定している。

ここまでの説明で、地域社会とは線引きされた単なる空間的な広がりではなく、1つの集団であると先述したが、それに加えて、さまざまな制度や施設、生活手段や人間関係を持続的に与えてくれる生活圏＝実体であることがイメージできるようになったと思う。

混住化と共生社会化

それでは、誰がどんなところに住んでいるのだろうか。新興住宅地には同じような社会階層の人々が似たような家族構成で居住している。それは、宅地の販売価格とそれを取得可能な階層がつながっているからである。マンションでは、高層階と低層階によって、あるいは間取りやスペースあるいは仕様によって価格帯が異なるために所得階層、年齢階層、家族構成が分散し、ある程度のバリエーションがみられる。そして、居住地区の特徴は、年齢層や世帯構成などの人口学的変数によって変化する。グローバリゼーションの展開に伴い外国人登録者の増加がみられるようになり、異なった生活文化と新たな購買ニーズを有する住民が生活するようになった地域では、住民構成の多様

化と同時に商店や飲食店あるいは繁華街などの外観も変わっていく。

　国際的にみて，外国人の受け入れが少ないといわれる日本であるが，ここで少し，移民受け入れ問題にふれておこう。自国の事情により移民を大量に迎えながら労働市場において失業人口が増加し始めると移民の排斥運動が起こり，深刻な社会問題を抱える国もある。現に，ヨーロッパにおいては，旧植民地をはじめとする国々からの労働力移動が行われた歴史があり，多かれ少なかれそのような問題の火種を抱えているのが現状である。そのような中で，人口が少なく，需要労働力や国土開発に余裕のあるカナダでは，政策的に毎年30万人の移民を受け入れてきた。まさに国際化を住民構成の多様化によって説明する国家といえ，多文化共生主義を体現している。

　経済のグローバリゼーションは否応なく人々の移動を加速させる。国家間の経済格差からくる労働力移動や，ITなどの先端産業の専門技術者の他国からのスカウト，また国外への工場進出に伴う企業関係者の人口移動が顕著となっている。介護労働力不足が指摘されている日本においてもフィリピンをはじめとする東南アジアからの労働力確保のための対応が進められている。

　ところで，**混住化**現象とは，以前は農村地域の都市化により都市住民の参入と住み着きが進行し，新たな住民の地域集団が形成されていった現象のことをさしていた。今日における混住化の実態をみると，昨今の田舎暮らしへの注目によって田園地帯に住み始める都市住民の動きもみられるが，新しい現象として，かつて農村から仕事を得るために都市に出ていった人々が定年などをきっかけとしてふるさとに戻るUターン現象，あるいは，都市生活に見切りをつけて生活・職業生活の拠点を農村に求めるIターン現象によって混住化が促進されている。

　さらに，現在，混住化は農村部だけに限らない。今後進行が予測

される新たな混住化現象としては、先述したように、外国人の生活者が増加していることから農村部、都市部という地域限定の現象ではなく、外国人居住者との混住化が進む。これは、混住化というよりも多文化化（multiculturalization）である。グローバル化の進むコミュニティに生活する私たちは、多文化化の発展概念に基づく**多文化共生主義**（multiculturalism）についての理解も必要となる。

　同時に、共生社会化の動向も押さえておく必要がある。バリアフリー社会の実現に関しては、すでにユニバーサル社会として新たなコンセプトに基づくまちづくりが進められており、認知症の人々や障害のある人々が安心して地域で生活することが保障される社会をめざしている。これらは差別や偏見のない社会のあり方を総合的に考える共生社会への取組みといえる。

> 少子高齢化

私たちの生活は、家族構成やライフステージによって直面する課題は異なる。今後、日本社会は単身世帯の割合が上昇することで単身社会の特徴を強めることが予測されている。そこで少子高齢化現象を統計でみることにしよう。1970年当時は、高齢者人口は年少人口の3割に満たない7.1％であったものが、1995年には、ほぼ同じ割合となり、2010年には年少人口の約2倍となっている（図1-1参照）。将来的には、国立社会保障・人口問題研究所の「日本の将来推計人口」（2012年1月推計）によると2025年に30.3％、2060年には39.9％になることが示されており、人口の3割を超えることが確実視されている。高齢者人口は「団塊の世代」が75歳以上となる2025年には3500万人に達し、2042年に約3900万人でピークを迎え、その後減少することが推計されている。また、高齢者の世帯構成も図1-2に示すように3世代世帯が大きく比率を下げている一方、単身世帯が上昇を続けており、日本社会においても高齢者の世帯における高齢単身

図 1-1 高齢化と少子化（全国）：年少人口（0〜14歳）および高齢人口（65歳以上）の推移

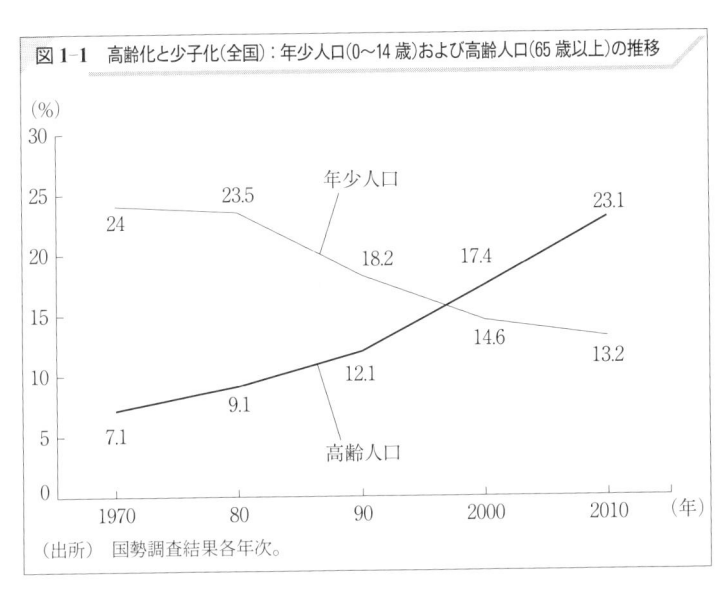

年少人口：24（1970）、23.5（80）、18.2（90）、17.4（2000）、14.6、13.2（2010）
高齢人口：7.1（1970）、9.1（80）、12.1（90）、17.4、23.1（2010）

（出所）国勢調査結果各年次。

図 1-2 高齢者世帯にみる単身高齢者世帯の増加傾向と3世代世帯の減少傾向

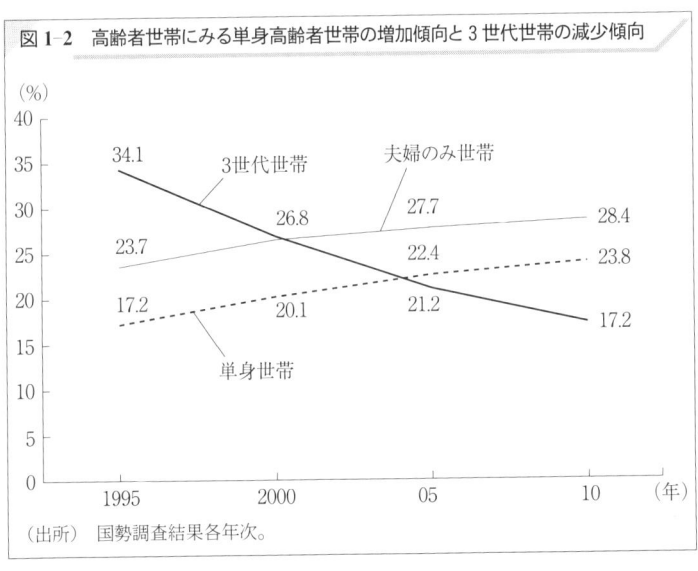

3世代世帯：34.1（1995）、26.8（2000）、22.4（05）、17.2（10）
夫婦のみ世帯：23.7（1995）、27.7（2000）、28.4（10）
単身世帯：17.2（1995）、20.1（2000）、21.2（05）、23.8（10）

（出所）国勢調査結果各年次。

者の割合がもっとも多くなると予測されるのである。図には示していないが，すでに 1990 年の国勢調査結果から全世帯のうち単身世帯がもっとも多い割合（2010 年の国勢調査の結果で 1 人世帯は 32.4％）を占めるようになっている。高齢期における夫婦のみの世帯が一般化し，その後配偶者の死去により単身世帯となるケースや生涯独身世帯もまた増加していることが，この傾向を強めていくものとみられる。

ライフステージからみる日常生活　ところで，人々は日々の生活行動圏の中でさまざまな欲求の充足を図っている。そこで，日常生活圏をメインとする消費者行動を想定し，その充足の仕方をライフステージごとにみることにしよう。ここでは，学業を終え，親元から社会的，経済的に独立することが期待される独身生活者を想定してライフステージを追っていこう。もっとも最近は学校教育を終えてからも親に依存して食事・洗濯サービスつきの生活を過ごすパラサイトシングルの若者が増加していることや，40～50 代の年齢層の未婚率が上昇していることから，非婚ライフスタイルの人生も想定する必要がある。

（1）単身者世代　これまで，多くの若者は，行動的で移動手段にはマイカーが必須，というのが常識であった。そして，それが若者の行動半径の広がりの説明であった。しかし，リーマンショックやユーロ圏発の国家財政危機を発端に全世界的な金融恐慌による経済活動の停滞がもたらした雇用率の低下やリストラなどの問題は，当然若者のライフスタイルにも影響を与えている。とくに都会で生活する若者に，車をはじめとする「もの離れ現象」が起きている。かつての若者に比べて脱所有型の消費行動がここ近年の特徴となっている。他の世代に比べ，若い単身者が生活している地域に，必要性を感じる施設も少ないことが指摘されている。もっともコンビニ

エンス・ストアやビデオショップ，休日や仕事が終わってから楽しむスポーツ関連施設などの要望は大きい。

(2) 結婚・子育て世代　結婚を契機として住居を住み替え，新しい親族ができることで人間関係が変化する。子育て期には保育所や幼稚園を軸に新たな人間関係が広がる。子育て期における女性の就労環境は切実な問題を抱えている。それは保育に関する社会制度が未整備であること，男性の家事，育児に関わる時間が諸外国と比較すると極端に少ないことからもわかるように，女性の負担が大きく，働きたくても働けない状況が存在する。男性の育児休暇（制度をつくるだけで終わらせるのではなく，実際に休暇を取れるような環境づくりも含めて），就業時間や残業などについて産業界をあげて働き方の見直しが必要である。また，会社員の夫に専業主婦の妻，そして子どもからなる単一就業者モデルの見直しも迫られ，年金制度の個人単位の加入問題や男女共同参画社会の推進における女性の就業機会の保障が急がれている。

女性の就業にとってネックとなっている子育て支援サービスについて少し詳しくみてみよう。最大の問題は保育所の数が少ないことである。これをまず解決しないことには女性の就業機会の拡大を謳っても絵に描いた餅である。また，乳幼児の預かり施設などの子育て支援施設も多様なニーズに対応し，利用しやすい状態であるかどうかが重要となる。具体的には，駅前保育や夜間保育あるいは延長保育などの実現が必要である。子育て期の夫婦にとって，食品や日用品などの買物に便利なスーパーや商店街も重要であるが，とくに医療機関が近くにあることや利用時間の融通性も重要なポイントとなる。

また，子育てに関する心配事を相談したり話を聞いてもらう親などの親族が身近にいなかったり，近隣関係が希薄になっている現在，

地域に相談相手がいないことが多い。夫は一日の大半が職場で，夜遅く帰ってくるため育児についての相談相手にはならず，相談できるような隣人もいなく，親や親族も近くにいない孤立している専業主婦による幼児・児童虐待のニュースが報道されている。母親が孤立・孤独を解消できるような，気軽に相談し話し合える子育てサロンや子育て支援センターなどが必要である。また，学習塾や子どもスポーツクラブなどの要望も高まる。家族単位や生活圏内の住民同士で楽しむ運動・余暇施設も必要となる。

（3）壮年期　子育て期が終わり，子どもたちが独立し，夫婦2人の生活になったとき，スポーツや趣味などの文化活動，また大学や大学院などへの入学または再入学，ボランティア活動への参加など，今までに増して社会参加を意識するようになる。また，老後の生活資金について夫婦で計画を立てるなど，自分たちの老後の生活設計に真剣に目を向け始める時期でもある。老後の生活保障の要である年金に関する問題が取りざたされている現在，将来の生活設計に不安を抱える人も多いことから，貯蓄や投資に関して十分学べる環境づくりも重要になってくる。一方で，長寿社会となった現在，この時期は親の介護問題を抱える時期とも重なっている。自分の生活の充実を優先したいという気持ちと，親の人生の後半をできるだけ安らかにと願う気持ちの葛藤が生じる時期でもある。地域包括支援センターや生活学習支援センターなどのサービスの充実が求められる。

（4）高齢期　人生最後のステージである高齢となったとき，またひとり暮らしになったとき，人々はどのような地域生活を望むだろうか。人生の多くの年月を同じ地域で共に過ごしてきた人たちや高齢の仲間とコミュニケーションをとったり，楽しんだりする会館や施設は身近な場所（歩いて行ける距離，あるいは巡回バスが運行さ

れているなどの利便性が確保されている)にあるだろうか。高齢期になると健康不安は誰しももつものであるが，在宅医療のサービスは充実しているだろうか。介護予防につながるトレーニング環境やリハビリ(機能回復訓練)施設は整っているだろうか。ゲートボール，パークゴルフなどのできる公園施設や運動施設が身近にあるだろうか。高齢に伴い足腰が弱ってきても外出が気軽にできるようにバリアフリーの環境が整っているだろうか。散歩に出かけても時々腰を下ろして休めるようなベンチがあるだろうか。高齢となり運転免許証を返上しても不便にならないだろうか，など高齢期に必要となるサービスは多様である。

こうしてみると，身体的に無理がきかなくなり，行動範囲が狭まる高齢期になると，日常生活圏の中でのサービスへのアクセスが重要となる。

> 安心できる生活の拠点とは？

(1) 利便性の魅力　生活スタイルやライフステージによって生活圏内の施設に求めるものは異なる。どの世代であっても日常生活を営むうえで必須の生活施設は，コンビニエンスストア，スーパーマーケットなどの消費生活関連施設や病院，金融機関，郵便局，行政の出先機関などの施設である。同時に空間的な移動手段は生活上不可欠な要素であり，地下鉄やバス・JRなどの公共交通機関が整備されていることも重要である。また，自由時間の拡大によって，生活拠点である自宅やその周辺で家族や親しい人たちと落ち着いた豊かな時間を過ごすことが志向され，今以上に散歩やくつろぎを得られるような空間やスポーツを楽しむ場所・施設が必要とされるだろう。また，今後のライフスタイルとして増加すると思われるボランティア活動や地域活動に取り組む人々のために情報提供などの発信機能をもつ関係機関なども必要であろう。

また，確実に到来する高齢社会において重要性がさらに強まるのは，高齢期の人々や障害をもった人々が地域で自立した生活を送ることを可能にするリハビリテーション施設や共同作業所，サテライト型デイサービス施設（ミニデイサービス），グループホームや高齢者向け居住施設としての生活支援施設が適切な配置で確保されていることである。

　どの世代にとっても，必要なときに，必要な社会資源が手の届くところ（地域社会）に用意されていることが安心感をもたらす。

　(2) 老後の安心を求める　　それでは，私たちは高齢になったとき，どのような場を生活拠点としたいと思うだろうか。高齢となったときの安心できる地域社会についてイメージするとき，まず思いつくのは，近隣や地域の人々は高齢者に温かい眼差しを向けてくれるだろうか，たとえば，足下もおぼつかない様子で買い物袋を持って歩いていたら誰かが声をかけてくれるだろうか，道に迷って歩いている様子を見かけたら，出会った人は手を貸してくれるだろうか，等々である。高齢ということで甘えたいのではない。もし，そういう地域社会の自宅で老後が送れたらどんなに幸せか，と多くの人は考えるにちがいない。

　しかし，そのような温かい人々の中で生活していても，高齢が進み，病弱になったとき，人々は多かれ少なかれある種の決断を迫られる。ある人々は，ホームヘルパーの訪問介護サービスや医師や看護師の訪問診療・看護サービスを受けながら最後まで自宅で生活をして人生を全うすることを選択する。またある人々は住み慣れた地域のグループホームや介護サービス付きの有料老人ホームで暮らすことを選択するだろう。高齢になったとき，各人の置かれている状況は多様であり，また好みもいろいろである。存在することを否定されない地域の中で，その多様な選択が保証されるような仕組みを

確認できるなら，老後の生活に安心が生まれる。

2 地域における人と人との関係

> ほうっておいてほしい
> けれど仲間もほしい

（1）ライフスタイルの世界的な変化　バブル崩壊以後，経済の停滞が始まり，気がつけば低経済成長社会へとシフトしている。さらに，ここ数年はユーロ圏諸国の経済危機の影響を受け日本経済は明るい展望が描けない現状となっている。生産活動が労働コストの低い中国や発展途上国を中心とするエリアで展開し，ITや高度科学技術に関する開発においてもインドや韓国などの台頭が著しく，世界経済の勢力地図も新しい様態を見せている。こうした中で日本を含む先進国では，グローバリゼーションによる企業淘汰の波は避けられず，国内経済も停滞が続いている。右肩上がりの経済成長期のライフスタイルは影をひそめ，消費生活の見直しからリユース・リサイクルにウェイトをおく地味な生活スタイルが浸透しつつある。

さらにもう1つ，人々のライフスタイルに大きな影響をもたらしているのが全世界的なムーブメントとなっているエコ社会（あるいはグリーン社会と呼ばれている）をめざした生活様式である。これは地球の環境保全（地球の温暖化を回避）のため，温室効果ガスの排出量を減少することを目標に全世界規模で取り組まれている生活行動である。生産から消費までのあらゆる場面でエネルギー消費量を低減する，省エネ・エコロジーの生活スタイルへと人々の意識は向かっている。加えて，2011年3月11日に発生した東日本大震災の社会的インパクトは，これまで以上にライフスタイルの変化を導くことになった。

(2) 都市型社会の自由と孤独　最近は，普通に「住み慣れた地域社会」という表現を口にする。それでは，「住み慣れた」というのは，同じ住所に長く生活しているということだろうか。少し考えてみると，長く住んでいるからといって親しい人間関係が自然に増えていくというものでもない，ということに気がつくし，住み慣れれば心地よいことばかりかといえばそうでもなく，むしろ身の回りの人間に生活上のプライバシーをあまり知られたくないという気持ちをもつ人も多い。「都会生活の自由」とは，かつての農村地域の共同体に比べ，人口の多い都会では知らない人が多いため匿名性が保障され，自分の秘密は守られているという安心感や開放感などを表している。

しかし，実際に人口密度が高い都市部での家々が密集している場所では生活のすべてが隣人にのぞき見られているような気がして憂うつになったり，知らないふりをしたくなるかもしれない。そうはいっても，あまりプライバシーを明らかにしたくないが，かといって誰にも気にされず気づかれない生き方というのも孤独感や不安感を増大させる。近年はこのような都会に生活する孤独感や疎外感の解消を意図した個人的な行動として，かつては主流であった職場や学校などの組織内の行事や集いへの参加から，比較的少人数の気に入った仲間や興味・関心のあうもの同士が集まって活動する行動が主流となってきている。活動内容をみると学習・趣味・スポーツサークルへの参加など多様である。また，近年の傾向として，これらの行動に加えて同窓会やクラス会などヨコの人間関係ネットワークのウエイトが高くなってきている。

ヨコ関係の大切さとネットワーク

こうした自主的・自発的な集団への参加傾向をみると，従来型のタテ関係によるものからフラットな仲間意識を楽しめるヨコ関

係の集団への参加形態へと転換が進んでいる。この潮流からコミュニティの明日をみると，ヨコ関係でつくられた集団・組織（自主的・自発的な集団）がつながり，具体的な活動を通じてコミュニティの問題解決に向かう，地域社会に存在するボランティアの団体・組織，福祉NPOやワーカーズ・コレクティブなどの団体・組織が代表的なものとなろう。

一方，生活の拠点としての個人あるいは家族と共に過ごす日常生活圏，徒歩圏内の空間には，さまざまな機能をもった組織や関係が個人や家族を取り囲んでいる。たとえば，回覧版や広報誌の配布，街路灯，ゴミステーションあるいはミニ公園の管理といった日々の市民生活に関わりをもつ身近な町内会・自治会が存在する。そこでの近隣関係は商店街・住宅街を問わず，コミュニケーションの輪をつくる重要な機能をもっており，個々人にとって必要な関係的資源とサービスを保障するネットワーク社会をつくりだしている。

3 支えあいの場としての地域社会

支えあい活動の基盤　福祉分野に限らず住民相互の支えあい活動は基礎生活圏をベースにして行われる。そのような場における具体的な支えあいの活動としては，高齢者などの孤立を避けるための支援活動として，社会福祉協議会などが取り組んできた**小地域ネットワーク活動**（見守り活動。近年ではアクティビティサロン＝「寄り合い」などの呼称が一般化している）や町内会活動における老人クラブなどによる声かけ訪問活動などをあげることができる。最近は，「隣人祭り」という，隣近所に呼びかけて，気軽にお茶会をする活動もグローバルに展開されている。フランス・パ

リの孤独死をきっかけに始まったといわれており，日本支部がある（http://www.rinjinmatsuri.jp）。もちろん気の合う仲間を近隣につくってお茶会をする楽しみは自然に形成されるが，あえて呼びかけネットワーク化することでマナーや継続のためのポイントが共有され，無理なく続けられるということであろう。これらは，支えあいの福祉のまちづくり活動として展開されているが，このように身近な生活空間における住民の交流＝相互作用が一定の水準で維持されていくことは，個々の住民にとってだけでなく地域社会の安心と安全を保障する基盤となる。

> コミュニティケア

地域福祉の分野では，「地域社会における自立生活の実現」を**コミュニティケア**の基本としてとらえている。そして，自立生活の実現が自分の力だけでは困難な状況におかれているときに必要なサービスを提供する仕組みに，コミュニティケア・システムという言葉を用いる。

かつては，高齢になってから住み慣れた土地を離れて新しい土地に移動することは少なかったが，近年の新しい動向として高齢者の地域移動も目立った現象となってきている。よりよいサービスや福祉施設，医療機関が整備されている自治体を高齢期の居住地として選択する行動が登場している。

一方，そうした高齢期の人々を受け入れる側の自治体や地域社会にとっては，コミュニティのあり方が問われることになる。地域の住民活動や行政とのパートナーシップなどの地域の文化や生活様式などの情報提供や，高齢者の増加による介護サービスの供給体制の基盤整備を進めることが，大きな課題となっている。

介護保険の制度の改正の中で**地域包括ケアシステム**の確立が強調されているが，これは，1970年代に広島県尾道市御調町(みつぎちょう)国保病院の院長であった山口昇医師が，退院患者を支えるための医療と福祉

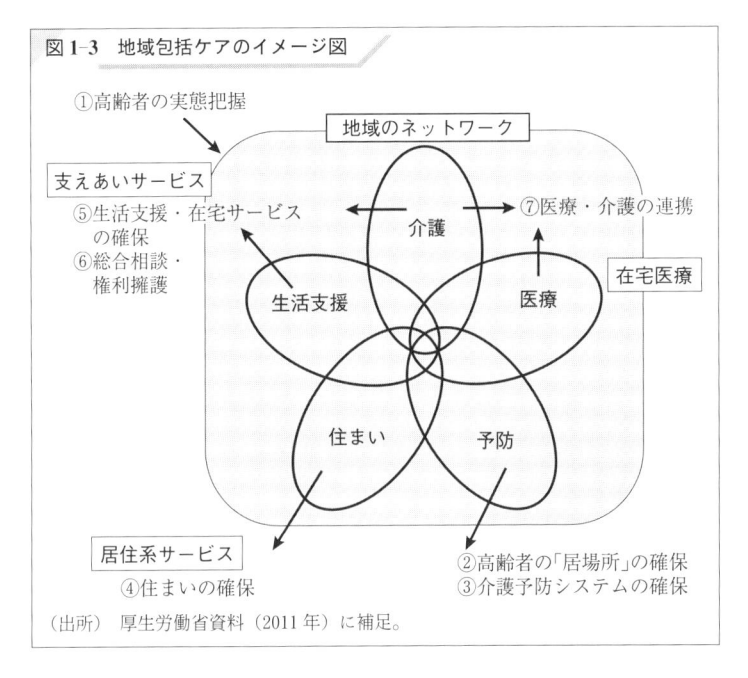

図1-3　地域包括ケアのイメージ図

① 高齢者の実態把握

地域のネットワーク

支えあいサービス
　⑤ 生活支援・在宅サービスの確保
　⑥ 総合相談・権利擁護

⑦ 医療・介護の連携

在宅医療

介護／生活支援／医療／住まい／予防

居住系サービス
　④ 住まいの確保

② 高齢者の「居場所」の確保
③ 介護予防システムの確保

（出所）厚生労働省資料（2011年）に補足。

の連携を通して寝たきりゼロ作戦を展開したことに端を発している。名称は地域包括医療（comprehensive community care）と呼んでおり、現在の地域包括ケア（図1-3参照）の考え方と同じ内容である。ただし、厚生労働省の説明（2011年）は、必要とされる生活支援サービスを網羅的に示しているに止まり、推進主体や責任主体が不明確となっている。

さて、ここで、コミュニティケアの基本である「地域社会における自立生活の実現」のために、それらを必要とする人々に提供する仕組み＝コミュニティケア・システムの確立をどのように考えたらいいのかについてみることにしよう。

福祉ニーズの多様化が進む中、財政難にあえぐ行政だけで多様なニーズに対応するコミュニティケアサービスを供給することは不可

能である。行政および地域社会のもつ人的資源をはじめとする社会資源を総動員することがその打開策となる。まず，行政と市民あるいは企業との間のパートナーシップ・ルールをどのように構築していくか，が課題となる。

それには，地域の多様な社会福祉資源の活用を図る手法の確立だけでなく，地域社会における公私協働の仕組みを活かすことがポイントとなる。以下の釧路市の事例に見られるように，地域の自律性に根ざした自立生活支援のプログラムを組み立て，個別ニーズへの対応を前提とするケアマネジメントシステムの確立を図ることである。

> ネットワークサロン

釧路市に一大事業展開を実現しているNPO法人地域生活支援ネットワークサロン（http://n-salon.org/）は，障害児をもつ母親が中心となった「マザーグースの会」（1993年）の活動から始まる。ネットワークサロンは，2000年12月にNPO法人となった。主として児童と障害のある人々への支援を中心に事業が構成されており，2013年の現在は，総合福祉支援法（2013年3月27日公布，旧障害者自立支援法）に関わる生活介護事業所，就労継続支援事業A型，児童デイサービス，グループホーム，自立援助ホーム，地域活動支援センター，相談支援事業所，移動支援事業等の多様な事業を展開している。具体的な事業は，①就労支援，②子ども家庭支援，③個別支援，④通う支援（複合型のディサービス事業といえる），⑤一時的な支援（子どもや大人のケアを必要する人の滞在支援），⑥暮らす支援（生活や食事の提供），⑦相談支援，⑧地域貢献（市民活動の応援，人材養成・研修活動やモデル事業の実施など，地域の生活支援力を向上させるための事業），⑨お店（ネットワークサロンで運営している店舗事業）と多岐にわたっており総合事業体というべき活動を展開している。

法人のコンセプトは,「福祉のユニバーサル化」である。既存制度における高齢者,障害者,児童という区分ごとに提供されているサービスの縦割りを克服することを前提にサービスの対象者を単に「支援を必要とする人(であれば誰でも)」と位置づけ,縦割りを乗り越える立場に立っている。つまり制度の隙間におかれる問題点を解消するという考え方に立っている。

　また,第2のコンセプトとして「循環型地域福祉の実現」をあげている。これまでの福祉の場では,支援を受ける側(利用者)と支援をする側(支援者)が固定しており,福祉を受ける人はいつも助けられるばかりで肩身の狭い思いをしがちだが,あるときは助けられ,あるときには助けるという両方の役割を果たす,つまり「支援が循環する」場の実現をめざしている。

Column① 近隣生活とプライバシー

　孤独死問題への対応が注目され、地域の支えあいが強調されるが、一番の問題はプライバシーである。情報の開示と共有を必要とする支えあいの活動で、たとえば、町内会が支援を必要とすると思われる人々のマップづくりや見守り活動をしようとすると、プライバシーの侵害が話題になる。個人主義の歴史のあるヨーロッパではどうなのか。

　私がオランダやイギリスで体験したのは、近隣の間で（たいてい、日本でいうところの向こう3軒両隣の中で、仲のよい関係にある家）お互いに鍵を預けあい、留守にするときに依頼すると、依頼された隣人は預かっている鍵を使って家に入り、鉢植えの花や木の水やりなどの管理をしあうことであった。通常、鍵を渡しあうのは3軒くらいとのことである。基本的に自分の生活にとって必要なことは、自分で交渉し、解決するという生活態度が身についている。自分の留守の間に近隣の人が自分の敷地の中を歩き回ることを想像するだけでプライバシーの侵害と日本人が感じるのとは明らかに異なる。

　彼の国々に町内会はないが、通りに面している住民同士が呼びかけて、簡単な集いのイベントをすることもある。また、警察や行政と連携して取り組む活動で、不審者を見かけたら声をかけて確認するという取組みがあり、交通標識のようなつくりで"neighbourhood watch area"という丸い標識を立てて、ここは警戒地区だということをアピールしている。イギリスの田舎町のこぢんまりした家並みを徒歩で観察しながら歩いていたところ、ある家から女性が少し険しい顔で出てきて、何をしにきたのかとか、どこからきたのかとか軽くチェックするような質問をされてしまった。この活動はアメリカから始まりイギリスでも取り組まれるようになった、地域の防犯活動である。

　日本人は一般的に、とにかく自分のことはいっさい他者に知られたくないという頑なまでのプライバシー観や他者の口の軽さに対する危惧がある。最近のいつもどこかしこで情報が漏れたというニュースが聞かれる状況では、危機管理上の必要性から一定の個人情報の利用が必要であると認識できても、簡単に同意できないというのが実態であろう。

　孤独死防止を呼びかける課題について、それを防ぐための関わり方も結局は、見守りを希望するかどうかのニーズを確認する手続きをとったうえで、NPOや自治会などが支援活動に取り組むことになる。しかし、関係をもちたがらない人の孤独死は防ぐことはできない。

　行政の対応で注目されるのは、「中野区地域支えあい活動の推進に関する条例」（2011年4月）の施行である。高齢者、障害者の氏名などの情報を名簿形式で町会・自治会に提供し、併せて厚生労働省の民生委員・児童委員の協力事例の紹介も行っている。

第2章 地域福祉の政策はどう変化してきたか

北海道札幌市・厚別区区民まつり（町内会自治会と社会福祉法人の共催）

　地域福祉政策の歴史は、地域生活における困りごとを抱える人々をどのように把握して解決に乗り出してきたかを辿ることになる。戦後の流れは、児童から障害者（とくに戦争に伴う負傷者とそのリハビリテーション）、母子そして高齢者・障害者の生活へとウエイトが変化してきた。施設ケアから在宅ケアへの政策的な転換と同時に、サービス利用者拡大の流れを受けて、措置制度から契約制度へのシフトが進み、社会福祉法の施行（2000年）により地域福祉の主流化を迎えることになった。

1 戦前の地域福祉

　まず，戦前の地域社会と福祉の概要を学習しておこう。ムラ社会からの移行が徐々に進んだ戦前期の都市社会は，近隣や親族の支援が中心の共同体的扶助の文化の社会であったが，その伝統的な相互扶助からはずれた救済の対象は**恤救規則**（1874年）によって明確に規定されていたことが知られている。すなわち親族の支援が受けられない者を対象に食糧その他を現物支給するというものであった。その後，救護法（1929年），方面委員令（1936年），社会事業法（1938年）が出されたが，それらもまた，血縁・地縁による相互扶助を補完することが基本とされていた。都市下層社会の生活を書いた横山源之助『日本之下層社会』（1899年）の記述にもそのような庶民の日常がよく伝えられている。

　戦前期の地域福祉で欠くことのできないものは，済世顧問制度から生まれた**方面委員制度**である。1917年に岡山県知事笠井信一が，全国初の済世顧問制度を創設して救貧・防貧の事業に取り組み，1919年に**善隣館**が設置されている。これに先立つものとして1891年にA. P. アダムスが宣教師として岡山に来て貧困児童に接して日曜学校を開き救済事業を始め，1905年には施療所を開設し，1912年の財団法人岡山博愛会の設立につながっていることから，アダムスの活動が岡山県における先駆的な取組みに影響を与えていたといえる。この岡山県の善隣館の活動は北陸・石川県にも波及した。

　石川県では，金沢の善隣館が自宅開放を行って地域社会の中で貧民救済に取り組んだ。これは，方面委員であった安藤謙治が最初につくったとされ，創設時は，「庶民階級による福祉の増進並びに精

神的教化運動」として展開されていた。善隣思想というのは，助けあいの心で近隣の人々と心を通わせ，支えあいお互いに善き隣人をつくっていくという考え方である。現在も金沢には**公民館**が小学校区単位に設置されており，地域活動と学習の拠点となっているが，これらに善隣館の歴史を継承しているものとされている。館長は市の教育委員会が任命し，主事は館長が任命する。そして公民館委員は町会から選出されるという仕組みとなっている。地元住民が参加し，地域に根ざした運営を図るこの方式は，金沢方式と呼ばれている。1934年に第一善隣館がつくられ，1960年までに19館が建設されている。現在は館数が少なくなっているものの地域の継続的な取組みが歴史的な伝統となっていることを物語る事例といえよう。

　このほか戦前期に注目される地域福祉の活動としては，1897年に片山潜がキリスト教社会主義に基づいて東京神田にキングスレーホールを開設した。これは，後の明治学院大学の学生をはじめとする学生セツルメント運動につながっている。

　またローカルな福祉実践として北海道の取組みを紹介しておこう。北海道は，明治期ならびに戦前期を通じて，わが国の名だたる社会事業家とのつながりが強い。**留岡幸助**にはじまり，アメリカに渡って感化事業にも明るい内村鑑三を筆頭に石井亮一，奥田三郎そして荻野吟子らが次々と北海道の社会福祉事業に関わっている。結果的に中央政府（国家主導者）とのパイプが機能し，対応がスムーズであったため事業展開も速やかに行われていくことになる。もっとも国家建設期の日本は，国家運営に関わる人員も少なく，倒幕派を中心に相互によく知っているメンバーが関与していた特殊な環境が形成されていたという時代的な要因が影響したことも事実である。また戦前期の社会事業の歴史で注目しなくてはならないのは，行政関係者や教育関係者が目立つということである。これは，行政に専門

知識や学識のある人材が集まりやすく，教育・研究機関との連携が図られていた実態と同時に戦前型公僕精神の高揚発揮がみられたことや，行政の主導性が積極的に行われた時代的背景があったためであろう。

さらには，北海道は都市化地域が少なかったので土地の取得に関して有利であったことが，社会事業の推進にとって好条件であった。社会福祉法人は他の業種に比較して景気変動の影響を受けることが少ないことから，地域社会における雇用の確保の観点からも施設の設置を歓迎する空気が強かったことや，措置制度の下では職員数においてゆとりのある定員配置がなされていたため，事業展開において多角化・大規模化しやすかったといえる。

次に，第二次世界大戦後の日本の地域福祉の歴史をレビューしてみよう。意外に思うかもしれないが，地域福祉に関しては，多くのテキストは1970年代を起点にして述べられており，地域福祉の歴史を大戦後から解説しているものは少ない。たしかに用語や概念を探ると1970年代から地域福祉は取り組まれている。しかし，社会の変動がどのように地域社会の生活に影響を与えていたのかをもう少し長いスパンで，詳しくみていくほうが地域福祉の変化をイメージしやすい。歴史を学ぶことで，私たちの生活の変化と地域福祉政策が密接に関連していることを理解することができる。

2 戦後から高度経済成長期の前後

児童受難の時代（1945〜49年）

この時期は，まさに社会福祉の原点となる貧困と児童問題が表出していた。
終戦直後の1945年9月に（岡山県の石井

十次による)「戦災孤児等保護対策要綱」が出されている。空襲や両親の戦死などで戦災孤児となる子どもの姿を想像するのはつらいことである。最近の戦争報道の映像でも最初に目に飛び込んでくるのは、爆撃の様子とその結果である破壊された建物、そして戦争被害者となる子どもたちの姿である。

1945年8月の敗戦と同時に海外からの引揚者の受け入れが始まり、学童疎開も終わり、戦後の混乱が住宅問題と失業問題そして生活保護問題に集中した時代を迎えた。戦災孤児となった子どもたち（1947年当時、孤児は約13万人）は、当然のことながら生活問題そのものに巻き込まれ、路上での補導や施設入所となる子どもたちも少なくなかった。そうでなくても、学校へ弁当を持ってこられない子どもが多いことや、空腹を抱える子どもたちで授業が成り立たないという話題も多く聞かれた。このような状況から学校給食を要求する運動なども起こったのである。

こうした混乱期を経て1946年に**生活保護法**、民生委員令が公布され、京都で第1回の全国民生委員大会が開催された。1947年には厚生省が共同募金運動を提唱し、日本社会事業協会が設立されている。**児童福祉法**が公布（翌年施行）され、民生委員に児童委員の活動も含められて民生委員・児童委員となった。

1948年には養護施設の収容児童が2万人を超えている。同年に少年法改正法や少年院法が公布されているが、この頃少年少女の人身売買が発覚しており、児童を取り巻く環境が随分と厳しいものであったことがわかる。翌1949年に第1回青少年保護育成運動が実施されており、子どもに対する政策的課題が緊急性を要していた。

障害者福祉・母子福祉対策の時代（1950～59年）

戦争が終わると、多くの戦傷者は障害者としての生活問題に直面する。第一次世界大戦後、イギリスをはじめとする西欧諸国で

はリハビリテーションや精神障害者福祉に関する制度制定が戦傷者に対する対策改善に大きな役割を果たした。この歩みはわが国の場合も同様であり，1950年に国立身体障害者更生相談所が設置され，中央身体障害者福祉審議会が発足している。身体障害者の雇用促進や旅客運賃の割引制度などにも取り組まれ，戦傷者に対する福祉政策が推し進められた。手をつなぐ親の会もこの頃に結成され，母子家庭問題，売春問題対策なども改善に向けて取り組まれた。労働者のための保育所が設置され，働く母の会も結成されている。行政組織にも母子福祉課などが設置され，未亡人団体協議会などの活動も開始された。

児童の健全育成に関しては，1958年に全国地域子ども会連絡会議や全国子ども会指導者連絡会議が設置された。全国社会福祉協議会にボランティア活動研究会が設置されたのもこの時期である。

1955年に全国老人クラブ連絡協議会が設置され，同年，国立老人ホームが熱海に登場している。高齢化率の急上昇への対応が遅れたことが高齢者対策の出遅れを生んだと批判されているが，歴史をみると高齢者の問題に無関心ではなかったといえる。本格的な地域福祉時代の準備段階への動向が見られるのもこの頃である。

地域福祉時代の幕開け（1960〜69年）

戦後日本経済の高度成長期を体験した1960年〜70年の10年間は，全国的に過疎化と過密化が同時並行的に進んだ時期である。コミュニティをめぐる課題を提起した国民生活審議会の報告書「コミュニティ──生活の場における人間性の回復」(1969年)に象徴される激動期であった。日米安全保障条約やその後の条約更新をめぐって政治的緊張状況へ突入した時期でもある。また，この時期は，世界的にみるとベトナム戦争が，国内には大学紛争や公害闘争などが契機となって戦後体制の転換期となっている。

1962年に**全国社会福祉協議会**（全社協）は社会福祉協議会基本要項を策定している。その基本としているのは，住民主体であること，調査研究，集団討議および広報の活用によるニーズ把握，そして関係機関・施設・団体間の連絡調整および地域社会資源の動員等々を基礎とする地域組織化活動に重点をおいた活動の展開，などである。1970年までの約10年間，この基本要項に基づき社会福祉協議会活動が展開された。

　また，1962年，厚生省社会局長から「民生委員の関係行政機関の業務に対する協力事務について」が通知として出された。これによって，社会福祉協議会は行政の実施する研修や高齢者・母子福祉・介護保険など，各種福祉計画に伴う意向調査を含めて福祉関係施策に関わるさまざまな調査事業に協力することとなった。そして1968年には全国社会福祉協議会が居宅寝たきり老人実態調査を行い，寝たきり老人数が13万人であることを明らかにしている。この時期に高齢者対策のスタートが切られたのである。

3 地域福祉の展開期

> 障害者福祉から老人福祉へのシフト（1970～79年）

　1971年に中央社会福祉審議会から専門職化への対応として社会福祉士法試案が提出され，16年後の1987年に社会福祉士制度ができている。この成立までの年月は，**社会福祉士**が名称独占（その業務につくうえで必ず必要な資格ではなく，この資格をもっている人しか資格名を使うことができないこと。ちなみに医師や弁護士などは業務独占資格であり，資格をもたなければ仕事につくことができない）にすぎないという批判の背景を物語っている。

図 2-1 戦後の時代背景の変化

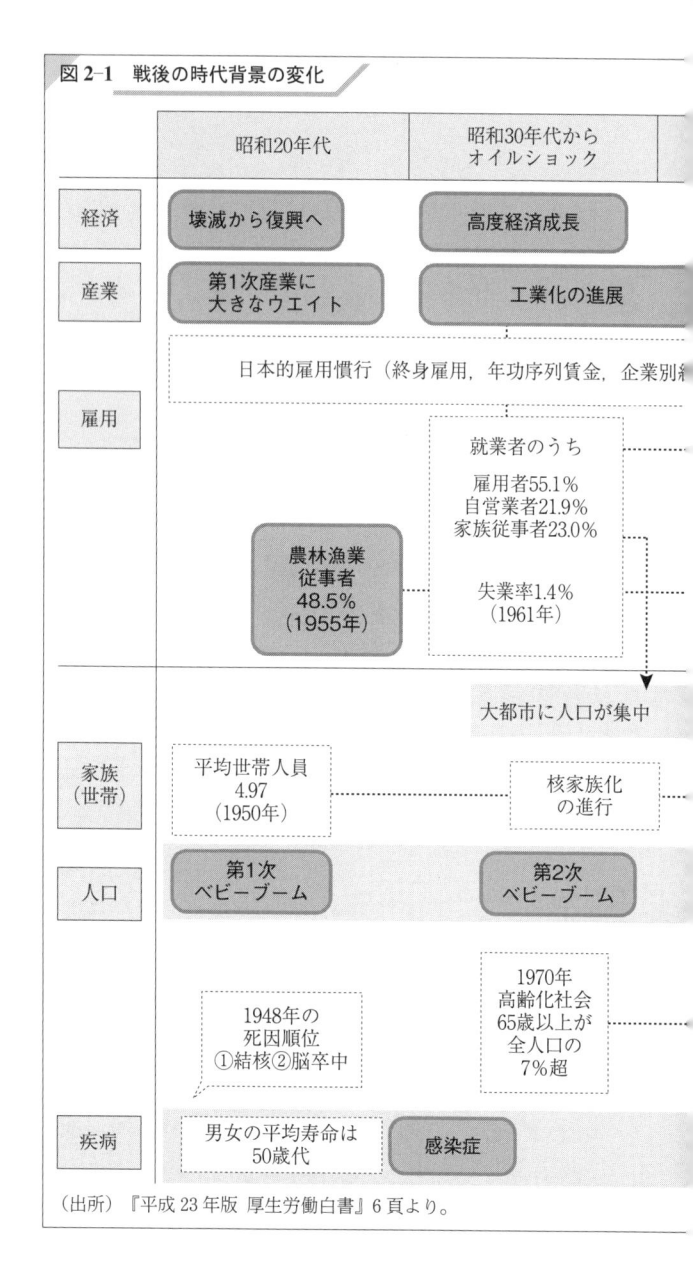

	昭和20年代	昭和30年代から オイルショック
経済	壊滅から復興へ	高度経済成長
産業	第1次産業に 大きなウエイト	工業化の進展
雇用	農林漁業 従事者 48.5% (1955年)	日本的雇用慣行(終身雇用,年功序列賃金,企業別組… 就業者のうち 雇用者55.1% 自営業者21.9% 家族従事者23.0% 失業率1.4% (1961年)
		大都市に人口が集中
家族 (世帯)	平均世帯人員 4.97 (1950年)	核家族化 の進行
人口	第1次 ベビーブーム	第2次 ベビーブーム
	1948年の 死因順位 ①結核②脳卒中	1970年 高齢化社会 65歳以上が 全人口の 7%超
疾病	男女の平均寿命は 50歳代	感染症

(出所)『平成23年版 厚生労働白書』6頁より。

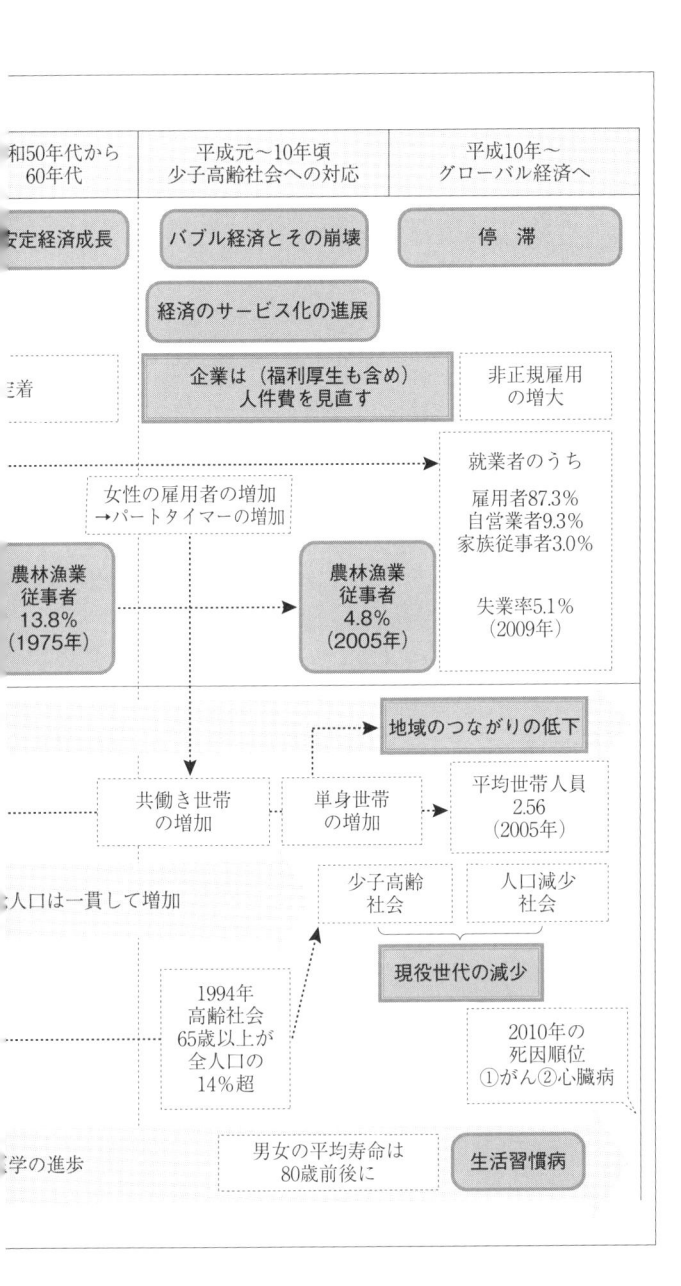

和50年代から60年代	平成元～10年頃 少子高齢社会への対応	平成10年～ グローバル経済へ
安定経済成長	バブル経済とその崩壊	停 滞
	経済のサービス化の進展	
着	企業は（福利厚生も含め）人件費を見直す	非正規雇用の増大

就業者のうち
雇用者87.3%
自営業者9.3%
家族従事者3.0%

女性の雇用者の増加
→パートタイマーの増加

失業率5.1%
（2009年）

農林漁業従事者
13.8%
（1975年）

農林漁業従事者
4.8%
（2005年）

地域のつながりの低下

共働き世帯の増加　単身世帯の増加　平均世帯人員 2.56（2005年）

人口は一貫して増加

少子高齢社会　人口減少社会

現役世代の減少

1994年
高齢社会
65歳以上が
全人口の
14%超

2010年の
死因順位
①がん②心臓病

学の進歩　男女の平均寿命は80歳前後に　生活習慣病

第2章　地域福祉の政策はどう変化してきたか

1966年に中央社会福祉審議会により養護老人ホーム，特別養護老人ホームの設置および運営の基準についての意見具申がまとめられた。1969年には，中央社会福祉審議会に老人問題の総合的対策（老人保健，医療費，住宅，税法など10項目）の諮問がなされた。その後，厚生省より老人家庭奉仕員事業運営要綱の通知が出され，老人日常生活用具給付事業が開始された。1972年に厚生省は軽費老人ホーム設置運営要綱の通知を出し，6月に「老人福祉法改正法」を公布し，老人医療費支給制度（70歳以上）が創設された。さらに，同年9月には，ひとり暮らし老人への給食事業と老後の生きがい対策についての構想が発表されている。

1968年には，「居宅寝たきり老人実態調査」（全社協）が実施され，高齢者問題の顕在化を社会は認識することになる。1973年に65歳以上の寝たきり老人に対する老人医療費支給制度が実施されている。また，1975年に厚生省は「老人のための明るい町推進事業要綱」を発表し，老人のための明るい町（シルバーシティプラン）推進事業を実施している。

1971年に東京都東村山市は，寝たきり老人対策として訪問看護事業を実施している。その後，厚生省も社会局長名で，「在宅老人福祉対策事業の実施および推進について」の通知（1976年）を出しており，高齢化対策への取組みを強化している。

1977年に厚生省は，都市型特養構想（ショートステイ，入浴サービスなど）を発表し，社会局長による「老人福祉法による老人福祉センターの設置および運営について」の通知を出した。また，全社協は，その後の地域福祉に大きな影響を与えた全社協在宅福祉サービス研究委員会による「在宅福祉サービスに関する提言」を発表しており，高齢者ケアの基本となる在宅福祉サービスが強化されていく潮流をここにみることができる。

1979年,全国民生委員児童委員協議会（現全国民生委員児童委員連合会）による「老人介護の実態──ねたきり老人介護の実態調査最終報告書」がまとめられている。12月には,全社協在宅福祉研究委員会が「在宅福祉サービスはわが国社会福祉転換の重要課題であること,専門職らによる在宅老人への医療・看護・リハビリテーションの提供等」に関する報告書を公表している。また,同年2月に全社協から在宅福祉サービスのあり方に関する研究委員会報告（「在宅福祉サービスの戦略」）が出されており,在宅福祉関連研究の結実期となっている。

> 福祉国家の見直しと在宅ケアへ（1980〜89年）

　1980年1月,社会経済国民会議は「社会福祉政策の新理念──福祉の日常生活化をめざして」を発表し,7月には全国ホームヘルパー協議会が結成され,12月には東京都武蔵野市が高齢者に対する有償在宅サービス事業を発足させている。1981年に福祉電話設置事業について通知が出され,12月に中央社会福祉審議会が「当面の在宅老人福祉対策のあり方について」の意見具申を提出している。厚生省は1982年4月に,要介護在宅老人家庭への有料家庭奉仕員事業要綱を都道府県に通知し,同年10月に家庭奉仕員派遣事業の対象拡大と費用徴収制度を導入した。

　1984年度厚生行政基礎調査において,高齢化率が約10%（9.6%）となり,65歳以上の独居老人が100万人を越したことを明らかにした。また,市町村社会福祉協議会の法制化が決定され,いわゆる事業組織としての体制強化が行われた。

　1985年,厚生省は「人生80年型社会懇談会」を設置しており,その部会の中間施設（老人医療や精神医療などで退院可能な患者を家庭や社会に復帰・適応できるように支援するためのリハビリテーションを行う施設）を考える会が「中間施設についての意見書」を提出してい

る。それを受けて厚生省に設置された中間施設に関する懇談会による中間報告において、中間施設を在宅型と入所型に分類することや、サービス費用は相応な利用者負担とすることなどが示された。普遍的ニーズに対応する受益者負担やサービスの有償化といった応益負担原則へのシフトが示された時期といえる。その後厚生省では、要介護老人対策の基本的考え方と、いわゆる中間施設のあり方についての通知を行っている。

1986年には高齢者の福祉と住宅に関する研究会（厚生省と建設省の共同研究会）から"ケア付き住宅"供給システム（シルバーハウジング構想）についての中間報告が出されている。翌1987年には「社会福祉士及び介護福祉士法」の成立施行、続いて1988年には在宅老人デイサービス事業の実施についての通知、また、痴呆性老人対策として専門の治療病棟と通院治療施設とを設置する実施要綱の通知、民間事業者による在宅介護サービスおよび在宅入浴サービスのガイドラインについての通知、1989年には専門医療相談や緊急時に備える痴呆疾患センターの設置についての通知が行われ、夜間に預かるナイトケア事業が開始された。痴呆性高齢者対策が次々と発表されている。

1989年12月には厚生省および厚生・大蔵・自治3大臣の了解の下に「高齢者保健福祉推進十か年戦略（ゴールドプラン）」が策定された。また、同年3月には、福祉関係三審議会合同企画分科会「今後の社会福祉のあり方について」の意見具申がなされ、大きな転換期を迎えることとなる。その内容は、市町村の役割重視、在宅福祉の重視、福祉と保健医療の連携強化を核とするものであった。

65歳以上の高齢者のいる世帯が1000万世帯を超え、住宅改修リフォームが取り上げられるようになったのもこの頃である。厚生省は高齢者にとって住みやすい住宅への増改築と福祉機器の利用相談

マニュアルの作成，建設省と協力した建設業者用改築・改造マニュアルの作成や「高齢者リフォーム相談員」の養成に取り組むことを発表した。東京都中央区では，全国初の高齢者施設と中学校・保育園が同居する複合施設の建設を発表し，高齢者と子どもの交流を考慮に入れた計画が提示された。

4 社会福祉基礎構造改革と地域福祉時代の幕開け

在宅ケア拡充と社会福祉基礎構造改革へ（1990〜99年）

1990年に，在宅介護者リフレッシュ事業が開始され，各地で「介護者の集い」が開かれるようになった。この年には「老人保健施設の利用実態調査」が報告されている。そこでは，1988年のスタート時には老人保健施設は「通過施設」としての役割を期待されていたが，医療機関から入所した高齢者の54.8％が再び病院に逆戻りすることや特養ホームを希望しながら老人保健施設へ回された人など，本来の機能を十分果たしていないことが指摘されている。同じくこの年に全社協は「住民参加型在宅福祉サービス活動実態調査」を実施し，全国で271団体が活動していると発表した。

厚生省は，同じく1990年にゴールドプランに必要な**社会福祉関係八法**の改正について審議会に諮問しており，同年5月に在宅介護支援センターの設置基準を決定，6月には老人福祉法などの社会福祉関係8法の一括改正を行っている。

また，建設省は厚生省の協力を得て，高齢者や障害者が快適かつ安全に移動しやすい「福祉のまちづくり推進モデル事業」を1991年度よりスタートする方針を打ち出している。厚生省も「1990年度 老人保健・福祉マップ」を発表し，**ホームヘルプサービス，シ**

ョートステイ，デイサービスを在宅3本柱と位置づけて，高齢者100人当たりの年間利用日数による都道府県政令指定都市の順位づけをしている。これにより，ようやく在宅福祉サービスの拡充が自治体の重要課題であることが認識されるようになった。

1990年に東京都中野区は，全国ではじめて福祉オンブズマン制度をスタートさせ，福祉サービスに関する公的な苦情処理機関を設置して注目された。また，介助が必要な区民すべてを対象とする東京都中野区有償在宅福祉制度「ほほえみサービス」をスタートさせている。

1991年9月の老人保健法の一部改正により，看護師が高齢者の家庭を訪問する老人訪問看護制度の創設，老人保健施設入所対象の初老期痴呆患者への拡大，介護的要素の強い老人医療費の公費負担割合の引き上げ（30%→50%）などが行われた。

また，1990年には，高齢者福祉の民間団体「さわやか福祉推進センター」（現さわやか財団）が設立されている。全国農業協同組合中央会（JA）も農協法の改正を行い，ホームヘルプサービスやデイサービスなどの事業の推進や，ヘルパー研修の実施などを盛り込んだ高齢者福祉活動の基本方針を発表している。

ボランティア関連では，社会福祉審議会が「将来的なボランティア活動のあり方」の提言の中で有償活動を評価した。これは，在宅福祉サービスにおけるボランティア活動の位置づけの変更を示唆するものといえる。インフォーマルケア（私的ケア）→ボランティア活動→有償ボランティア→NPOサービス→市場サービスやフォーマルケア（公的ケア）という連続性の必然性を認めることとなり，その後のサービスの利用選択肢の多様化を推し進めたといえる。

1994年には高齢社会福祉ビジョン懇談会による「**21世紀福祉ビジョン**」が発表された。そこでは，適正給付・適正負担（年金・医

療・福祉）が強調され、「新たな高齢者介護システムの構築を目指して」（高齢者介護・自立支援システム研究会報告）、および**「新ゴールドプラン」「高齢者保健福祉推進10カ年戦略の見直しについて」**などが提示された。健康保険法や年金制度の見直し、老人保健法、老人福祉法、母子及び寡婦福祉法などが続々と改正されたのもこの年である。また、1994年は、ハートビル法（高齢者、身体障害者等が円滑に利用できる特定建築物の建築の促進に関する法律）が登場し、障害者や高齢者にやさしいまちづくり推進事業がスタートしている。

しかし、なんといっても最大の注目点は、はじめて介護保険の必要性が社会保障制度審議会において提案されたことである。これに並行して、「措置から契約へ」「成年後見制度の確立」などを含む**社会福祉基礎構造改革**が打ち出され、全般的な見直しに着手されている。

1997年、検討されてきた**介護保険法**が制定され、社会福祉基礎構造改革の全容が示された。

一方、1995年の阪神・淡路大震災におけるボランティアの活躍は全国民の注目と関心を高めることとなり、この年はボランティア元年ともいわれている。このことが契機となって1998年に特定非営利活動促進法（NPO法）が施行されたことは、地域福祉の推進体制にとって大きなターニングポイントとなった。震災時のボランティア活動への対応が促進法へと向かう契機となったといえる（NPOの近年の動向については第5章参照）。

介護保険の施行と見直しおよびサービスの質評価（2000年～）

2000年に地方分権一括法（地方分権の推進を図るための関係法律の整備等に関する法律）、介護保険法、**社会福祉法**が施行された。私たちは日々多様なサービスを利用して生活しているが、その際、選択と評価を繰り返し、利用するかどうかを決定している。その行動

がサービスを購入する消費者としての自覚を促すものとなる。介護保険が施行されるまでは福祉サービスを利用するに際し、このような本来的な消費者行動を発揮する機会は少なかった。介護保険は人々に福祉意識や権利意識について考えさせる契機になったといえる。

さて、介護保険におけるサービスの利用量の増大は介護問題の解決を可能にするが、一方で介護保険財政に問題を投げかけることとなる。加えて、介護保険における不正請求事件などにみられるように福祉サービス事業者による介護保険サービスの供給が適正かどうかも含めて、事業者のコンプライアンス（法令遵守）と利用者のマナー（モラル）も問われることになる。

この問題に関して、社会福祉法（2000年）は、福祉サービスに関する事業者と地域住民の責務を全面に出している。つまり、分権時代の地域福祉を担う主体として福祉サービスに関わる事業者や団体そして地域住民の位置づけを明確にすると同時に、評価の仕組みとサービスに対する第三者評価の導入、苦情や不服申し立ての機会保障を重視している。

また、地域での自立生活をサポートするための日常生活自立支援事業（以前は地域福祉権利擁護事業と呼ばれていた）や成年後見制度、グループホームの第三者評価の導入など、サービス利用者の権利保護を政策的に重視したものとなっている。これは消費者保護法の施行と連動しており、消費者行政における契約文化への転換が福祉サービス利用にも適用されることとなった。

ただし、問題は、福祉サービスは一般消費サービスと異なり、生活維持に必須なサービスであるにもかかわらず費用負担の面からくる利用抑制やサービス選択の機会が限定されている（逆選択問題）ために苦情が出にくくなっている。したがって、利用者の周囲にい

る関係者の気づきがきわめて重要となり、地域社会におけるソーシャルネットワークのありようが福祉サービス利用に影響を与えることになる。

このような状況の下で、地方分権下におけるサービス展開のうえで大きな要素として期待されているのが福祉NPOなどによる介護保険外のサービス提供や地域住民による地域福祉活動である。その際、より重視されなくてはならないのは、地域住民のアイデンティティを基礎にした地域福祉活動がコミュニティワークとして、どう再構築されていくのかであるが、先に地域福祉の歴史をみてきた中でふれた社会福祉協議会の基本要項（1962年）が提起した**住民参加＝地域組織化活動**の重要性はきわめて今日的なものといえる。

また、平成の大合併と称される市町村合併の中で、合併によるサービス供給体制の効率性が強調されたが、画期的な成果をあげた報告は少なく、財政難などの問題を抱える地方自治体が多いことから、「住民参加型のまちづくり」を目標に掲げて、地域の支えあいを重視する政策へとシフトしている。

認知症対策と福祉のまちづくり

施設から在宅への流れは、入所者の人権を回復させることにつながるという趣旨で知的障害者・精神障害者に関するコミュニティケアとして、地域移行と呼ばれる取組みが強化されている。隔離より地域の中で生活することが望ましいという理念に基づき、共同生活（ケアホーム・グループホーム）や地域で暮らすための支援策が定着しつつある。

今後は、「地域生活支援」「就労支援」といった新たな課題に対応するため、自立訓練や就労移行支援などの地域生活への移行に関連する取組みが強化されていくことになる。また、入所期間の長期化など本来の施設の機能と入所者の実態との乖離を解消することを目

的として，サービス体系を再編し，効果的・効率的にサービス提供できる体系づくりが政策の重要課題となっている。

また，認知症，知的障害，精神障害などの理由で判断能力が不十分な状態にある人々は，不動産や預貯金などの財産を管理することが困難となりやすい。身のまわりの世話のために介護などのサービスや施設への入所に関する契約が必要な際，自分で手続きをすることが難しい場合がある。介護保険の施設入所などの契約には保証人のサインを求められるため，後見人が必要になり，これが成年後見制度の申し立ての動機となる。また，認知症や社会的に孤立して生活している人々をねらう消費者被害もみられる。自分に不利益な契約であってもよく判断ができずに契約を結んでしまい，住宅リフォームや健康食品あるいは未公開株に手を出し，しかも営業役の人間の優しさが自分に対する特別なものだと思い込み，身内や回りの忠告を受け入れたがらない実態も報告されている。

障害のある人々についてみると，特別支援学校を卒業した後，約55％の人が福祉施設に入所する背景には，家族ケアが困難であることや社会的に自立した生活を支える仕組みができていないという課題がある。就労は社会参加の基本といわれているが，実際に就労を実現して施設を退所する人は1％程度というのが現実である（2006年，厚生労働省調査）。彼らが出会う消費者被害も成年後見制度に関わる。最近では携帯電話などのサイト利用における不正取引に巻き込まれ，消費者被害にあうことが報告されている。

このような状況にある人々を保護し，支援するのが**成年後見制度**である。成年後見制度は大別して，判断能力が不十分になる前に後見人となる相手と契約をする**任意後見制度**と，判断能力が不十分になってから家庭裁判所が成年後見人を選任する**法定後見制度**に分けられる。後者は，さらに3つに区分されている。判断能力がまった

くない人を対象とする「後見」，判断能力が著しく不十分な人を対象とする「保佐」，そして，判断能力が不十分な人を対象とする「補助」に分けられている。これらは，後見人となった人の権限の相違として整理されている。2014年から，厚生労働省は新たに見守り機能と専門機関との連携を果たせる市民後見人を，全国で活動が可能となるよう養成事業に取り組む計画である。

　成年後見制度に関わる団体としては，専門職団体としての弁護士会をはじめリーガルサポート（司法書士会），パートナー（社会福祉士会），社会福祉協議会（日常生活自立支援事業＋法人後見としての成年後見事業），税理士会，および任意後見を専門にしている公証人役場がある。成年後見制度の利用者はこれまでの累計で15万人程度であり，約200万人といわれる認知症高齢者に比較すると1割以下の利用にとどまっている。とくに在宅生活を支えるうえでは，身上監護と呼ばれる生活状況の見守り（浪費に関する相談先など）や，介護施設や病院への入院・入所などの契約を行う福祉系のサービスが重要視されているが，それ以上に大事なことは本人に代わり預金の出し入れや口座の解約を行うだけでなく，定期的な報告を家庭裁判所に提出しなければならない点である。また，原則的に本人の最期までケアをすることが求められるため簡単な仕事ではない。もちろん後見人になるためには家庭裁判所からの照会などがあり，相当数の書類を作成して担当官の面接を受けることになる。

　最近は任意後見人の親族だけでなく，弁護士などの不正も目立つことから信託銀行への預金預かりを家庭裁判所が指示する後見制度支援信託制度も設けられている。

　こうした認知症や障害のある人々や家族が地域で安心して暮らしていけるようにするうえでも，住民参加による**福祉のまちづくり**が重視されるようになっており，「認知症になっても，安心してくら

せるまちづくり」などを標語として掲げて活動に取り組む自治体（北海道本別町）も登場している。

Column② アメリカの認知症ケアと非営利組織

　アメリカの非営利組織は事業体としてのマネージメントを明確にしていることで知られているが、在宅サービスにはどのように関わっているのだろうか。少し事例は古いが、フロリダの Extended Family（拡大家族）という面白い名前の NPO を訪問したときの話題を紹介しよう。この組織は、教会のスペースを借り、主婦数人がボランティア活動として、少し規模の大きい宅老所をアダルト・デイケアセンターとしてスタートした事業体である。

　そのミッションとは、若年認知症や高齢者の孤立防止のために施設ケアではないサービスを提供することであり、家族介護者をサポートすることも重要な役割としていた。中心スタッフは、財務担当者（民間企業の管理職経験者）と渉外を担当する事務局長、および職員を束ねる実務責任者としてのマネジャーである。登録をしているボランティア・スタッフと共に、日中40人くらいの高齢者を迎えて、ビデオを見るイベントや隣接する幼稚園の子どもたちとの交流、ゲームや体操・レクリエーションなどのさまざまなプログラムを提供する。調度品やソファやじゅうたんなどはヒルトンホテルなどから備品の更新時に譲り受けており、事務局長は、「ここで使われているものは高級品ばかりなのよ」と自慢していた。

　資金集めにも熱心に取り組んでいた。地域の人々にも声をかけ、自宅から使えそうなグッズやお菓子を持ち寄ってバザーを開催し、参加者は希望する品物に代金を書いて入札し、一番高い値をつけた人が落札するというサイレント・オークションというイベントを楽しみ、資金集めをしていた。また、ボランティアの登録に関して日本ではあまり聞いたことのない事例として、近隣の高校との提携で、成績があまりふるわない（多分単位を落とした）高校生がこの施設で一定期間ボランティアをすれば単位が取れるシステムに協力をしているとかで、たまたま訪問した日に温和そうな男子高校生が打ち合わせに来ていたのに出会ったため、事務局長からこのシステムについて聞くことができた。年に数名ということである。

　その後、どうなったのかをサイト（http://www.retirementhomes.com/）で調べてみると、現在は、大きく事業を転換しており、居住系のサービス（assisted living）に対応しているようである。いわゆる退職者向けの住宅（リタイアメントホーム）であり、日本でいうサービス付き高齢者向け住宅サービス事業体（もう少し包括的な事業体であるが）となっている。

　非営利組織としてスタートした事業体が、その活動を拡大する過程で、新たなビジネス組織へと転換していくケースもあり、私たちの訪ねた NPO も華麗なる転換（？）を果たして存続しているようだ。

第3章 福祉コミュニティの形成

東京都墨田区白髭団地

　近年，地域社会におけるサービス利用者と提供者を統合する視点が地域福祉の全面に据えられるようになっている。すなわちサービスの提供者であり，利用者でもあるという役割の二重性が，地域ケアにおける予防の考え方であり，コミュニティ形成にとって決め手となる担い手の位置づけとなっている。小学校区を1つのまとまりとするコミュニティの住民がまちづくりに参加し，サービスを担う新たな仕組みが問われている。

1 地域福祉のトレンドを読む

> 人口構造の変化＝高齢化のインパクト

日本は，2015年には高齢化率25％を超える超高齢社会へと突入する。さらにその20年後には3人のうち1人が65歳以上になると推計されている。一方，少子化は進み，同居率の低下と少子化により世帯の小規模化が進行している。

徐々に人口変動は収束しつつあるとはいえ，人口減少が著しい過疎地域ではピークであった1965年時から2000年までに40％近くの減少をみている。世帯数に変化がみられず，世帯分離と世帯員の他出および社会減が過疎高齢社会を生み出している。生産力基盤が弱化し，消費購買力も低下する中で，地域経済が衰退へと向かっていったことが平成の市町村合併が行われた最大の背景要因である。地域経済の活性化を図るためには，地域外に生産物の販売を拡大することと地域内の経済循環を高めることが必要となるが，多くの町村や地域で多様な取組みがなされているものの試行錯誤の状況にあるというのが現状であり，成果を上げるのはそう簡単ではない。

地方分権時代へと向かう中で小規模自治体の財源危機は顕在化しており，健康保険や介護保険などの運営上の財政問題も深刻化している。また，都市社会においては，特別養護老人ホームの待機者が増加する一方であるにもかかわらず，政策的抑制に加えて土地などのコストも高いことから需要を充たす施設の建設は期待できない現状にあり，安心して老いることができる地域社会と呼ぶには程遠い状況となっている。

また，男女共同参画社会への移行が進む中で，女性の就業率の上

昇は介護マンパワーを家庭に求めることの非現実性を浮き彫りにしている。しかも訪問介護を担うホームヘルパーの待遇の改善がいっこうに進まず、ホームヘルパーの定着率の低さなどが事態をより深刻にしている。そのため、サービス消費者である要介護者やその家族へのサポートの実態は、介護保険事業の開始時における"介護の社会化"というキャッチフレーズからは遠いものとなっている。また、都市地域では、核家族化や単身世帯の増加、就業スタイルといった生活様式の変化などから近隣関係の希薄化が進み、かつ限定されていることから地域社会のインフォーマルなサポートも少なく、結果として"見て見ぬ"文化の中で、孤独死や介護虐待事件などがあとを絶たない。

地域自立生活と地域移行政策

伝統的な3世代家族の一員として生活する高齢者は少なくなり、夫婦のみの世帯およびひとり暮らし世帯が急速に増加している。かつては子ども家族と同居していないひとり暮らしとなった高齢者の多くは、介護が必要になれば住み慣れた地域から離れた社会福祉施設や病院でその後の生活を送ることが一般的であった。

しかし、介護保険制度が施行されている現在では、障害をもっている人も、高齢で病弱となってひとり暮らしをしている人も、本人が住み慣れた地域で生活をすることを望むなら、人間の尊厳という観点から本人の選択を優先し、社会的サービスを利用して地域で自立した生活を送れるようサポートするという、イギリスで確立された**地域ケア**(community care)の考え方が日本においても政策の基本指針となっている。

近年、障害者福祉施設の定員の縮小化や精神病院からの退院計画、長期療養型病床の縮小政策、さらには指定介護福祉施設の建設抑制にみられるように、施設ケアから居宅ケアへのシフトが進んでいる。

地域移行と呼ばれる障害者の地域生活支援では，障害者の就労問題の解決が迫られている。

現在，障害者の就労を支援する社会的企業の取組みや居宅ケアを支える24時間ケアや訪問（歯科）診療，地域リハビリテーション（CBR），また介護保険制度における地域密着型サービスの展開，等々が進められている。ただし，地域での自立生活を支える地域ケアを担保するものとしての各種支援策は十分なものではない。今後の見通しについても自治体の財政的な状況からも介護保険そのものから現在以上のサービスを受けることは期待できない。したがって，地域の人々やNPOやボランティア団体などが加わった公私協働による新たなサービスの開発が必要である。これらが一体とならなければ地域ケアのコンセプトの下に，誰もが住み慣れたわが家を終の棲家とすることはできない。このような状況を打破する政策の1つとして進められてきたのが**地方分権**であり，そのコンセプトを端的にいえば，生活の場となる地域の問題は地域社会における**住民の自治**によって解決しようという理念である。

> 公私協働とNPO活動の推進

地方分権下においては，市民の主体的な社会参加と行政との協働が地域の活性化や行政コストの低減を図るうえでの重要なキーワードとなる。これらの意識を醸成する場としての（そこに住む人々を含めた）地域社会の姿や，（既存施設の見直し，リニューアル，施設の複合化などに代表される）環境整備についての新たな戦略が求められている。加えて，社会資本の整備，管理，運営についても民間施設との連携や民間資本やノウハウの導入，地域の自治組織やNPO，NGO団体との連携，といった新しいシステムも創り上げていく必要がある。第5章で詳しく説明されているが，**NPO**（non-profit organization）と**NGO**（non-governmental organization）の異

同について少しふれておこう (第5章参照)。基本的に非営利の民間団体という意味では同じである。非政府で，民間団体・組織を強調して国際的な活動を展開し，難民救済や人権問題，あるいは途上国の医療支援などに取り組んでいる団体などは歴史もあり，NGOとして自らの団体をアピールする傾向がある。一方，非営利で民間団体・組織を強調しているものがNPOという名乗り方をしていることが多い。基本的にどちらもNPOという分類に仕分けすることは問題ない。むしろ，アメリカなどと異なり，日本のNPOは宗教法人などを含んでいないため統計上カウントされていないので，国際比較をする際には単純に比較ができないことに注意が必要である。

さて，サービス・ニーズの多様化が進む一方で国家財政が逼迫する現在において，福祉ニーズを充足するために行政だけで施設の建設および運営・維持を図ることは不可能になっている。行政と市民あるいは企業との間のパートナーシップ＝協働をどのように構築していくかが重要な課題となる。分権化時代の自治体行政は，市民参加をプランづくりへの参加にとどめるのではなく，市民を対等なパートナーとして位置づけ，多様なボランティア活動やNPO活動が地域の生活を支えるという視点に立って，市民活動をサポートする仕組みをつくり出すことが求められる。そのためには地域のNPOや人的資源を含む多様な社会福祉資源の活用を図る手立ての確立が重要である。

福祉分野における2000年以降の新しい動きとして，営利法人による認可保育所の運営の規制緩和が提起され，公立保育所の民営化や認定こども園といった幼保一元化の施策が進められてきた。なかでも，2003年の厚生労働省「次世代育成支援施策の在り方に関する研究会」報告において，私営保育所のほうが，延長保育などの特別保育の実施率が高いことをはじめとして利用世帯の多様なニーズ

にこたえていることを指摘し、公立保育所においては多様なニーズへの対応が不十分であること、かつ保育士の年齢が高いことによるコストの高さなどが問題点として指摘された。したがって、公立の保育所のままで運営を社会福祉法人などの民間に委ねるものや、条例の改正、公立保育所の廃止、社会福祉法人へ完全に移管する手法が選択されるようになってきている。

2 まちづくりのエリアとしての徒歩生活圏

小学校区と徒歩生活圏への注目

生涯学習および地域活動の機会を充足するためには、多様な関心に対応することのできる徒歩生活圏内拠点（サテライト拠点を含めて）の確保が必要となる。日常的に利用度が高く、高齢となってもアクセスが容易な諸施設が設置されている地区のサイズとして、**小学校区**＝住区（半径500メートルのグリッド）とすることがミニマムで合理的単位（既存の社会組織に関連づけられるという意味で）であるといえる。

また、小学校（建物だけでなく敷地を含めた全体）は交流、学習、スポーツをはじめ多くの活動を可能とする総合施設として設計されており、何よりも大半の地域住民に認知されている。学校の敷地は木々の緑に囲まれており、そこで安らぐことのできる空間、いわゆる"いやし"の空間としての機能を併せもっているのが一般的である。緑空間がある小学校・中学校は徒歩生活圏のシンボルとなる資格がある。

この小学校の拠点化が及ぼす学校教育サイドの効用も考えられる。児童は校舎という物理的存在でしかない空間と限られた狭い人間関

係の中で教育を受け，行動を管理される立場におかれている。学校が多くの地域住民によって利用される場所であれば，児童と地域住民との交流の機会も多くなり，教員，家庭，地域住民三者が協力しあえる環境となる。また多くの目が児童に向けられることから，学級崩壊のような無秩序状態の発生という問題や，近年深刻度が増していると報告されている教員の孤立化やモンスター・ペアレントなどに代表される保護者との緊張関係を緩和するクッションの役割も期待できる。

さて，小学校区を基盤とする日常生活圏において，利用者のアクセスを最重視し，徒歩生活圏内＝小学校区に拠点を設置するとかなりの数の施設が必要となるが，その対応としてもっとも効率的なのは，既存施設の利用（児童数の減少による小学校の空き教室も含まれる）やリニューアル，さらには商業施設や民間福祉施設などとの協働を図るといった施設の複合化も射程に入れた工夫である。

> 実践事例

学校周辺の空間に地域交流センターの機能を組み込んだ実践例をみると，北九州市では，市民センター（公民館施設）を建設し，「自分たちのまちは自分たちの手で」をスローガンとした拠点施設を配置している。開館時間は月曜日から金曜日までは9時から22時までの13時間，土曜日は9時から17時までの8時間となっており，利用時間についても十分な対応がなされている。利用目的に関しては，地域の会議，子育てサークル，会食・給食活動，集会，健康講座の開催と幅広く対応している。また，「ひまわり文庫」を設置し，地域住民や児童の交流拠点としている。もともとは中学校区に公民館を設置していたものが，より地域に密着した施設となっている。保健師による血圧測定のコーナーや余興・娯楽のコーナーなども定期的に設けられている。市民センターはサブセンターを合わせて132カ所あり，北九

州市の人口が約97万人であることから、人口約8000人あたりに1カ所となり、それは、小学校区単位の配置となっている。館長は公募制の嘱託職員として、月給約26万円で、就任時65歳未満が応募条件となっている。各センターには各まちづくり協議会によって複数の職員が臨時職員として雇用されている。

　また、全国的な動向としても市民センターの設置が進んでおり、まちづくりへの行政の取組みが、共通して徒歩生活圏における拠点施設の配置に向かっているといえる。このほかにも校区社協という単位で地域の住民活動のユニットが設定されている市町村もある。

　このように、市民の地域活動を活性化させるために、さまざまな生活上の課題・問題を共有する小学校区程度のエリアを徒歩生活圏として第一義的に機能させることが有効であろう。日頃から身近に感じているエリア内にアクセスしやすい複合機能をもつ地域センターがあることは、住民にとって効率的であると同時に力強い存在になる。

ネットワークの連結点としての中学校区

徒歩生活圏において小学校の地域センター化を図り、その地域コミュニティをまちづくり活動のユニットとする場合、行政の直接的な拠点はネットワークの連結点となる中学校区とすることが妥当であろう。先述した北九州市の場合も、中学校区単位に公民館の設置を進め、小学校区に市民福祉センターを設置したあと、両者を一元的に運営するために統合的な機能を市民部に位置づけ、市民センターとしての名称統一を図っている。ただし、徒歩生活圏の諸機能の連結を弾力的にする必要があり、そのためには、行政には調整機能と支援機能の役割を担うことが求められる。その際、行政の支援のあり方にも工夫が必要である。ともすれば、いつも行政の働きかけによって住民活動が展開するという図式になりやすく、住民の

自主的な活動を推進するための拠点としての位置づけを明確にすることが必要である。

移動手段の重要性　諸施設の適切な配置と同様に自立生活を可能にするために重要なのは、移動手段の確保である。高齢者や障害をもつ人々にとって活動しやすい生活環境は、すべての人々にとって生活しやすい環境である。けがなどによる一時的なものを含めるならば、世代に関係なく、すべての人にとっていわゆる移動制約者として生活する可能性は大きい。とくに高齢者や障害をもった人々が地域社会での自立生活を確立するために基本となるのは外出手段が確保されていることである。

現在、多くの自治体および民間交通機関では、誰にとっても快適な外出環境（ユニバーサル・デザイン対応：段差の解消・車椅子の移動環境・サービス利用におけるアクセス保障、バスの昇降など）におけるインフラの面での整備・拡大に力を入れており、改善はされてきているが、高齢者や障害をもった人々の日常生活にとっては、よりきめ細やかな対応が必要である。とくに高齢者にとって小学校区の徒歩生活圏や中学校区のまちづくり生活圏というコンパクトなエリア内での移動が、日常生活においてはほとんどであるので、このエリアでの移動手段の確保に焦点を当てた工夫やシステムが必要である。たとえば、オンデマンド・システム、福祉タクシー、乗り合いタクシーなどのシステムづくりが求められている。

3 福祉コミュニティの形成

> **町内会組織の活性化は可能か**

現在，私たちは，NPOを含めて自覚的に選択する目的集団での活動機会が増えているが，伝統的な地縁集団である**町内会**はもはや無用であるかといえば，そんなことはない。地震や水害，津波や土石流などの被害にあったとき，情報獲得の助けになるのは自主防災組織や機能集団だけではない。近隣の声かけや助けあいの活動がスムーズにいくかどうかが，災害被害の大きさを左右する。また，近年，孤独死／孤立死が問題になり，無縁社会と称されている現代日本において，死後3日以上気づかれずに亡くなっている人の数が3万人を超えており，それが身元不明の死体として数えられている現実もある。少なくとも死後長期にわたって知られることがないという事態を回避していくためには，近隣における声かけや見守りは必須の課題となるが，これに対して，同意のない声かけは困難であるという指摘もある。民生委員・児童委員の活動の一環として，定期的な訪問が必要とされる要介護などの住民は把握されているとしても，必ずしも訪問を受け入れる人々ばかりではない。また，単独世帯でなくてもきょうだいや親子の餓死事件も報道されているように，外部の目からは特段問題を抱えているようにはみえない，ひっそりと生活をしている人々の把握や見守りは容易ではない。図3-1で示されているように，ふだん参加している地域活動は地域行事や交通安全，環境美化などへの参加であるが，参加割合は2〜3割に止まっている。しかし，機会があれば参加したいと答えている人も多く，4〜5割に達している。これらの人たちをいかに"参加する

図3-1 地域活動への参加

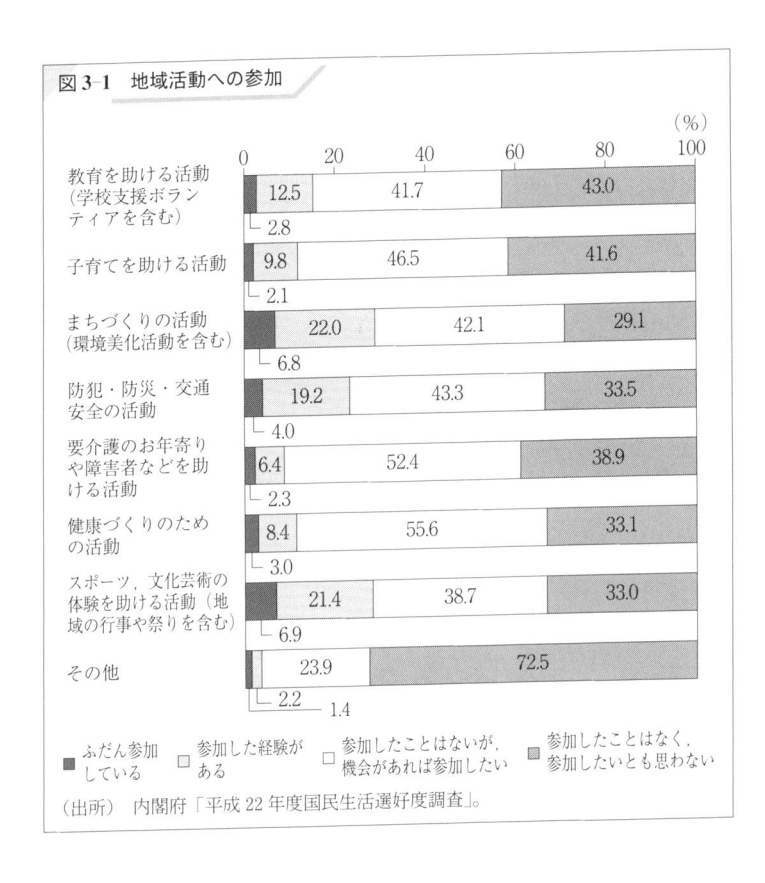

活動	ふだん参加している	参加した経験がある	参加したことはないが、機会があれば参加したい	参加したことはなく、参加したいとも思わない
教育を助ける活動（学校支援ボランティアを含む）	2.8	12.5	41.7	43.0
子育てを助ける活動	2.1	9.8	46.5	41.6
まちづくりの活動（環境美化活動を含む）	6.8	22.0	42.1	29.1
防犯・防災・交通安全の活動	4.0	19.2	43.3	33.5
要介護のお年寄りや障害者などを助ける活動	2.3	6.4	52.4	38.9
健康づくりのための活動	3.0	8.4	55.6	33.1
スポーツ，文化芸術の体験を助ける活動（地域の行事や祭りを含む）	6.9	21.4	38.7	33.0
その他	2.2	1.4	23.9	72.5

（出所）内閣府「平成22年度国民生活選好度調査」。

人"にするか，が課題といえる。

このような事態への対応策として，東京都墨田区のA団地では，自治会の中心メンバーが住民情報を把握し，単身世帯などに定期的な訪問を行っている。外国人の入居者に対応することも含めて，メンバーシップを理解してもらうためのルールを作成し，自治会のメンバーに提示して，団地の住民としての入会規約のような取り決めを受け入れてもらうようにするなどの工夫をしている。

> ある団地自治会の取組み

　ここで東京都墨田区のA団地自治会の取組みと規約の実際について紹介する。近年はどこも似たような問題が指摘されているが、団地の人間模様も高齢化や国際化によって、見守りの問題やゴミ処理あるいは自治会の運営についてルール化が必要になっている。さすがに国際都市である東京の自治会では、異文化の出会いについても周到な対応がなされている。具体的な内容を「居住者の心得」からみることにする。これは、英語、韓国語、中国語、日本語で書かれており、団地内混住化現象といえる多文化化の現実を反映している。内容は、自治会費の集金から始まり、回覧を速やかにまわすこと、廃品回収については、月1回第4日曜日に各階・各班から1名が参加し、新聞、雑誌、アルミ缶などを回収する。基本はリサイクルできる資源はコンテナに入れないこと、発泡スチロールは細かく割る、ペットボトルはフタを取る、段ボールはつぶして平らな状態にするというように分別はかなり細かい。福祉的なものとしては車椅子3台を貸出ししていること、子どもが生まれたらお祝いを渡すことなどが盛り込まれている。そのほかには迷惑にならないように騒音には気をつけよう、チラシ・紙くず・ゴミなどのポイ捨てをやめよう、という呼びかけがなされている。

　強調されているのは、従来のような単に町内会の加入促進という立場からの取組みというよりは、近年話題になっている「防犯・防災の観点から隣近所とコミュニケーションをとれるように、全体清掃・廃品回収・自治会行事などに積極的に参加しましょう」という説得にウエイトがおかれていることである。リスクを喚起することでメンバーの同意を求めて参加を呼びかけるスタイルにシフトしている。

防犯・防災と地域組織

防災の観点から地域組織を強化しようとするスタンスは，とくに東日本大震災による影響が大きい。大震災発生時の行政や防災機関による対応は，一定の時間的な経過を必要とするため，第一義的に住民組織の取組みが求められるからである。

課題は，災害発生時は自治会住民が自力で対応する状況を受けて，身の安全確保（自分や家族および火の元の確認，家具類の転倒防止，ガラス類の飛散防止），近隣への声かけ，役員および住民協力者の対応の仕方（集会所を災害自治会本部とすることの手順，情報収集，被災者の救援・救護，負傷者や病人の医療機関への搬送等々），住民の避難時の心得（避難所ではリーダーの指示に従う，できることは協力する，非常持ち出し袋の備え，避難所での利己的行動を慎むこと）などをいかに徹底するかであるが，「近隣が何でも助けあう」というかつての助けあいの規範を強調していたものから，具体的な課題を共有することで支えあいを呼びかけるスタイルに変化していることに注目したい。

町内会のあり方

情報伝達や地域の環境美化などの生活問題の解決主体は，そこに住む住民としての自覚をもつ人々で構成されている町内会＝地域集団であることに変わりはない。ただし，現在，さまざまな行事や住民生活の諸問題の解決や，快適な環境づくりの主体として期待され存続してきた基礎的集団としての町内会が，かつてとは社会環境が大きく変化した中で，今後も存続するためには，やはり町内会自身もそのあり方を問い直すことが必要となってきている。

町内会はそこに住む住人による集合体であり，人々の町内会に対する意識や価値評価を高めなければ町内会組織は変わりようがない。また，伝統的な地域住民組織である町内会組織は，既成の団体として固定化された文化をもっており，組織のあり方を簡単には転換し

にくい。町内会組織は親睦団体の性格が強く，目的集団でないだけに変革は難しいのである。

さて，ここで，町内会・自治会の現状の問題点，とくに「町内会役員のなり手がいない」現状について，多くの調査結果（札幌市2009年調査など）からまとめてみると，①役員，とくに会長職のなり手がいない，②住民の高齢化により，役員として活動できる人がいない，③若い人が役員になりたがらないため役員が高齢化，固定化していく——結果的に活動が停滞し，新しい活動への取組みが少なくなる，④若い人（65歳未満）が役員になっても仕事をもっているため業務の分担が難しく，町内会長に仕事が集中し，多忙を極め，その実態がなおいっそう会長職を引き受けることへの妨げとなっている，⑤女性（婦人）部長（リーダー）のなり手がない，女性が役員になりたがらない，などがあげられている。この状況はどこでもあまり相違はみられない。

この調査結果から危惧されるのは，町内会組織は，主体的かつ意欲的に地域の問題解決のために取り組む活動組織としても，多様な地域住民の参加意欲を引き出す組織力としても，あまり期待できない現状にあることである。とくに，将来的にリーダー不在が予測される組織に，新しい時代が求める活動体としての展望は得にくい。これまで存続してきた基礎集団としてのスタイルの変革を図り，地域の実態に合わせた新たな組織として再生することを射程に入れる必要がある。

また，今後はこれまでの伝統的な町内会が扱ってきた居住地域における問題だけでなく，他地域との幅広い協働関係が求められ，福祉や環境に関連するさまざまな問題に向き合う場面も多くなることが想定される。従来の伝統的な役割を担う町内会長像を払拭し，新しいタイプの地域リーダー像の創出とそのエンパワメントが課題で

ある。

事業体としての町内会

現在，町内会・自治会は，**安全安心**を課題として掲げているまちづくりに関わる主要な問題に当面している。それは，高齢化に伴い，団地におけるひったくり，認知症高齢者の外出や徘徊などによる帰宅困難問題，あるいは信号機のない場所での交通事故，商店街の営業不振と撤退による買い物難民化，北国における積雪地帯の除雪・排雪問題，医療機関へのアクセス問題，単身世帯増加に伴うサロン事業の必要性，給食弁当配達の必要性に関わる問題などである。これは，過疎地域と都市地域とを問わず，高齢化あるいは多数の高齢者を抱える居住地域に共通する問題である。

町内会・自治会の中には，買い物や医療機関に通う人々のためにマイクロバス・チャーター契約をしているケース（北海道歌志内市），交通機関確保のために町内会連合会がバス会社と契約して町内の住民のために定期運行に取り組む事例（北海道函館市）や，除雪機を町内会に貸し出して対応するケース（歌志内市）など，問題解決を自治体にだけ求めるのではなく，町内会・自治会の事業として取り組み，対応する動きがでてきている。

ただ，このような町内会の対応は，過去にもみられた。明治初期には地域住民が学校を開設したり，第二次世界大戦後の高度経済成長期の都市計画が進行する過程においては地域住民が自分たちの地域にある公園の整備を自主的に取り組むといった公的なサービスを代替して活動した町内会も珍しくなかった。

歴史的にみると，明治期に町内会組織の前身となった衛生組合が伝染病対策の一環である清掃や防除の共同作業を住民参加の中で進めていたように，町内会・自治会は公共サービス提供の補完的な役割を担っていた。これが，すべてのサービスは税金でするべきであ

るという住民の権利意識の台頭と,それに相まって行政サービスの拡充による街路灯の整備や花壇の整備などをはじめとする地域社会基盤の整備とともに,町内会・自治会が担っていた公共性の補完役割が空洞化してきたのである。ただし,これに関しては,住民の地域の共通課題に対する貢献意識や権利意識と行政の施策とのバランスが作用し,その時々の社会情勢が影響している。

　近代化の中で住民個々のニーズに対応する各種のサービス網の進展が共同性の絆を消失させ,並行して高齢化や地域の過疎化,空洞化が進行した結果として孤立化や無縁社会化と呼ばれる社会状況を生み出した。その対応としてサロン活動が推奨され,子どもたちの交通安全のための取組みや地域防犯や地域防災に向けた対策が急がれている。地域に基盤をおくこれらの取組みの受け皿として町内会活動の振興が期待されており,町内会・自治会組織が再び公共空間を担う時代を迎えている。私たちは新しい地域リーダー像を創り上げていかなければならない時代を迎えている。

Column③ 韓国のコミュニティ活動（福祉マンドウレ）

韓国はかつて日本が占領した歴史があるため，日本と類似した組織があるかのような印象をもたれやすいが，地域住民が自動加入するような町内会はない。じつは，町内会のような組織を有する国は珍しいので，それ自体が研究対象とされることも多い。韓国で目につくのは，社会福祉館にみられるようにアメリカ的なボランタリー・アソシエーションが中心となっている。キリスト教文化も浸透しており，地域におけるボランティア活動も教会の影響力が大きい。

ただ，地域活動の取組みでは伝統的な絆を強調する運動が展開されることも多く，かつては農村の再生に取り組むセマウル運動，最近のソウルで取り組まれている「美しい隣人」運動なども地域の絆を強調している。以下に紹介する大田広域市の福祉マンドウレも伝統型の組織を想起させるが，オリジナリティを意識した地域組織活動として進められている。

大田広域市は韓国5番目の大都市で人口は約153万人。高齢化率は7%程度で，深刻な問題はない。広域市に5つの基礎自治体があり，それぞれ洞（ドン）という行政区（8～23）が配置されている。各洞には住民センターがあり，その中に区の洞役所がおかれていて，住民自治組織が設置されている。マンドウレという語源は，ドゥレ（結い）という草抜き作業の組織を村単位で組織されたものをいう。

伝統的なマンドウレ精神を住民参加型福祉と結びつけた福祉サービス供給体系が，「福祉マンドウレ」として自助/共助を強化する目的で展開されている。基本的に生活が困難な市民の問題を解決する自主的な住民参加ネットワークであり，仕組みは広域市に福祉マンドウレ諮問委員会（委員長＋副委員長＋委員29人）で設置し，4つの小委員会を組織しており，自治区に福祉マンドウレ運営協議会（各洞の福祉マンドウレ会長＋地域民間団体代表＋福祉専門家）を自主構成で設立しており，その下に洞福祉マンドウレ会（運営委員会と一般会員，後援会員で構成）がつながっている。この意味で，行政との連携の下，住民の参加を求めて組織づくりを行っているアソシエーション型の組織といえる。

第 2 部

地域福祉の人材と方法

私たちが暮らす地域社会では，日々，さまざまな問題が起きている。近所づきあいが弱くなり，"密室化"した家の中で，また街なかのいたるところで，リスクや不安と隣りあわせの生活を誰もが送っているのが現代社会だといえる。だが一方で，そのような問題に対して，一致団結して立ち向かう住民たちの姿を各地でみることもできる。

　地域福祉では，一般住民や福祉当事者がボランティアなどとして活躍し，福祉のまちづくりを進めていくことが大切だ。またそのためには，そうした人々を後押しし，専門機関などとつなぎあわせるような援助者，つまり「コミュニティワーカー」が必要である。

　第2部では，コミュニティワーカーがどのような援助を行っているのか，そしてどのような組織に所属しているのかについて学ぶとともに，ボランティアとしての住民や当事者について考える。多くの人が主体となり，それぞれの力を発揮しながら，どのように地域の未来を創り出すのか。コミュニティワーカーの視点を通して考えてみよう。

第4章 コミュニティワーカーとは誰のこと？

自治会役員に調査結果を報告するコミュニティワーカー（写真提供：文京区社会福祉協議会）

　地域福祉の諸活動は，その地域に暮らす住民や当事者（その家族や支援者も含む）が主役となって進めている。しかし，それを応援し，後押ししたり，同じ志をもつ仲間同士をつないで活動の輪を広げたりするような専門家もいる。その専門家は，行政と住民の橋渡しや，さまざまな福祉施設，医療機関，学校など，地域の専門機関同士をつなぐ役割も果たしている。「コミュニティワーカー」と呼ばれるその専門家がどんな人で，実際にどんなことをしているのか，みていくことにしよう。

1 コミュニティワーカーという仕事

住民の力を呼び起こす　コミュニティワーカー

　私たちが暮らしている地域社会が、誰にとっても安全で暮らしやすいものであってほしいと願わない人はいないのだが、現実にはいろいろな問題が起きている。子どもが犯罪や事故に巻き込まれることや、高齢者をねらう「振り込め詐欺」なども後を絶たず、毎日のニュースで悲しい出来事が報道されるたびに不安やいらだちを覚えることだろう。また、駐車違反の自動車や駅前の自転車の乱雑な違法駐輪、タバコのポイ捨てにペットの糞害と、地域社会で生活マナーを守らない人が増えていることも、日々実感しているのではないだろうか。

　こうしたいろいろな問題に、役所（地元の行政）や警察は何をしているのだと怒る人も多いが、役所や警察だけでは対応しきれないほど問題は多様化しているし、また最近は家の中での虐待やDV（ドメスティック・バイオレンス）、ネットカフェで暮らす不安定就労者の雇用問題など、「密室」の中で問題が起きることが増えていて、外からは見えにくくなっている。このように、住民の近く（つまり生活の場）で起きている問題に対して、住民ができることから1つひとつ取り組んでいかなければ、地域社会はよくならないのだ。

　とはいえ、いきなり住民が決起して諸問題に立ち向かうというのは、一般的には難しい。町内会や自治会の役員も、すでに地域でたくさんの業務を抱えていて、複雑化・増大する問題をすべてカバーしようとしても限界がある。その一方で、地域の問題を「何とかできないか」とやきもきしている住民も多いはずで、そんな住民たち

の背中を押してくれるような人がいればいいと思うだろう。具体的には，住民活動に必要なノウハウ（他の地域での成功体験や，あるいは逆に失敗体験など）を教えてくれたり，問題意識をもった住民を集めてグループにまとめ上げたり，行政や弁護士，福祉や医療の専門家などとの間を仲介してくれたりというような，そんな支援をしてくれる人がいれば心強い。それを仕事としている人が「**コミュニティワーカー**」だ（あとで述べるが，それが本業かどうか，また有給でそれをするかどうかはさまざまである）。

　誰しも，自分が暮らす地元の魅力や自慢できるところをいくつかあげられるだろう。また，地元についての不満なところ，心配なところも，すぐに思い浮かぶだろう。このように，地域社会のことをもっとも熟知していて，愛着や仲間意識を感じることができるのは，利害当事者である住民自身にほかならない。コミュニティワーカーとは，そんな住民を主役に立てて，住民としてできることに気づき，自分たちの力で何かしようという機運を盛り上げたり，そのために住民ニーズの調査や資料づくりをしたり，住民と一緒にまちづくりの計画を進めたり，まちづくりの応援団を紹介する，いわば間接援助のプロなのである。

変わりつつある地域社会

　かつての日本では，農・林・漁業を中心として職住接近の生活が基本であり，地域共同体を基盤にして互いに仕事も生活も面倒を見あう共同労働や相互扶助を機能させてきた。現代の町内会や自治会という住民組織はその歴史の上にあり，交通安全や防犯・防災，ゴミ処理や緑化活動，児童の健全育成，共同募金への協力など福祉活動，自治体広報の配布などの行政補完，そして祭りなど住民の親睦といった幅広い活動を担い，住民の生活を土台から，しかも住民自身の手で支えている。それらの住民組織に積極的に関わっている

人でなくても,知らないうちにお世話になっていることに気がつくだろう。

しかし,近年では地域への帰属意識が弱まり,近隣との交流を煩わしく感じる人も増え,町内会や自治会も加入率低下や役員の後継者不足などで組織が形骸化しつつあり,活動も閉塞状況に追い込まれるところが多くなってきた。そもそも働き盛りの大人たちは,遠方の職場に日中縛られていて地域社会の活動にあまり参加できず,参加できるのは定年退職した高齢者や自営業で時間の自由のきく人,子育てを終えた専業主婦,学童期の子どもぐらいになってきているのだ。

ところで,農業社会から工業社会へ,さらに脱工業化社会に日本社会が変容する中で生活様式も都市化・近代化してきたし,昔ながらの地域共同体に依存した前近代的な生活は必要でなくなってきた。代わりに台頭してきたのが自治体のサービス職員で,これまで地域社会の住民組織が行っていたことを肩代わりするようになってきた。つまり,「生活上の問題解決は専門機関に依頼するほうが現代にマッチしているのではないか」「都市化した市民社会は契約社会なのであって,地縁や血縁にがんじがらめにされた封建的社会とは違った,自由で個人主義的な生活スタイルが似合う」「もうこれ以上,古いしきたりで縛るような地域活動には引き戻さないでくれ」という現代風の考え方が一気に広まり,新しい生活様式や社会のシステムを確立させてきたといえる。

しかし,本章の冒頭でも述べたように,近年地域で起きる犯罪や生活問題は複雑多岐になっていて,行政がすべてのニーズを把握し,隅々までサービスを届けることを期待しても現実的でない。まして,高度経済成長の時代とは異なり,高齢社会化・人口減少社会化に加えて経済成長も鈍化した今の日本では,単純にいえば行政の収入

(税収)が縮小していく中で、新しい事業への予算投入がむしろ困難になっている。ではもう行政の出番は終わったか、という極端なことを言いたいのではなく、行政の責任や役割は依然として大きいのではあるが、一方では公共事業を見直して、その運営も民間の知恵と行動力に部分的に委ねるべきだと要請されるような現状もあることを指摘したい(指定管理者制度やPFI手法といった、公的施設の運営を民間組織に委託する新しいシステムについても、聞いたことがあるのではないだろうか)。

従来から地域社会を支えてきた住民組織も行政も、今まさに岐路に立たされていることを考えると、現代の地域社会は、まさに大事な局面を迎えている。数十年という長いスパンでみて、これからの時代にも住民同士が支えあう素地を今のうちにつくっておけるかどうかによって、将来の地域社会のリスクへの対応力は大きく違ってくるかもしれない。そうであれば、やはり意欲ある特定の住民のみが活動する今のような状態から次のステージに進み、いろいろな層の住民が共感できるような地域づくりが必要になる。さまざまな住民が各々の得意分野を活かすような参加ができれば、地域社会は随分よくなるはずである(たとえば仕事の専門分野や趣味・特技、子育てや家事の経験を活かしたボランティアなどは、引く手あまただろう)。何より住民の中に「自分たちだってやればできる」という自信や責任感が芽生えるだろう。それこそが、コミュニティワーカーの地域支援、つまりコミュニティワークの前提なのである。

コミュニティワーカーとはどんな人なのか

さて、ここまで読み進んだ読者は、「コミュニティワーカー」という職種があるのかどうか疑問に思っているかもしれない。隣接職種としては社会教育主事や保健師といったものがあるが、コミュニティワーカーには資格や免許がとくにあるわけではない。社会

福祉協議会（以下，社協）という機関には，これに該当する職員がいて，コミュニティワークの専門家の代表格といえるが，社協にしかコミュニティワーカーがいないわけでもない。はじめてこの名前を知った人にとっては，そう言われても今一つ理解しにくいだろうが，これについてはあとで詳しく述べることにしたい。

　昔，コミュニティワークはコミュニティ・オーガニゼーションと呼ばれていて，その頃はコミュニティワーカーのことをコミュニティ・オーガナイザーと言っていた。オーガナイザー，つまりある目的のために組織立てていく人，たとえば関係者同士をつないだり，情報提供したり，あれこれ段取りをつけたり，関係先に働きかけたりする世話役・まとめ役といったことになる。日本でコミュニティ・オーガニゼーションは「地域組織化」と訳されているが，決して団体や組織を設立させるという狭い意味でとらえないでほしい。

　また，社会福祉の分野だけでなく，保健医療，教育，住宅政策，都市計画などさまざまな領域でコミュニティワークは応用されている。たとえば，地域医療のための住民組織化をしている医師がコミュニティワーカーを自称していたり，スラムやインナーシティ（大都市中心部で，都市固有の貧困問題や衛生，治安などの問題を抱える地区）での生活再建計画を住民と共に取り組んでいるプランナーがコミュニティワーカーと呼ばれることもある。被差別地域の住民や外国籍住民などのいわゆるマイノリティのための人権擁護や訴訟，市民運動までを支援する弁護士が地域活動に取り組んでいてもコミュニティワーカーという場合もある。

　表4-1を見てほしい。この表はアメリカの福祉学者J.ロスマンという人が最初にまとめた著書の中で提示したコミュニティ・オーガニゼーションのモデル，つまり実践のタイプで，彼によると「小地域開発」のモデルと「社会計画」のモデル，それに「ソーシャ

表 4-1 コミュニティ・オーガニゼーション実践の 3 つのモデル

	モデル A 小地域開発	モデル B 社会計画	モデル C ソーシャル・アクション
1. コミュニティ活動の目標	自助：コミュニティの活動能力は全体的調和（プロセス・ゴール）	基本的なコミュニティの諸問題に対する問題解決（タスク・ゴール）	権力関係や資源を移行させていくこと：基本的な制度上の変革（タスク・ゴールかプロセス・ゴール）
2. コミュニティの構造や問題状況に関する仮説	コミュニティの喪失，アノミー：関係や民主的な問題解決能力の欠落：静態的な伝統的コミュニティ	基本的な諸社会問題：精神衛生や身体上の健康問題，住宅問題，リクリエーション	不利な立場に置かれた人々，社会的不正，剥奪，不平等
3. 基本的な変革の戦略	人々が自身の問題を決定したり，解決していく行動に広範に連帯していくこと	問題についての事実の収集や，もっとも合理的な活動の順序を決定していくこと	論争点を定型化したり，人々が敵対目標に対して行動を起こすように組織化していくこと
4. 特徴的な変革の戦術と技術	合意：コミュニティの諸集団や諸利益の間の相互交流：集団討議	合意またはコンフリクト	コンフリクトまたは闘争：対決，直接行動，交渉
5. 特徴的な実践家の役割	触媒としての助力者，調整者：問題解決の技術や倫理的な価値観についての教育者	事実の収集者と分析者，事業推進者，促進者	運動家-弁護者：煽動者，仲介者，交渉者，パルチザン
6. 変革の手段	課題を志向する小集団を操作すること	公的組織やデータを操作すること	大衆組織や政治過程を操作すること
7. 権力構造に対する志向性	権力構造のメンバーは共通の活動における協同者である	権力構造は雇用者であり，依頼者である	権力構造は活動の外側にある目標物：攻撃され，破壊されるべき圧制者
8. コミュニティのクライエント・システムまたはクライエント集団の範囲	地理的コミュニティ全体	コミュニティ全体またはコミュニティの一部分（機能的コミュニティを内包した）	コミュニティの一部分
9. コミュニティの構成員間の利害に関する仮説	共通性のある利害または調停可能な相違	調停可能な利害または葛藤状態にある利害	容易に調停されえない相互に葛藤している利害：乏しい資源
10. 公益の概念	理性的で同質的な観方	合理主義的で同質的な観方	現実主義的で個人主義的な観方
11. クライエント集団の概念	市民	消費者	被害者
12. クライエントの役割についての概念	相互作用的な問題解決過程への参加者	消費者または受給者	雇用者，任命者，仲間

（出所） 高森・高田・加納・定藤 [1989]。

ル・アクション（社会運動）」のモデルの3つに分類することができる。ここでは，3つの異なる場面のそれぞれで，コミュニティワーカーがどんな問題に対峙し，何を達成しようとして，どんな方法を使っていくのかといったことが表されている。言い換えれば，コミュニティワーカーがどのような機関に雇用され，どういう動きをするのか，もしくは所属機関の実施するプロジェクトや事業での担当や身分ととらえることができる。大雑把にまとめると，小地域開発モデルにおける「教育者タイプ」，社会計画モデルにおける「調査者タイプ」か「研究者タイプ」，社会運動モデルにおける「運動家タイプ」か「弁護士タイプ」ということになるだろう。

　では，日本では誰がコミュニティワーカーなのか。コミュニティワークを「本業」としているという意味では，社協の事務局職員の一部があげられる。社協は，各都道府県や市区町村に1つずつ，そして全国社会福祉協議会（全社協）が東京にあり，市区町村社協には「福祉活動専門員」，都道府県社協には「福祉活動指導員」，全社協には「企画指導員」が配置されている。元々は国庫補助がされていたのだが，現在は地方自治体が同じ名称で一般財源の中から各社協に対して人件費の一部もしくは全部を補助・助成している。これらの国庫補助は，福祉活動指導員については1963年度から，福祉活動専門員に関しては1966年度から予算措置がなされたが，現在は，いずれも地方交付税から措置されることになっている。ともかく予算上の名称なので，社協の事務局職員全員が福祉活動指導員や福祉活動専門員というわけではない。

　全社協の基礎資料によれば，全国の市区町村社協の職員数は，およそ12万人（2007年度）である。市区町村社協の事業部門は，法人運営や事業経営を行う「法人運営部門」，地域福祉推進の中心を担う「地域福祉活動推進部門」，認知症の人や障害者，生活費に困

る人などの相談・支援を含む「福祉サービス利用支援部門」，ホームヘルプサービスやデイサービスなどの「在宅福祉サービス部門」から構成されるが，12万人という数字にはそのすべての従事者が含まれている。

つまり，地域福祉を支えている人材は，広い意味ではコミュニティワークを専業とする社協職員だけではなく，ホームヘルパーやデイサービス職員のように，高齢者や障害者の在宅生活を介護技術で手伝う人，あるいは医師，看護師，保健師，OT（作業療法士），PT（理学療法士），教師，弁護士などの関連専門職や自治体職員，さらには民生児童委員やボランティア，町内会や自治会のリーダーなどの住民も含んでいる。

このことを，図4-1をもとに整理してみよう。これは地域福祉に関わる人材を類型化したもので，「ケア性」と「オーガナイズ性/コーディネイト性」の縦軸と「専門性」「非専門性」による横軸で4タイプを示している。「ケア性」は，介護や看護，対面的な相談業務などのように，より直接的な援助を行う人材，「オーガナイズ性/コーディネイト性」は反対に組織化やボランティアのコーディネーションなどのように，間接的な組織化に従事する人材ということである。また，「専門性」の軸を簡単に説明すると，それらの業務を職業としている人材は「専門」，ボランティアとして行っている人材は「非専門」と分類されている。

ちなみに，このような人材やその所属機関・組織を社会資源として整理するとき，専門性を備え，（基本的に）制度に基づいて援助する機関や専門職を「**フォーマル」な資源**と呼ぶ。反対に，援助する人もされる人も同じ住民として，情緒的・継続的なつながりによって支えることができるのは，ボランティアならではの強みである。これらは「**インフォーマル」な資源**と呼ばれ，制度の対象にならな

図 4-1 地域福祉の担い手

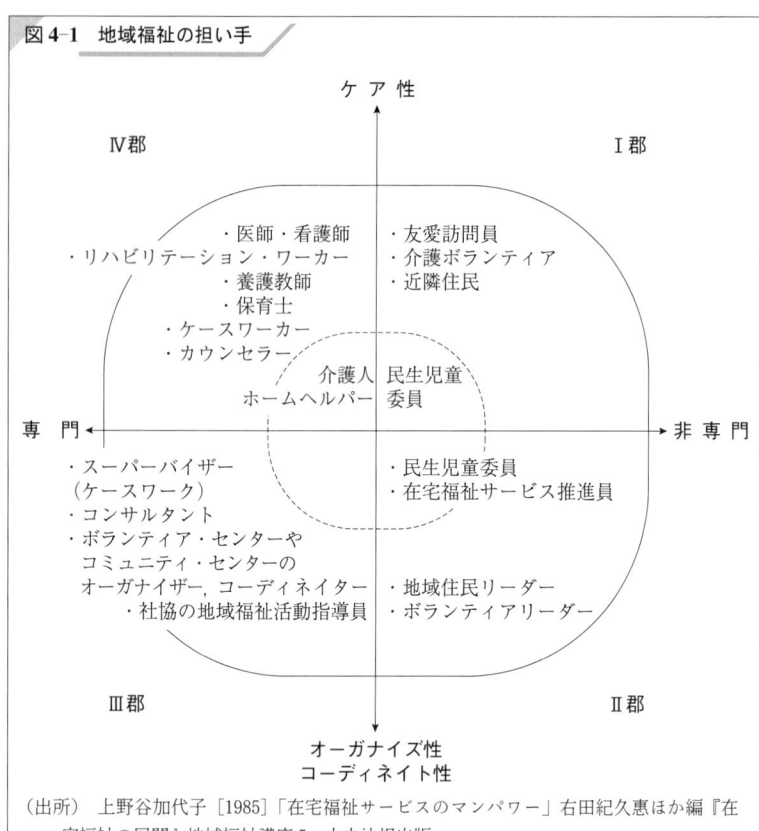

```
                        ケ ア 性
                          ↑
       Ⅳ郡              |              Ⅰ郡

          ・医師・看護師    ・友愛訪問員
   ・リハビリテーション・ワーカー  ・介護ボランティア
          ・養護教師       ・近隣住民
          ・保育士
          ・ケースワーカー
          ・カウンセラー
                  介護人 |民生児童
                ホームヘルパー|委員
専 門 ←――――――――――――――――――――→ 非専門
   ・スーパーバイザー      ・民生児童委員
    (ケースワーク)       ・在宅福祉サービス推進員
   ・コンサルタント
   ・ボランティア・センターや
    コミュニティ・センターの
    オーガナイザー,コーディネイター
     ・社協の地域福祉活動指導員  ・地域住民リーダー
                         ・ボランティアリーダー

       Ⅲ郡              |              Ⅱ郡
                          ↓
                    オーガナイズ性
                    コーディネイト性
```

(出所) 上野谷加代子 [1985]「在宅福祉サービスのマンパワー」右田紀久惠ほか編『在宅福祉の展開』地域福祉講座 5, 中央法規出版。

いような生活ニーズ（たとえば要介護高齢者の人による「愛犬の散歩をしてほしい」とか，「庭の手入れをしてほしい」「切れた電球を交換してほしい」など）にも力を発揮できるのが特長である。

さて，これらの地域福祉の人材を，広い意味でのコミュニティワーカーとしてとらえるとすれば，どのように理解できるだろうか。それを簡略に図示したものが，ピラミッド型の分類（図 4-2）である。この図は，地域福祉に関わるフォーマル，インフォーマルな人

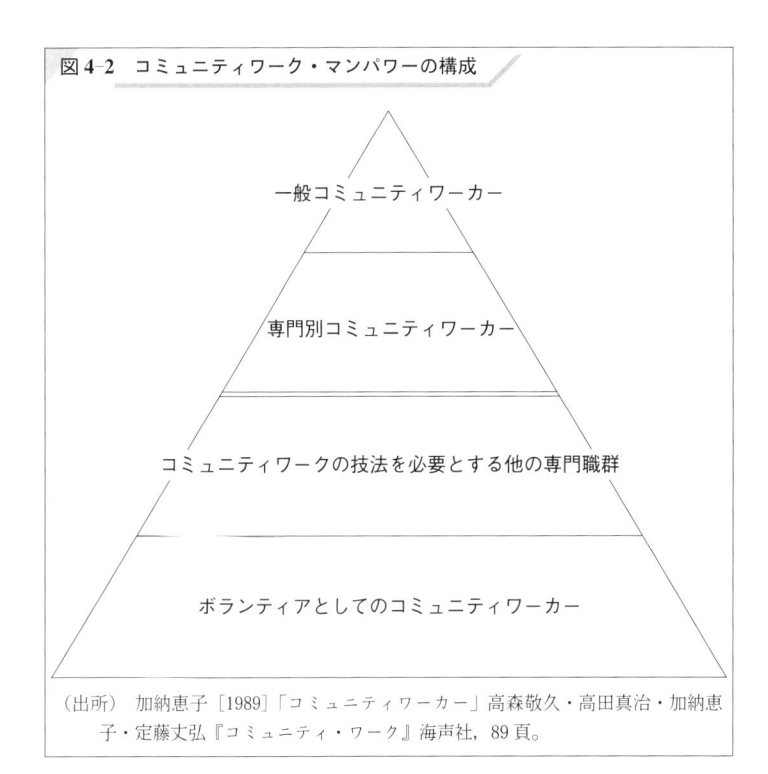

図4-2 コミュニティワーク・マンパワーの構成

```
            一般コミュニティワーカー

        専門別コミュニティワーカー

    コミュニティワークの技法を必要とする他の専門職群

    ボランティアとしてのコミュニティワーカー
```

(出所) 加納恵子［1989］「コミュニティワーカー」高森敬久・高田真治・加納恵子・定藤丈弘『コミュニティ・ワーク』海声社,89頁。

材を，コミュニティワーク技術をどの程度使う立場にあるかという視点で描いたもので，もっとも狭義には「一般コミュニティワーカー」，つまり地域組織化・福祉組織化を専門の業務とする社協職員などがあり，続いて児童とか高齢者のような社会福祉の各分野で専門的なサービスや援助をしている職員が対象ごとに地域に働きかける「専門別コミュニティワーカー」，保健・医療，学校教育，社会教育（生涯教育）など福祉隣接領域でコミュニティワークを行う「他の専門職群」，そして「ボランティア」としてコミュニティワークに携わる地域住民などへと裾野に広がっていると考えることができる。

要するに，地域福祉の人材とは，社会福祉施設職員から在宅福祉サービス職員，また社協などの地域社会に直接関わる有給職員を中心にして，保健医療，住宅，教育，雇用，交通・通信などの関連分野の人材と連携しながら，さらに民生委員・児童委員やボランティア，地域リーダーなど無給の活動者を巻き込んだものといえる。

2 コミュニティワーカーが用いる方法・技術

プロの支援はボランティアとどこが違うのか

　どこの地域にも「ご近所の"お世話焼きさん"」などと呼ばれる人はいて，困りごとを抱えた人を見ると放っておけず，自ら相談に乗ったり，お茶会や趣味の会合などに連れ出したり，近くに住む親切な人を紹介したりしていて，地域福祉を支える大事な役割を果たしている。そのような（いい意味での）"お節介"も，言ってみればネットワークづくりであり，広い意味でコミュニティワークといえる。

　住民によるボランタリー（自発的）な行為であればそれで十分に高い価値があるのだが，専門職が行うコミュニティワークは，そういう個人的な行為をもっと体系化・抽象化・高度化したものである必要がある。つまり，さまざまなサービス・メニューの中からもっとも適していると思われるものを提供することが期待される（たとえるとすると，往診に訪れた医師が，いろいろな道具の入ったカバンの中から，今の患者にとって最善のものを選ぶのに似ている）。それは，「たまたまいい人を知っている。あの人は面倒見のいい人だからきっとうまくやってくれるだろう」ではまずい。あらかじめ地域にあるフォーマル，インフォーマルの社会資源の全体が頭の中にインプット

されていて,適切な状況分析のうえでネットワークにしていくことが求められる。

また,制度的対応が必要なニーズや住民が対応できないような難しい問題に対しては,行政や専門機関にニーズをつなぐ必要がある。その場合は,住民と話す日常的な言葉を,行政用語や専門用語などに直して伝える,いわば通訳として立ち回らなければいけない。企業に働きかけるときも同様であり,そのうえ,相手が営利的なインセンティブを感じるような提案力が求められるだろう。

地域の変化を中長期的に眺め,将来を展望するのもコミュニティワーカー独自の視点だ。良くも悪くも,地域の状況が短期間で劇的に変化することは少ない。収穫を信じて種蒔きをし,水を与え,台風や旱魃から守るように,地域の変化を長いスパンで見守りながら,時機をみて住民の機運を高めたり,リスクを遠ざけたりする辛抱強さが必要で,とかく一般の人々が目先の成果に一喜一憂し,単年度の結果を出そうとするのとは対照的といえる。

コミュニティワークという地域支援技術

では,コミュニティワーカーが用いる地域支援方法・技術,つまり**コミュニティワーク**とはどのようなものだろうか。結論を先取りして,まずは全体像を眺めてもらおうと思うのだが,そのためには,社協のコミュニティワーカーである福祉活動専門員の業務を調べるのが早道だろう。

一般的には福祉活動専門員の仕事のタイプとしては,次のようなものがある。

① 福祉問題の掘り起こし
② 福祉問題の共有化
③ 住民の福祉教育
④ ボランティアの開拓

⑤ 要援護者の仲間づくり
⑥ 在宅サービスの提供
⑦ 地域福祉活動計画への意見集約
⑧ 行政機関などへの提言

①の「福祉問題の掘り起こし」とは，住民懇談会や住民座談会を開いて意見聴取したり，家庭訪問するなどして聞き取り調査する，あるいはアンケートなど質問紙による実態調査を行ったり住民ニーズを発見・把握する仕事である。②の「福祉問題の共有化」とは，住民懇談会や住民座談会を開催したり，機関紙発行や住民大会（総会）などを開いて合意形成を図ることである。③の「住民の福祉教育」は，研修会や福祉講座の開催や学童・生徒のボランティア体験学習会の設定などである。④の「ボランティアの開拓」は，ボランティア希望者の発掘や地域ボランティアの育成などが仕事になる。⑤の「要援護者の仲間づくり」は，当事者組織づくりの支援や家族会の支援をいう。⑥の「在宅サービスの提供」は，行政や他の企業・民間機関などが取り組んでいない在宅の要援護者に対する先駆的・開拓的サービスの企画と実施・充実などに関わる仕事である。⑦の「地域福祉活動計画への意見集約」は，文字どおり社協活動全体の総合的推進を図るために中長期的展望に立って発展計画を策定することである。最後の⑧の「行政機関などへの提言」は，社協だけでは実施困難なことも多く，行政責任でしなければならないことや，行政と連携して実施することが望ましい事業などを提案・提言するための活動ということになるだろう。要望書づくりとか代替案づくりとかいった仕事になる。

また近年，福祉活動専門員の中でも地域においてさらに高度な福祉活動のコーディネーションができるようにと期待される「**地域福祉活動コーディネーター**」の配置が事業化されている。1991年度

より国庫補助事業として「ふれあいのまちづくり事業（地域福祉総合推進事業）」が創設され，その中で5年間の助成期間中に社会福祉士資格をもった福祉活動専門員である地域福祉活動コーディネーターが配置されるようになったものである。

> コミュニティ・ソーシャルワークという手法

本章の冒頭で述べたように，近年の地域課題は複雑・多様化しており，しかも高齢化の進行とともに量的にも拡大している。たとえば，老親を介護している家庭内で，家計を支えていた夫が失業し，さらにその子どもがひきこもりであるとか，母子家庭であって所得の問題を抱えながらも保育所の預け先がなくて就労が困難であるとか，知的障害者が本人の知らないところで犯罪の加害者にされてしまうというように，問題の複合化が進んでいて，しかもそのようなことがどこの家庭で起きても不思議ではなくなりつつある。

そのような問題を抱えた個々の住民に対しては，これまでの行政の窓口のように「児童は児童」「障害は障害」と縦割りの対応ではカバーしきれず，個別的な対応とともに総合的なアセスメント（事前分析）と計画のうえでのバランスのとれた援助が必要になってきている。

そのような当事者に対し，地域をベースにし，フォーマル，インフォーマルの資源を動員して課題解決を図るうえでも，福祉活動のコーディネーション，つまり連絡調整をしたりネットワークを形成するような従来のコミュニティワークだけでは対応が困難な場面が増えている。そのため，「**コミュニティ・ソーシャルワーク**」と呼ばれる新しい地域支援技術が重視されるようになってきている。問題を抱えた1人ひとりの住民に個別相談に対応しながらも，仲間づくりや当事者組織づくりのような集団活動支援や地域社会の団体・組織をとりまとめる支援，組織間の連絡・調整やネットワーク形成

まで，幅広い知識と地域全体を見る眼を併せもって行う総合的な方法体系が，コミュニティ・ソーシャルワークの大きな特徴といえる。

もともとコミュニティ・ソーシャルワークはイギリスから導入されてきた概念で，1982年に発表されたバークレイ委員会報告の中で注目されたものである。同報告によれば，コミュニティ・ソーシャルワークは，個別援助（カウンセリング）から計画策定（社会的ケア計画）やサービス運営までの方法を統合化したもので，予防的対応，コミュニティ志向，住民参加，インフォーマルなネットワークなどのキーワードを特徴としている。要するに，地域社会を基盤とし，地域をまるごと援助と支援の対象として取り組むソーシャルワーク（福祉的援助方法）というわけである。

住民参加をどう支援するか

コミュニティワーカーは「黒子」であるとよく言われる。さまざまなボランティア活動や福祉活動は，コミュニティワーカーが行っているというよりボランティアや地域住民が主体的，自主的に行うものであって，コミュニティワーカーは，あくまでも裏方であり，側面的支援者，後方支援者であるということを意味している。そのため，コミュニティワーカーは，地域社会に暮らす生活者としての住民が福祉のまちづくりやボランティア活動，社会貢献活動に参加したい，何かの役に立ちたいと潜在的・顕在的に思っているという仮定に立って支援している。

だとすれば，個々の住民がどの程度の参加をしたいと思っているかによって，住民参加の支援の仕方も異なってくるはずである。たとえば，「地域のために何か貢献したい」と申し出る住民が何人かいたとしても，ある人は「ひとり暮らしのお年寄りの家にお弁当を作って届けたい」と思っているかもしれないし，別の人は「町内会の役員になって，バリバリ働きたい」という考えかもしれない。ま

たある人にとっては「ホームヘルパーの資格をとって，仕事として地域の高齢者を支えたい」という夢があるかもしれない。そのように考えていくと，コミュニティワーカーの支援は，概ね，①住民が個人として活動に参加するレベル，②小集団にリーダーとして参加するレベル，③団体・組織の一員として継続的に参加するレベルによって内容が異なるということになる。

　また，住民が参加できる場も幅広い。右田紀久惠［2005］によれば，（a）自助的な協働活動への参加，（b）援助・サービス供給活動への参加，（c）政策決定・計画立案への参加，（d）組織的圧力行動への参加，と類型化できる。大まかな志向性としてみれば，（a）や（b）のような地域福祉の諸活動への直接的な参加と，（c）（d）のように政策過程に対して自らの意思を表示し，影響を与えていこうとする参加があるように思われる。若干の例をあげながら考えてみよう。（a）であれば地域のひとり暮らし高齢者宅への見守り活動や配食サービス，子育てのサポートなどがある。支え手も受け手も同じ住民であることから，受け手にとっては情緒的な満足感が得られるうえ，継続的に関わってもらえるので体調の異変などに即座に気づいてもらえる安心感がある。まさにインフォーマルならではの強みが活かされるのだ。（b）ではその延長で，住民自らNPO法人を立ち上げて事業化したり，老人ホームや障害者作業所などでボランティアをする例がある。（c）の例としては，行政が諮問機関を設置したり地域福祉計画などの計画を策定する際，市民公募に応募して委員になるとか，施策や計画の素案に対し，パブリックコメントやフォーラムなどで自分の意見を示すなどの方法がある。（d）では，近くの企業が地域に迷惑をかけているような場合，不満をもつ住民や支援者をコミュニティワーカーが組織し，合同で運動（署名集め，要望書の提出，訴訟など）を起こすことが必要になるような

場合がある。

つまり、コミュニティワーカーは、住民の希望や得意分野、活動者としての成長の段階などによって、①〜③のどの程度の参加度、あるいは（a）〜（d）のどのタイプの活動フィールドへの参加を促していくかを見立てることになる。住民の手による地域福祉活動は、地元を守ろうとする責任感や、住民同士の仲間意識に支えられている。そこで暮らす人だからこそできる問題への気づき、専門職にはできないような継続的で柔軟な支援などが大きな問題解決力になる。コミュニティワーカーは個々の住民のそのような力を集積し、福祉のまちづくりへと発展させていくのである。

> 住民の組織化を支援する

住民の参加のレベルには「個人」「小集団」「組織」の3つがあるということを前述した。これは個々の住民が地域活動に参加するときにどの程度の関わりを望んでいるかによって、紹介する場が異なるという意味で説明したが、じつはコミュニティワーカーの構想としては、既存の住民組織を強化したり、新たなボランティア・グループを立ち上げるといったねらいだけでなく、ボランティア経験などを通して、1人ひとりの住民がより主体的な活動者へと成長しながら地域を支えてほしいというねらいをもっている。つまり、ストーリーとしては、あるきっかけで地域の問題に気づいた住民が、「私も一度、ボランティアに行ってみようかな」という段階から、やがて活動者としてのやりがいを見出し、いわゆる「ボランティア・リピーター」となって楽しみながら活動の中心人物となっていき、やがて仲間を誘ったり、勤務シフトを立てたりしてマネジメントに携わる「ボランティア・リーダー」になったり、あるいは自らNPOなどを設立したり、ヘルパーの資格を取るなどして仕事にしてしまう、というような流れである。なお、地域全体でそのような

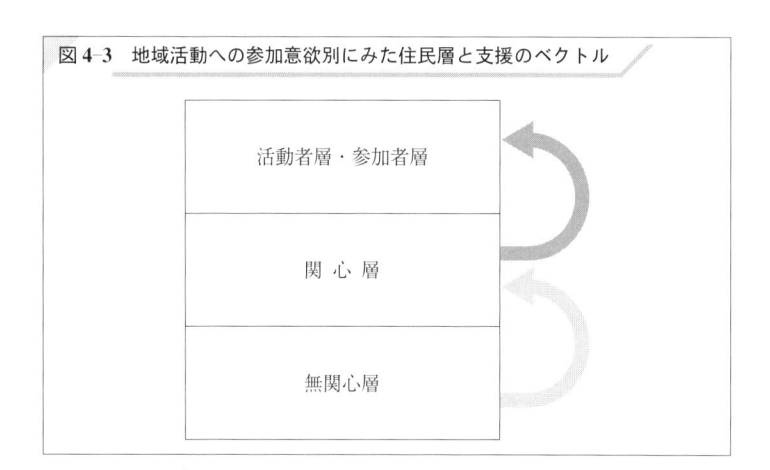

> **図 4-3　地域活動への参加意欲別にみた住民層と支援のベクトル**
>
> | 活動者層・参加者層 |
> | 関 心 層 |
> | 無関心層 |

住民の機運の高揚を図り，問題解決力を強めていくことを，「**主体形成**」と呼ぶ。

　当然のことながら，地域にはいろいろな住民層がいる。地域活動への意欲という視点でみると，図4-3のように分類できるのではないだろうか。「活動者層」「参加者層」がすでに地域活動を支えているのだとすると，きっかけがあればすぐにでもボランティアを始めそうな「関心層」もいる。きっかけには，「広報誌などで地域の問題を知る」「ボランティア講習などを受ける」「ボランティアをしている友人から誘われる」「近くで事件などがあり，二度と繰り返したくないという住民運動が生まれる」といったことがあるだろう。

　一方，「無関心層」が多数いるのも事実である。「他人は他人，困っていても自己責任」とか「自分さえよければいい」という個人主義や，「今楽しければいい，先のことは誰かに任せておけばいい」という刹那主義がその背景にあるだろう。しかしこの層の中にも，大震災のような非常時には心を痛め，募金をしたり救援物資を提供する人もいる。要は，コミュニティワークにおいては，プラス思考

の「性善説」に立ってアプローチを工夫することが大切なのだ。

　残念ながら,「活動者層」「参加者層」は住民のごく一部という地域がほとんどであろう。しかも,仕事や子育てを引退して時間のある人や長年地域活動に参加してきた人が中心なので,その層の平均年齢も高い場合が多い。したがって,住民参加を考えていくときに,この第一の層だけを視野に入れていると,限られた人だけに負担が重くのしかかるということになってしまう。現に,地域の委員などをいくつもかけもちしている人が多く,どの会合でも同じ顔ぶれだという声も多い。おまけに,次に継承する世代が育っていないということが珍しくない。もっと幅広い住民層に働きかけ,いろいろな参加形態をつくりだしていかなければ,活動の形骸化は歯止めがきかなくなるのではないだろうか。

　こうしたことを踏まえ,3つのレベルを主体形成のためのステップアップ・プロセスととらえて組織化の方法を考えてみよう。「個人レベル」は「関心者」の段階,「小集団レベル」は「参加者」「活動者」の段階,「組織レベル」はさらに高度化した「組織者」の段階と置き換えることができる。住民の中の一部が,まず,福祉活動に対して「関心者」として現れ,自らもしくは友人に誘われて,小集団活動への「参加者」,さらには「活動者」として成長し,そしてこれらの福祉活動を維持・発展させるための「組織者」として成熟していくのではないか。

　このような主体形成のプロセスに沿ったコミュニティワークはどういう内容になるだろうか。「無関心者」からボランティア,そしてリーダー,あるいはコーディネーターへ,またはコミュニティワーカーへという,発展的な主体形成プロセスに沿った連続体こそ住民感覚に即した住民組織化である。さて,ステップアップ・プロセスと支援内容の関係を,表4-2に沿ってみてみよう。

表 4-2 住民の主体形成のプロセスと参加への支援策

住民の成長過程	各段階の主な課題	具体的な支援策
関心者	時間的余裕の創出/価値観の発見/学習機会・情報の提供/活動参加へのきっかけ/場づくり	イベント型(一時的)参加機会・きっかけづくり/ボランティア・スクール/体験学習/個別相談を受ける態勢(アドバイザー設置など)
参加者 活動者	個人活動から集団活動への飛躍の支援/集団としての継続化の支援/継続的活動機会・プログラムの開発/集団活動の開拓・仲間づくり支援/情報提供/需給調整/相談(カウンセリング)/研修/プログラム開発/ネットワークづくり	機材・ロッカーなどの提供/備品の貸与・支給/ボランティア・グッズの製作・支給/付加価値としての活動の楽しさ/永続活動者の表彰や顕彰などによる評価/研修機会の企画/記録集の出版助成・ビデオ制作の助成
組織者	「管理者」としての運営支援/組織の永続化/社会的認知をえるための条件整備/拠点づくり/リーダー養成/他団体との交流・提携/行政とのパートナーシップ形成	法人格取得(NPO法人など)支援/(とくに任意団体の場合)専門有給スタッフ(コーディネーターなど)の確保/ボランティア・リーダー養成

「関心者」の段階では,住民が活動に関わる時間的余裕の創出だとか関心を高めるための学習機会や情報提供の促進,活動参加へのきっかけづくり,参加しやすい活動の場づくり,ボランティア活動など社会貢献する文化や価値の再発見を進める企画,個人の悩みにあわせた相談・アドバイス活動などが実践的課題となる。

「参加者」「活動者」の段階では,個人的活動では継続が難しい集団活動プログラムの開発,仲間づくりや団体創設への支援,グループ運営や小集団のメンテナンス,リーダー養成やリーダーへのコン

サルタント活動などが課題となる。

「組織者」の段階では、個人、集団いずれの活動であっても継続化させるプログラムや社会的認知を得るための条件整備、たとえば法人化申請とか会則づくりなど、組織自体を継続発展させるための財政的基盤の整備、組織維持のための拠点づくり、つまり事務所の確保やパソコン、電話など通信手段の整備、他団体・外部組織との連携・交渉・合同などの機会や機構づくり、リーダーやコーディネーターなど組織人としての養成プログラム開発などが課題である。

3 支援における目標設定と評価の目安

コミュニティワークの
ゴール

最後に、コミュニティワーカーが支援するとき、どのような目標を設定するのか、あるいは支援がうまくいったかどうかの評価をどのように行うのかについて、3つの視点を用いて説明したい。

1つは「**タスク・ゴール**」と呼ばれるもので、「課題達成目標」とか「ニーズ充足の目標」という意味である。つまり地域社会に顕在化しているニーズの充足に成果をあげるという目標である。「ゴール」というからにはあくまで目標なのだが、それが望ましい成果をもたらしたかどうかを考えるうえでは、評価視点ということにも応用される。評価においては、やさしくいえば、地域の福祉問題の解決ができたかどうか、あるいは要求されたサービスや活動が創設、改善されたかどうか、を判断するものである。

2つめは、「**プロセス・ゴール**」といわれるもので、「過程目標」とか「住民意識統合の目標」などともいわれる。この視点に立つと、住民自身が地域社会に発生した問題を解決する能力や自信を身につ

けること，つまり住民がいかに連帯，団結して問題解決の過程に参加できるか，活動体験を通じて住民自治の能力をいかに高めるかということが課題とされる。つまり，何かの問題解決を図ろうと地域福祉の活動を構想するとき，第一義的には「問題解決」つまりタスク・ゴールのために住民が立ち上がるのだが，その過程における副次的成果として，住民の主体形成を進めようとするものである。したがって，その評価にあたっては，地域福祉の活動に取り組む過程でどれだけの進歩があったか，具体的には，地域住民の福祉理解，関心は高まったか，あるいは福祉活動への参加意欲が高まったか，福祉当事者の参加が進み意思決定に彼らの声を反映させることができたか，という視点で判断することが必要である。

最後は，「**リレーションシップ・ゴール**」と呼ばれるもので，直訳的にいえば「関係性変容（あるいは関係構築）の目標」ということになるが，実際にはもう少し具体的に「権力構造変革の目標」とか「政治力学変容の目標」ともいわれる。どの程度の草の根民主主義が実行されるか，地域社会の福祉サービス供給を支配している権力構造に住民がどれだけ立ち向かうことができるかという視点からの目標である。この場合もプロセス・ゴール同様，取組み過程における成果に着目するものであるが，評価視点として，福祉活動の進め方が民主的であったかどうか，下層の声が上層へ反映しているかどうか，関係機関や団体の連携，協働が進んだかどうか，という関係性（とりわけ，既存の上下関係の権力構造を，より水平な関係へと進展させる）を重視しているところが特徴である。

> 住民・当事者とともに
> 福祉活動を評価する

以上の3つのゴールについて，実際の目標設定や評価がどのように行われるのか，もう少し説明を加えておきたい。

タスク・ゴールでは，地域社会のニーズ充足の程度，あるいは生

活問題，福祉問題を具体的に解決した程度などの分析が課題となる。したがって，タスク・ゴールの視点からの評価では，ニーズの種類や総量に対して，どの機関，団体によってどの水準までサービスや社会資源の提供ができたかという需給調整全体の評価となる。

その際，数値目標による定量的な尺度もあれば，数値化できないことについての定性的な尺度もある。前者の目標・評価の尺度としては，「交通事故をゼロにする」とか「ひとり暮らしの高齢者の孤独死をゼロにする」「知的障害者の未就労を半減する」というようなものが例としてあげられる。後者では，「住民の寄り合いを深める」「子育て世帯向けサロンを充実する」「あいさつ運動を実施する」といったものがあるだろう。

プロセス・ゴールは，地域住民が最終的に問題解決する力をいかに身につけたかという主体形成に関わる評価を表している。これを仮に，地域住民の「福祉力」と名づけると，そのベクトルは，1つはマイノリティである要援護者の福祉問題への理解と接近の度合い，もう1つは個人的レベルでの解決ではなく，住民の連帯や団結など組織レベルでの解決力の度合いから構成されるであろう。福祉問題への接近では，問題を抱えた人々との接触の機会の増大，問題に対する住民の理解の広がり，ボランティア活動，福祉活動の興隆などが評価の尺度になるであろう。住民の連帯・団結では，リーダーや役員だけの活動になっていないか，あらゆる住民，集団，組織を組み込んだ運動体になっているかなどが大事な点になる。

したがって，コミュニティワーカーの視点としては，タスク・ゴールのための住民の取組みをその結果だけで判断せず，取組み過程において新しい住民層の参加が得られたとか，住民が知恵を出し合って新しい解決方法が見つかったとか，「やればできる」というポジティブな機運が地域に芽生えたといった点を見逃さずに言語化し

て伝える必要がある。私たちはたいてい、成果の有無だけをみて活動の成功・失敗を判断しがちであるということを、コミュニティワーカーは念頭においておく必要がある。

　最後のリレーションシップ・ゴールというのは、要するに地域社会における民主化の課題ということになるであろう。いわゆる地域のボスによる支配を排除すること、誰でも意見が述べられ尊重されること、住民の行政への参加機会の保障、情報の公開など住民自治に関わる評価ということができる。地域福祉活動それ自体の評価でいえば、特定のリーダーだけの活動に終わっていないか、行政への運動、たとえば陳情、請願、その他の折衝を忘れてはいないか、住民の声をまんべんなく聞いた活動になっているか、などがこのタイプの評価につながるものである。

　とくに、最後のありとあらゆる住民から要求や意味を拾い上げ活動に参加させていく課題は、リレーションシップ・ゴールの具体的な評価となるであろう。とりわけ地域リーダーからは見過ごされがちなアパートやワンルームマンション暮らしの単身者、共稼ぎ世帯あるいは寝たきり高齢者の介護世帯、ひとり親家庭、外国籍住民などの当事者からの「声なき声」がどのくらい取り上げられたか、取り上げる努力と工夫をしたかなどが大切なポイントになる。

　その意味においては、これら3つの目標設定、あるいは評価の作業は、コミュニティワーカーを含む福祉従事者や行政関係者だけで行っていては意味がない。住民目線、福祉当事者の目線で地域福祉活動を進め、どれだけ地域がよくなっているかを判断するということである。したがって、地域のニーズを調査・分析し、福祉活動をデザインし、目標を定め、活動を実行し、評価して次の活動につなげるという一連のプロセス全体を、住民参加・当事者参加で進めることが必要である。

Column ④ 〈黒子〉という専門性

　本章でわかるように，住民を元気づけ（エンパワメントし），地域への思いを結集して問題解決力へと高揚させるのが，コミュニティワーカーの役割だ。地域のちょっとしたニーズ（たとえば，ひとり暮らしのお年寄りが自宅の電球を交換してほしいとか，話し相手がほしいなど）も見逃さないことが大事だが，だからといってコミュニティワーカー自身があらゆるニーズ解決に走り回ったとしても，すぐに容量オーバーとなってしまう。コミュニティワーカーは「便利屋」であってはいけないのだ。

　ある社協のコミュニティワーカーは，「自分たちの仕事は，極論すれば"何もしないこと"だ」と話す。つまり，住民が身近にある問題やその予兆に気づき，コミュニティワーカーに知らせて医師やケアマネジャーなどの専門家につないだり，住民同士で見守りや支えあい活動などで対応するのが望ましく，その理想のために住民を育成・組織化をするのがコミュニティワーカーだ（ちなみに，そのワーカー氏は実際には常に忙しそうにしていて，"何もしない"とは大違いである）。

　このようなコミュニティワークの間接援助としての専門性は，よく「黒子」にたとえられる。地域という舞台で主役を演じるのはあくまで住民たちで，それを陰で支える役割というわけだ。栃木県社協と「とちぎ社協コミュニティワーク研究会」は，このような自分たちのアイデンティティを次世代のワーカーたちに継承しようと，共同で『黒子読本』という冊子を作成した。同書には，「社会資源は"ないなら創れ"」「専門職なら"仮説"を立てろ」「住民の"福祉の力"を再構築しよう」など熱いメッセージで満ちあふれている。広い視点で問題や解決のチャンスを見つけ出し，柔軟さとネットワーク力で地域の解決力を強める。黒子としての気概と知識，そしてスキルがモノをいうのだ。

第5章 コミュニティワーカーの職場

相談窓口の様子（写真提供：川崎市宮前区社会福祉協議会）

　コミュニティワーカーは，住民主体で進める福祉のまちづくりの側面的援助者であるということであった。では，コミュニティワーカーが働いているのはどのような組織だろうか。コミュニティワーカーには有給の人も無給の人も，本業の人もそうでない人も含まれるのだと第4章で確認したが，ここでは「コミュニティワークが仕事としてできるなら，やってみたい」という読者のために，「職場」を軸にして話を進めることにしよう。

1 社協とはどういう組織か

全国に設置されている社協

　第4章では，コミュニティワーカーの代表的な勤め先として，「社協」の名前が何度も登場した。社協とは「**社会福祉協議会**」の略称であり，地方自治体の名前が頭につくので，読者のみなさんの地元でも「社会福祉法人○○市社会福祉協議会」などといった団体名で活動しているはずだ。インターネットなどで調べてみてほしい。

　社協は，全国団体として全国社会福祉協議会，略して全社協が1つ，都道府県ごとに1つ，そして全国津々浦々，市町村ごとに1つ，政令指定都市だと市社協のほかに各区に区社協が1つずつ設置されている。一見すると，全国チェーン店のような設置のされ方をしているけれども，それぞれ独立した組織であって，ほとんどが社会福祉法人として法人化している。この社協事務局に地域福祉活動支援の専門家として，コミュニティワーカーが雇用されることになっているのである。

　「なっている」というのは，予算上の用語として社協事務局に，国レベルでは「企画指導員」，都道府県レベルでは「福祉活動支援員」，市区町村レベルでは「福祉活動専門員」を配置しているからである。それぞれの人件費に対して行政から一定の助成がなされているが，実際，地域福祉活動を専門的に援助しているコミュニティワーカーとしての事務局員は，さまざまな財源から雇用されている。

> 社協の性格：その法的位置と特徴

社協という組織は，法律的には社会福祉法に規定されている。同法4条の「地域福祉の推進」を根拠に，社協は「地域福祉の推進を図ることを目的とする団体」（109, 110条）と明記されている。市町村社協の事業（109条）としては，①社会福祉を目的とする事業の企画および実施，②社会福祉に関する活動への住民の参加のための援助，③社会福祉を目的とする事業に関する調査，普及，宣伝，連絡，調整および助成，そのほか④社会福祉を目的とする事業の健全な発達を図るために必要な事業とされている。

都道府県社協の場合（110条）は，①（上の市町村社協の各事業で）各市町村を通ずる広域的な見地から行うことが適切なもの，②社会福祉を目的とする事業に従事する者の養成および研修，③社会福祉を目的とする事業の経営に関する指導および助言，④市町村社会福祉協議会の相互の連絡および事業の調整，という事業を行うものと規定されている。

また，区域内の社会福祉事業者や更生保護事業者の過半数が参加すること（都道府県社協の場合，それに加えて区域内の社協の過半数の参加）や，行政職員は役員総数の5分の1まで社協の役員になれることなどが規定されている。

ところで，社協の名前は知っていても，民間団体だとは知らない人も意外に多い。つまり，行政の一部だと誤解されやすいのだ。独立した建物に社協事務局が入っている場合だと見分けもつきやすいが，役所の中で窓口の1つとして並んでいるような場合もあり，一般の人に行政と認識されるのも無理はない。さらに，「お役所」的な色彩を濃くする理由としては，行政からの補助金や委託金の収入に占める割合が高いこと，また行政職員が役員として参加していることなどがある。

一方，福祉施設を経営している社会福祉法人とは異なり，特定の分野でサービス提供を行うことを主たる目的としていないこと，また一市区町村に一団体であって，その地域の福祉に関係する組織・団体のネットワークとして機能することを期待されていることは，社協の独自性である。郵便局などと同様に全国ネットワークをもっていることは社協の大きな特徴であり，地方自治体に次いで公共性の高い民間非営利組織の1つなのである。

　全社協は，戦後ほどなくして日本に社協が誕生して以来，社協のあり方や進むべき方向性を，経済の情勢や社会の動向を睨みながら提示し続けてきた。その全社協は，現在の市区町村社協をどのような組織だと性格づけているだろうか。2005年に全社協が刊行した『市区町村社協経営指針（改訂）』によると，市区町村社協の使命は「地域福祉を推進する中核的な団体として，誰もが安心して暮らすことができる福祉のまちづくりを推進すること」とされている。さらに，その経営理念として，①住民参加・協働による福祉社会の実現，②地域における利用者本位の福祉サービスの実現，③地域に根ざした総合的な支援体制の実現，④地域の福祉ニーズに基づく先駆的な取組みへのたゆみない挑戦，があげられている。

　また，全社協による2003年の『市区町村社協経営指針』では，社会福祉事業経営者と活動者が参加する民間団体として，「制度の谷間にある地域の福祉課題の発見・解決に努め，社会的援護を要する人々や低所得者への対応を重視する」こと，「地域の広範な団体と協働し，徹底した住民参加により事業を展開するとともに，情報公開の徹底など地域に開かれた組織として運営する」こと，そして「効果的・効率的な自立した経営を行う」という方針が示されている。これらをみると，特段目新しいことが求められているわけではないのだが，いってみればこれらが「社協らしさ」であって，その

「らしさ（つまり，アイデンティティ）」に忠実に，地域課題の変化をとらえ，向き合ってほしいという示唆がみてとれる。

しかし，いくら歴史ある団体だからといって，社協が形式主義的，受け身的に仕事をするようになってしまっては元も子もない。地域には，まだ誰にも気づかれないところで悩みを抱えている人，追い詰められている人々が孤立している。変化し続ける地域社会の中で，そのように埋もれてしまいそうなニーズを見抜く鋭い眼力をもち（それが制度でカバーできないようなニーズであればなおさらである），本当に支援の必要な人に，本当に解決したいと思っている住民やさまざまな関係機関の潜在的・顕在的な力をつなげていくという発想力やネットワーク力，総合力，そして民間ならではの行動力などを発揮し，対処していくことが，今改めて社協に期待されているといえる。

さて，もう一度おさらいしておくと，社協は半分民間，半分役所のような公私協働の活動をしているが，正確には民間団体で，住民を主体とし対象とする地域に密着した組織である。そして地域社会の福祉を高める社協活動を活発にするには，福祉活動専門員に代表されるコミュニティワーカーの存在が鍵を握っている。

もう1つ忘れてはならない特徴として，社協は，福祉問題の解決に総合的に取り組むネットワーク型の組織だということである。児童から高齢者までのあらゆる世代，あるいは障害や疾病の有無，所得の差，国籍の違いなど住民属性を広く視野に入れて問題と向きあっていく。また，保健・医療，教育，住環境，交通・通信など関連分野との協働を促進しながら，それらとのネットワークによって総合的解決をめざす。他の民間団体と異なるのはまさにこの「総合性」といえる。

データにみる社協

全社協の基礎資料によると，2009年4月現在の社協数は市区町村が1912（うち，指定都市の区は130），指定都市には18，都道府県は47あり，市区町村（指定都市の区を含む）社協の0.9%は未法人（任意団体）である。

コミュニティワークの最前線にいて住民に直接働きかけるのは市区町村社協ということになるが，その1社協あたりの職員数は，平均で61.7人である（2007年4月）。その内訳を職種別にみると，事務局長が1.0人，一般事業職員が15.1人，経営事業職員が45.7人であり，実際には福祉活動専門員のようなコミュニティワークの専従職員より，ホームヘルプサービスや食事サービスなどの従事者が多い。また雇用形態別の内訳としては，正規職員が20.9人，非正規常勤が12.8人，非正規非常勤が28.0人というのが平均像で，正規職員が3人に1人ほどしかいないことがわかる。しかも近年は，その正規・常勤のポストも減少傾向にある。2003年度には「常勤」73.1%，「非常勤」26.9%だったのに対し，4年後の2007年度には「常勤」54.6%，「非常勤」45.4%と前者が激減しており，常勤の退職後のポストが軒並み非常勤に切り変わっている様子がうかがえる。長い年月，腰を据えて地域づくり，人づくりを進めるためには，コミュニティワーカーこそが常勤のポストを死守する方策を練らなければいけない。

ところで，平均職員数61.7人と聞いて，「近くの社協にはそんなに大勢いなかった」と疑問に思うかもしれない。平均はあくまで平均であり，実際には自治体の人口規模に比例する。たとえば人口30万人台の中核市クラスの市区町村であれば平均職員数は181.0人いるのだが，10万人台では102.1人，2万～4万人未満で56.1人，1万人未満だと21.3人ということになる。

一方，市区町村社協の財源はどうなっているだろうか。2005年

度時点で事業活動収入の平均でもっとも大きいのが「介護保険」によるもので，収入全体の36.1％を占める。この制度が始まった2000年度では28.7％だったので，人口高齢化とともに制度利用は概ね増加している。次に大きな収入は「受託金」の24.5％，「経常経費補助金」の18.3％と続く。これらは行政などからの収入だが，「共同募金配分金」(2.8％)とともに，いずれも下降線を描くばかりである。行政の緊縮財政や世の中の不況の煽りに直撃される形だが，この流れに身を任せることなく，「事業収入」(3.2％)や「助成金」(1.1％)の拡大などを図っていく必要がある。実際，自主財源や外部資金の獲得で成果を上げている社協もある。

　一方，お金はどう使われているのだろうか。2005年度の事業活動支出は，最大が「人件費」(64.8％)で，全体に占める割合は増加傾向にある。次に，さまざまなプログラムを進めるための「事業費」が多く (17.2％)，事務局を運営する「事務費」が続く (7.1％)。ところで余談になるが，NPOも含め，とかく民間非営利組織が人件費に経費を充てると，「ボランティアでやっている団体なのに」と文句をいう人が世の中には多い。行政も例外ではなく，補助金などを申請してきた団体に対し，「予算書に人件費を盛り込んではいけない」と注意したりする。しかし，長い年月をかけて地域をよくしていくためには優秀な人材（コミュニティワーカー）が不可欠で，安定的・計画的に実践に関わる必要があることを思うと，無償で成果を期待するのは矛盾というものである（もちろん，前章でふれたように，職員よりもボランティアが担うべき部分もあるので，それを否定するものではない）。社協に常勤のポストが減っていることは上述のとおりだし，もっと収入が不安定になりがちなNPOの場合，せっかく志のあるスタッフが入っても，平均1～2年ほどで退職するというデータもある。それでは継続的な支援も望めないだろう。

2 そのほかの職場

「点」を「線」に,そして「面」に広げる:ボランティアセンター

「ボランティアセンター」をおいている社協は多く、全社協の最近の調査によると約4分の3の社協がボランティアセンター（コーナーなどを含む）を設置しているのだが、ここではそれとは別に、いろいろな団体が設立するセンターを紹介しよう。

特定非営利活動法人（いわゆるNPO法人）や、法人格をもたない任意団体など、広い意味での「NPO（nonprofit organization: 非営利民間組織）」は、個々には環境保護、人権擁護、福祉、社会教育、災害救援、国際協力などそれぞれのテーマやミッション（使命）をもって活動している。しかし、各団体は財政規模の小さいことが多く、活動の支援者・寄付者やボランティアを募ったりするにも大規模な宣伝費を捻出する余裕がないことが一般的である。多くの団体が集まれば、大規模な広告やイベント（ボランティア・フェスティバルやフォーラムなど）もより実現しやすくなる。複数の団体が集まれば、経費や作業を等分負担しあうこともできるし、行政や企業などからの助成金なども獲得しやすいからである。また、政府機関などに法改正や予算計上などを要求したり、政策提言やソーシャル・アクション（社会行動）をするうえでも、やはり単独の団体よりは、複数の団体で行うほうが、より大きなインパクトを与えられるだろう（第3章参照）。

そのようなときに調整役を果たすのが、ボランティアセンターのようなネットワーク型の団体であり、それらは「中間支援団体」とか「インターミディアリー」とも呼ばれている。「○○NPOセン

ター」などという名称のNPO法人などが複数のNPOを横につないで、いわばNPOをお世話するNPOになっているような場合もあるし、財団法人や社団法人などの公益法人がボランティア・ビューローやボランティア推進室をもっていたり、市民活動や住民活動を財源的に支援・助成するプログラム・オフィサーをおいている場合もある。

このタイプの団体で、「**ボランティア・コーディネーター**」などの肩書で働くスタッフは、広い意味でコミュニティワーカーだといえる。その仕事としては、まず、上で述べたようにさまざまな団体をネットワークして「**1団体ではできないような取組み**」を実現させるようなことがある。次に、「ボランティアをしたい」という住民を「登録ボランティア」としてデータベースをつくり、「ボランティアに来てほしい」という個人（たとえば高齢者や障害者の世帯、子育て中の親子など）や団体（福祉施設やNPO、ボランティア・グループなど）につないでいく仕事、つまり「ボランティア・コーディネーション」や「マッチング」といわれるものがある。

前者では、広告やイベント、政策提言などのほか、会計やIT関係、助成金申請手続きのコツなどの各種講座の開催、NPO法人など法人格取得のための助言など、団体の経営をアシストするようなものがある。後者でいうと、ボランティアしたい人の得意分野などをよく聞いて登録し、受け入れ先のニーズにつないでいくことになる。たとえば、理容師が福祉施設で散髪のボランティアをしたり、建築の専門家が住宅改修や家具止めなどの防災活動で助言をしたり、企業が自社製品を無償または低額で提供するなど、仕事の専門性やスキル、商品を活かす例がある。また、コーラスグループや俳句の会などが福祉施設で発表会や講習をしたり、登山愛好会のメンバーが障害者のガイドを兼ねて一緒に山歩きをするなど、趣味も発想し

だいでハイレベルなボランティアにしていくことができる。

　住民の中には，平日の日中に活動可能な専業主婦や定年退職した世代もいれば，反対に現役世代で平日の夜に集まりたいとか，土日に限って活動したいというような人もいる。あるいは年に一度，行事の手伝いを楽しみにしている人もいれば，定期的な活動をずっと続けたい人もいる。マッチングをするうえでは，そうした個々の事情を上手に活動に結びつけるところが要となる。そもそも，ボランティアの語義は「自発性」「自ら志願する」という意味のものなので，自分から好んで取り組むものである。したがって，支える人も支えられる人も楽しく取り組めるよう心がけたいものである。そうすれば活動のクオリティは高くなるし，活動も長続きする。楽しんでいる人の周りには人の輪も広がるだろう。

在宅福祉サービスを支える団体

　最近では在宅福祉サービスの提供には，社会福祉法人だけでなく，生協，農協，福祉公社，医療法人，NPO法人，営利企業などさまざまな団体が関わるようになった。サービスの運営方法としても，時間貯蓄制，点数預託制（活動者がボランティアに従事した時間や点数を貯めておき，自分がサービスを必要になったとき，貯めた分を使える）など，新しい住民互助のシステムが導入されている。

　家事援助や介助などを住民の立場から組織的に行う「**住民参加型在宅福祉サービス**」も，これからは民家や集会所を間借りしたミニデイ・タイプ，民家を改造して行うグループ・ホーム，地域のニーズ充足と雇用創出を兼ね合わせた「ワーカーズ・コレクティブ」など，多岐にわたる取組みが期待されている。

　となると，これらの活動を財政的にも人材的にも支援するスタッフの確保が鍵を握ることになる。バザーやチャリティ・イベントの企画から自主財源確保，財団・企業への働きかけ，行政や他団体と

の連携など，地域レベルでのネットワーキングが必要になる。

　これらの活動は都市型の「新しい相互扶助の実験」といえるものであり，なおかつボランティアとパートタイマーの中間に位置する「市民の新しい働き方の創造」でもある。団体運営の不安定性や将来への保障の課題などを残しているものの，それらの専従スタッフにはコミュニティワーカーとしての働きがますます期待される。

> 地域のいたるところにコミュニティワークの場が

　上記以外にも，住民の善意や地域への愛着，責任感を地域福祉活動の財源へとつなげる共同募金会の事務局スタッフ（都道府県ごとに組織されており，市区町村レベルには分会組織がある），青少年の健全育成や社会教育のためのレクリエーション活動などに取り組むYMCAやYWCA，ボーイスカウトやガールスカウトも地域活動を行っている。公民館での文化活動，スポーツ施設でのグループ活動なども地域活動と結びつける事例がたくさんある。地域社会を対象に働きかける機関ならば，どこでもコミュニティワーク的アプローチが求められているといえ，広い視点でとらえればじつに多彩な職場があることがわかる。

3　福祉施設の地域拠点化へ

> 地域に求められる福祉施設の力

　特別養護老人ホームや児童養護施設など，福祉施設にはさまざまなものがある。地域住民の目には，それらの施設はどのように映っているだろうか。その人の福祉観や理解の度合いによって，プラス感情からマイナス感情まで，受け止め方には差があって当然だが，少なくとも施設側としては，地域から独立した孤高の存在とい

うわけにはいかないだろう。

現在では入所型の施設でも住宅街にあるものは珍しくないうえ，通園・通所型の施設との併設も多い。また，相談機能も多機能化する方向にある。これらの施設では，地域に対する働きかけも期待されている。実際，厚生労働省は，2005年の通知による「社会福祉法人の認可について」などの一部改正において，「社会福祉法人の使命として地域の福祉需要に応えられる公益的取組の実施」を求めている。その背景にあったのは，社会保障審議会福祉部会による意見書「社会福祉法人制度の見直しについて」であり，そこでは，法人の本来事業の向上に加えて，①社会福祉施設などのもつ機能の地域への開放，②介護分野での低所得者への配慮，③災害時の要援護者への支援，④地域での支援ネットワークの構築，⑤新しいニーズの発見や先進的取組み，⑥福祉に携わる人材の育成などの必要性が示された。また，社会福祉法人経営研究会は2006年，「社会福祉法人経営の現状と課題」において，地域における多様なニーズへの柔軟な対応，地域の福祉基盤の整備などの公益的事業・活動に，社会福祉法人が自らの役割として積極的に取り組むべきと指摘している。

福祉施設が地域社会の中で福祉の拠点として機能するためには，その施設がコミュニティワーク機能を担えるかどうかが重要になる。そうなると，地域社会向けに情報発信や交流機会の提供など，コミュニティワークに関わる職員配置も考えられるようになる。コミュニティワーカーとはいえないまでも，ボランティア・コーディネーターなどとして住民の地域活動支援を担当する職員は，コミュニティワーク技術を身につけておいたほうがいいことになる。また，複合的なニーズをもつ要援護者に対して総合的に援助しようとするうえで，施設間の連携やネットワークづくりなどにおいても，コミュニティワークの技術が求められることになる。つまり，さまざまな

福祉施設もコミュニティワーカーの職場としての重要性を増しつつあることを再認識しておきたい。

これに先鞭をつけた事例として、大阪府によるコミュニティ・ソーシャルワーカーの養成課程の実施および配置がある。専従の地域担当を自力でおく余裕のある施設はなかなかないだろうが、行政などがこのように後押しすることも、きめ細やかな地域づくりを進めるうえでは有効といえる。

福祉施設の社会化・地域化

かつて多くの福祉施設は、地域社会に受け入れられがたい存在であった。中でも、保育所やデイサービス・センターのように多くの住民に便宜と利益をもたらすことがわかりやすい施設は積極的に誘致される一方、慢性病患者や重度障害者などの福祉施設は、どちらかといえば迷惑施設として拒絶されやすかった。現在でも、施設やグループホームなどの建設が計画されると地元住民が反対運動をしたり、厳しい条件を課すようなケースもある。

こうした状況に対し、1970年代には「**福祉施設の社会化**」の必要性が強く認識されるようになった。この頃には、ヨーロッパから入ってきたノーマライゼーションの思想の浸透、コミュニティケア政策の影響などがあり、隔離収容型の福祉施設づくり中心の政策が反省された。そのような非人間的な処遇でなく、入所者の社会性や自立性を大事にした在宅型の施設中心の政策へとシフトしていくという情勢も、福祉施設の社会化・地域化が唱えられる背景にはあったのだ（じつは、施設建設・運営に対する公的資金を縮小し、地域や民間の活力を喚起するという財政事情もあったのだが、これについての説明は他に譲ることにする）。ともかく、このような流れの中で、福祉施設は会議室やグラウンドなどの開放、介護基礎講座など専門知の提供、職員が地域の役員を務めるなど、つまり自ら所有する社会資源を地

域に提供したり，イベントや催しを開催して地域住民を招いたり，ボランティアとして地域住民を受け入れ，福祉人材の養成に寄与するなどの地域活動に力を入れた。

施設社会化から地域拠点化へ

たしかに福祉施設は，①地域社会における保健福祉の専門職，有給職員の集合体であり，②福祉文化や生活文化を創出し保存する生活施設であり，③何よりもサービス利用者，入所者などの「たまり場」，つまり当事者や利用者の組織化拠点である。

福祉施設が地域社会における生活や福祉の拠点になるというのは，直接的なメリットとしては，高齢者に対する介護支援であったり，子育て相談であったり，虐待やDVを受けている人々へのシェルターになるといったことがあるが，それ以外にも，災害時における避難所や救援センターとしての機能や，平常時の住民生活サポート・センターとしての機能をもつというメリットをもたらす。

表5-1は，地域社会に対する福祉施設の働きかけをコミュニティワークととらえ，ステップ・メニューの枠組みを示したものである。施設職員がボランティアとして地域活動するレベルから，専任職員として地域対策室に常駐させるレベルまでを構想したものだが，コミュニティワーカーの職場として発展させていくには，事業目的，財源，理事会の意向などの条件が整備されていなければならないだろう。

ここで重要な点は，福祉施設が要援護者だけのものでなく，地域拠点となっていくことである。そのことは，決して地域住民にとってだけでなく，施設の利用者や職員にとってもメリットをもたらすであろう。さらに，それを推し進めるために，専従のコミュニティワーカーを採用することを，最終的な目標としていくことも大切なことといえる。

表5-1 福祉施設からのコミュニティワーク・メニューの枠組み

	Aコース 地域に分け入る	Bコース 地域と触れ合う	Cコース 地域に根づく
事業目的との関連	事業目的の範囲の中で、日常的業務の一環として遂行される活動	事業目的そのものの拡大および事業目的の延長線上に考えられる、関連事業として遂行される活動	事業目的外の事業をも含む活動で、制度化の未成熟の中で行われる先駆的な活動
職員・組織の状況	人員増もなく現員で、業務の中で行われる活動。業務外であっても職員のボランティア活動として取り組める活動	超過勤務手当など待遇改善を伴う活動。もしくは兼務体制を敷くなど、何らかの勤務体制の組織的再編成を伴う活動	本来、専任職員を置き、相対的に独立した事業として予算措置されていなければ、多大な困難を伴う活動
財源状況	既存の設備・備品・マンパワーの活用ですむ活動。寄付金などの活用で何とか賄える活動	少なくとも補助金、委託金など事業の遂行に伴う経費の根拠のある活動。ただし、人件費までの保障はない	事業費、事務費（人件費）とも公的であれ民間であれ、財源保障がなければ、継続困難な活動。補助がない場合自ら捻出しなければならない
理事会の地域志向	理事会の中で少数の役員か理事長・施設長のみ地域への関心をもっているが、具体化が遅れている	実行委員会など既存の委員会組織化にとらわれず、自由柔軟に、活動中心に理事会がサポートされる	理事会および社協の役員が相互に役員会に位置づけられ、相互の協力関係もはっきりしている
コミュニティワーカーの存在	誰も、地域を担当する明示的な役割をもった人がいない。興味と関心のある特定職員に任意に支えられている場合	業務ではあるけれど、地域を担当する職員がいる。ボランティアのコーディネートなど幅広い活動を業務上している場合	専任の職員が雇用でき、なおかつ職場での協力体制ができている場合。時には地域対策室など独立部門をもつ場合もある

（注）表題および内容を一部修正してある。
（出所）大阪市社会福祉協議会［1989］「社会福祉協議会と社会福祉施設」。

4 住民パワーを受け止める,NPOやボランティアへの期待

> 地域福祉にとって欠かせないNPO

NPOについてはすでに簡単に説明したが,在宅福祉サービスを提供するNPOやまちづくりNPOなど,地域福祉の実践主体,あるいはコミュニティワークの職場としての存在意義も大きくなっている。

介護保険事業や障害者福祉サービス事業など,制度に基づくサービスはもちろん,制度的に対応できないようなこと,たとえばホームヘルプに訪れたお宅の犬の散歩とか,庭の芝刈りといったことに柔軟に応じることができるのもNPOのよさであるといえる。団体によっては,介護保険制度部門とボランティア(制度外サービス)部門を併設し,利用者の幅広いニーズに,総合的に対応できる体制を敷いているものもある。経営的なバランスとしても,団体全体としての安定的な収益を制度サービスで確保し,制度外サービスの時間当たりの単価を低額に抑えて,NPOの自由度の高さを遺憾なく発揮するということが可能になる。

そのほかにも,まちづくりに総合的に取り組むNPOは,商店街活性化,防災・安全,フェスティバルの開催,文化・伝統維持など,さまざまな活動に取り組んでいる。また,住民が気軽に集えるコミュニティ・カフェを運営するもの,保育士だった人が子育て相談やサロンなどの場を提供するもの,商店街の空き店舗を利用して若者の居場所や高齢者の集う場をつくるもの,日本で暮らす外国籍住民を支援するもの,防災活動のアドバイスをする(災害時には救援活動を行う)ものなど,多様なニーズに対してテーマ性や専門性をもっ

て市民活動的に対応するのが NPO であり，それゆえに町内会・自治会などの「地縁型組織」といわれる住民組織に対し，「テーマ型組織」「知縁型組織」などと呼ばれている。

当然のことだが，利用者にとっての生活ニーズは，制度の枠組みに収まりきらないことが多い。そもそも社会福祉サービスの本質には，利用者の QOL（quality of life: 生活の質）の向上があるのであり，制度内であるか外であるかを問わず，ニーズが充足されるように考えていかなければならない。だからこそ地域福祉のもつ総合性が重要であり，制度内外の事業をミックスすることのできる NPO への期待も，それゆえに高まるといえる。

NPO はこうして登場した

NPO が「新たな公共の担い手」と呼ばれるようになってから何年も経っている。NPO が社会的認知を高める大きな転機となったのは，1998 年の「特定非営利活動促進法」，いわゆる NPO 法によって法制化されたことであるが，このような団体の登場そのものはもっと古い。とくに，1970 年代から 1980 年代頃のグローバリゼーション，ポスト工業化，情報社会化といった大きな潮流とともに，人生を豊かにする多様な選択肢の 1 つとしてボランティアが浸透し，国際協力や環境保護，子どもの権利保障など多様な分野でそれを受け止める団体が設立されるようになった。また，コミュニティの希薄化や在宅福祉中心の政策へのシフト，ノーマライゼーションの普及などを踏まえて，国も全社協もボランティア振興策を打ち出した。

その頃に急成長した，国境を超えて活躍する団体などの呼び方としては，「NGO（nongovernmental organization: 非政府組織）」が一般的だった。文字どおり「政府でない」こと，つまり民間性や自発性が特徴であり，経済大国の成長の陰で環境破壊が進むこと，あるい

は発展途上国の人々が低賃金労働や児童労働，買春などを強いられ，大国に搾取されている問題などを世界に知らせ，支援活動や政策提言を行っていた。国際会議などが開かれる際には，開催地に赴いて政府機関に対するロビー活動を行った。つまり，自分たちの扱う問題を政府レベルで取り上げてもらい，国際的な対応を呼びかけてもらうのである。

1990年代に入り，NPOという名称で呼ばれる草の根の市民活動を行う団体が知られるようになり，新しい働き方，あるいはボランティア活動の受け皿として注目されたが，概して零細で財政的基盤も弱いものが多く，高い志をもって社会的・公益的な活動をせっかく始めても，長続きしないことが多いと指摘されていた。任意団体（法人格なき団体）であるがゆえに個人の家屋を事務所や活動場所にしたり，活動に必要な機材，たとえばクルマにしても個人名義で登録するなど，制度上不利な存在だった。企業からの寄付の損金扱いや個人寄付に対する税控除など，税制上の優遇措置がないために，自ずと既存の公益法人に寄付が流れていく仕組みができていたし，行政や企業と取引をするにしても，契約を交わす時点で対等な関係になりにくかった（企業側が代表取締役社長名・公印で契約する一方，団体側が代表の個人名義・印鑑となることを想像してほしい）。

そのような中，1990年代前半，NPOの関係者の間では「団体として契約主体になること」「（将来的に）支援税制の対象となること」などを合言葉に，法制化を求める動きが全国で活発化した。超党派の国会議員連盟も結成されて，NPO関係者と対話するフォーラムが各地で開かれてNPO法案提出に向けた検討が進んだ。NPO法成立をさらに早めた契機は，1995年の阪神・淡路大震災，続く1997年の島根県沖での「ナホトカ号重油流出事故」の際，全国から集まったNPOやボランティアのめざましい活躍であった。1995

年が「ボランティア元年」と呼ばれたことを覚えている人も多いだろう。

最近では，行政の財政縮小もあって，公共分野の仕事を民間に任せようとする社会的要請を受けて，NPOが自治体からの補助金・助成金を受けたり，指定管理者制度や委託事業を受託することが珍しくなくなった。内閣府の2010年度の実態調査では，地方自治体から補助金や助成金を受けているNPO法人は28.7%，自治体からの事業委託を受けているものは25.7%である。これによって，サービス面では，たとえば公立図書館や駅前の駐輪場などの運営をNPOに任せ，従来の役所的な経営方法や利用方法の改革が期待できる（忙しいサラリーマンに合わせて開館時間を夜まで延長するなど，利用者目線に立った柔軟な運営が考えられる）。行政の経営効率の面でも，従業員の制服や備品などを外注するとき，適切な業者数社を客観的に選定し，見積もり比較や値引き交渉によって，予算を有効に活用するといった効果が見込まれる。

> どのような団体がNPOか

ところで，NPOと呼べるのは，NPO法で法人格を取得した「特定非営利活動法人」，つまりNPO法人だけだろうか。実際，NPO法人化していないボランティア団体などをさして，「あそこはNPOじゃないよ」という人もいるが，活動実態をよくみていくと，必ずしも法人格だけで判断できるとは言い切れないようだ。

NPOのよさには，民間ならではの機動力，つまり国境や地域区分を意識しないフットワークのよさ，前例に縛られず，未経験の問題にも切り込んでいく先駆性，制度の枠組みにこだわらない開拓性，そして民主的なリーダーシップを育て，コミュニティづくりを進める機能などがある。また，NPO研究で有名なL.サラモンによれば，NPOは，①公式に設立されたもの，②民間（非政府）組織であるこ

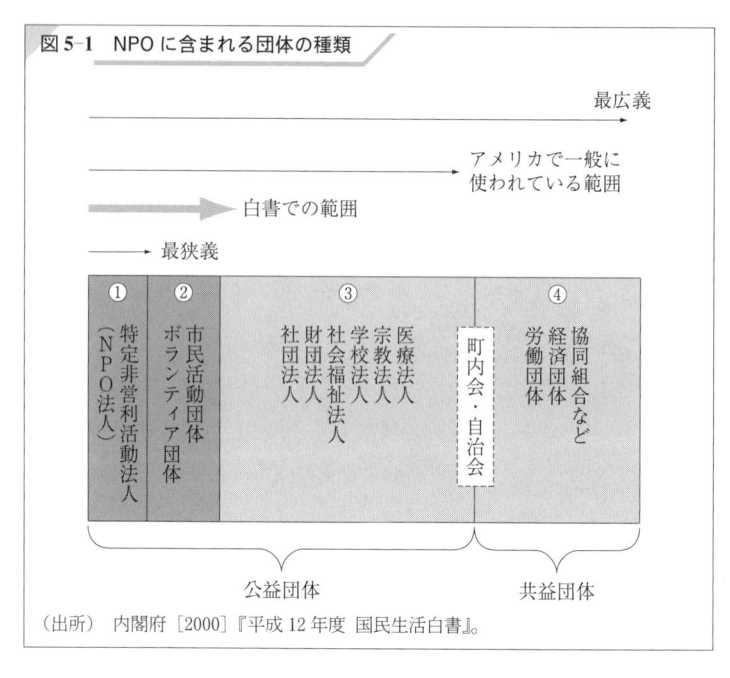

図5-1　NPOに含まれる団体の種類

```
                                                              最広義
────────────────────────────────────────────────────────────→

                                            アメリカで一般に
                                            使われている範囲
─────────────────────────────────────────→

        ━━━━━━━━━━━━━→ 白書での範囲

──→ 最狭義
```

| ① 特定非営利活動法人（NPO法人） | ② 市民活動団体 ボランティア団体 | ③ 医療法人 宗教法人 学校法人 社会福祉法人 財団法人 社団法人 | 町内会・自治会 | ④ 協同組合など 経済団体 労働団体 |

　　　　　　　　公益団体　　　　　　　　　　　　　　共益団体

（出所）内閣府［2000］『平成12年度 国民生活白書』。

と，③利益配分をしない（非営利である）こと，④自主管理していること，⑤有志によるもの，⑥公益性があることなどが要件であるとされる。そういう意味でいえば，社会福祉法人などの中にもそのような条件を満たし，自由な発想とスタイルで活動しているものもあるし，法人格取得の申請手続きや毎年の事業・会計報告，計画書の提出などの事務手続きを嫌って，あえて法人化の道を選ばない任意団体もある。NPOには予算や人員の規模の小さいものが多いが，中には中小企業のような規模のものもある。このように，「民間」の「非営利組織」が全体的・平均的にNPOの特性を備えていることを考えるならば，NPO法人だけを見ていたのでは把握できないことがわかるだろう。

　この区分については，図5-1を見るとわかりやすい。これは，内

閣府がNPOの意味範囲を「最狭義」から「最広義」まで示したものである。もっとも狭い意味でのNPOは「NPO法人」だが，本書では法人格をもたない「ボランティア団体」や「市民活動団体」までがNPOということにしている。アメリカでは学校，病院，教会などもNPOと考えられているし，日本でも広い意味ではそれらの団体や「社団法人」「財団法人」，また場合によっては「町内会・自治会」といった地縁型組織などもNPOととらえられる。

NPOの活動分野とその広がり

NPOの事業分野は当初12分野であったが，これまでに2度の見直し改訂がなされ，2012年4月現在は20分野に拡大している。2013年3月末現在で4万7544法人となり，NPO法が施行されてから約15年間が経過していることから，平均して年間約3200の法人認証が行われていることになる。市民が集まって協議し，非営利活動のための法人を設立するという取組みがすでに4万団体を超えて増加していることは，新たな公共を担う市民が確実に増えていることを表している。2013年3月末現在の登録状況を示すと，表5-2のようになる。

これらのNPO法人は，活動分野を複数エントリーすることが多く，単独の活動分野に限定しているものは12.8%，2分野は16.2%，3分野は17.8%，4分野は15.7%，5分野は12.2%となっており，3分野までで約5割，5分野まで含めると約7割が含められる。残りはさらに多様な活動分野をあげて活動することを意図していることから，比較的多様な活動を取り込んだ組織といえる。もちろん株式会社に比較すると，きわめて限定されており，かつ非営利の活動が前提であるから多くの分野を抱えながら組織の活動を維持させようという方針がうかがえる。

さて，2012年の新たな追加事業分野は，観光の振興を図る活動，

表5-2 NPOの登録状況（2013年3月末現在）

（単位：法人数）

活動の種類	法人数
1. 保健，医療または福祉の増進を図る活動	27,602
2. 社会教育の推進を図る活動	22,304
3. まちづくりの推進を図る活動	20,369
4. 観光の振興を図る活動	565
5. 農山漁村または中山間地域の振興を図る活動	508
6. 学術，文化，芸術またはスポーツの振興を図る活動	16,307
7. 環境の保全を図る活動	13,516
8. 災害救援活動	3,734
9. 地域安全活動	5,425
10. 人権の擁護または平和の活動の推進を図る活動	7,866
11. 国際協力の活動	9,139
12. 男女共同参画社会の形成の促進を図る活動	4,171
13. 子どもの健全育成を図る活動	20,338
14. 情報化社会の発展を図る活動	5,412
15. 科学技術の振興を図る活動	2,614
16. 経済活動の活性化を図る活動	8,048
17. 職業能力の開発または雇用機会の拡充を支援する活動	10,954
18. 消費者の保護を図る活動	2,993
19. 前各号に掲げる活動を行う団体の運営または活動に関する連絡，助言または援助の活動	21,877
20. 前各号に掲げる活動に準ずる活動として都道府県または指定都市の条例で定める活動	66

（出所）内閣府NPOホームページ。

農山漁村・中山間地の振興を図る活動，そして都道府県・政令指定都市の条例で定める活動となっている。すでに2度目の改正の段階で多様な業種における雇用拡大が活動分野の拡大に認められたが，一段と社会問題解決につながる対応が示されたといえる。とくに農業に関しては後継者難と耕作放棄地の改善あるいは山林の保全が深刻な問題となっており，また障害者雇用の場として農業分野の領域が注目されていることも指摘できる。観光は，関連のボランティア

活動や滞在型観光のガイド確保などを含めて、国際化や受け入れ体制の充実に期待されている要素が大きい。

　市民や住民のボランティア活動、社会貢献活動のエネルギーを受けとめる組織として、コミュニティワークの実践主体としてもNPOの存在感はますます大きなものになっている。2001年からは認定NPO法人制度が導入され、要件を満たすNPO法人は税制上の優遇措置が受けられるようになり、その後の法改正で制度改正も重ねられてきた。新たな動向として注目されるのは認定特定非営利活動法人（認定NPO）の要件緩和が2012年4月から施行されたことであり、認定要件の緩和、寄附金税額控除制度の創設、特例措置の見直しによって、2012年3月現在では389団体（NPOの0.8％）にすぎないが、今後相当数の拡大を見込まれている。このような支援体制をさらに整備していく必要があるし、市民レベルにおいてもこれらの団体の活動に多くの人が参加し、社会全体でNPOを成熟させていくことが大切である。

Column⑤ 地域の福祉拠点の拡充

　急速な高齢化に加え，近隣住民相互の助けあいが弱くなる状況を受け，社会福祉施設に対する地域からの期待はこれまで以上に高まっている。近年の介護保険法改正では，生活圏域を基盤とする支援ネットワークの充実が図られており，2006年の改正では，「地域密着型サービス」の創設による小規模多機能型居宅介護（デイサービスに訪問介護，宿泊，併設事業所での居住などを組み合わせるもの）の設置，「地域包括ケア体制」の整備（中核機関としての「地域包括支援センター」の設置）などのように，身近な地域で要援護者を発見し，支える仕組みづくりの底上げがなされたのだ。さらに，2012年の改正介護保険法では，「地域包括ケアシステム」の構築に向け，訪問介護，訪問看護，小規模多機能型などの連携強化による「24時間定期巡回・随時対応サービス」や「複合型サービス」の創設などが講じられた。

　このような状況を受け，地域包括支援センターが核となって見守りネットワークを構築する例（たとえば，自治体の福祉担当職員，警察・消防，社協，民生委員などと定例会を開き，孤独死防止や認知症予防のための事例検討を行ったり，振り込め詐欺のような犯罪についての勉強会を開くなど）が各地で取り組まれている。また，特別養護老人ホームが地域の高齢者に対して「見守り通信」のようなニュースレターを広く配布し，気軽に相談できるようにする例も見られる。

　福祉施設が地域で果たすこのような役割は，日常時だけでなく，災害時の逼迫した状況下ではいっそう重要になる。東日本大震災の時，福祉施設などが災害救助法による「福祉避難所」として，高齢者，障害者，妊産婦，病弱者などにとっての命綱になったことは記憶に新しい。住民にとって「身近な福祉のプロ集団」として，社会福祉施設は誰にとっても欠かせない存在なのだ。

第6章 ボランティアとしての住民・当事者とコミュニティワーク

左：流しそうめんの会に地域の子どもたちは大喜び。右：まちづくりワークショップのプレゼンテーション（写真提供：特定非営利活動法人むすび〔東京都練馬区〕）

　地域福祉を推進するうえで、「担い手」としての住民や福祉当事者の存在が大切だと述べてきた。だが実際には、住民や当事者が日常的に地域のことを考えるとき、たとえば行政の対応をもっと向上させてほしいとか、こんなサービスがほしいというような、「受益者」、つまりサービスを受ける側の目線で考えることのほうが多いのではないだろうか。

　しかしこのことは、地域福祉の主体者としての住民や当事者への期待と矛盾するわけではない。なぜなら、福祉の観点からまちづくりを進めるうえでは、まさにこういう「住民目線」や「生活感覚」「当事者意識」に基づくニーズを中心に据えなければ、空回りに終わってしまうからである。また、行政や専門職には解決できない問題でも、住民や当事者ならそれが可能になるという場合もある。住民や当事者には「互いにわかりあえる」という強みや温かさ、柔軟な発想と行動力、同じ集団のメンバーとしての自覚や責任感などがあり、それが地域福祉を前進させる原動力になるのだ。コミュニティワーカーはそれらをいかにして喚起し、大きな活動の輪にしていくのだろうか。

1　地域福祉のボランティア

住民の絶大な力　　せち辛い今の世の中にあっても，昔ながらの人情味ある活動を続けている人はいるし，それを現代風にアレンジしようと試みる人もいる。たとえば，伝統的という意味では，ひとり暮らしのお年寄りを隣近所の人が気遣って，毎日おかずを届けるといった下町的な人付きあいは，都市部でも意外に残っている。また，近くに住むお年寄りたちを住民が気にかけ，郵便物が溜まったままになっていないかとか，毎日雨戸が開閉されているかなどと見守り，時には話し相手になったりしている。子育て中の親同士で，互いに子どもたちの面倒を見あうようなこともある。

　そのような活動は，まさに住民の自発性や公共意識，仲間意識などに根ざして実を結ぶものである。それらは制度や専門的規範から自由であり，ボランティアの住民たちは一様にいきいきと楽しそうにしている。何より，支えられる本人にとっても，自分に継続的に関わってくれて，体調変化などに気づいてくれる住民ボランティアはとても心強く，情緒的に満たしてくれる存在，いざというときには頼れる相手となる。

　このような担い手は「インフォーマル資源」と呼ばれ，行政や専門職・機関などの「フォーマル資源」と概念的に対となることを，第4章で説明した。フォーマル資源には専門知や高度な技術に裏づけられた支援，制度枠組みによる支援など，代替不可能な活動領域が与えられている反面，個々の住民に丁寧かつ継続的に関わり，まるで家族や友人のように接することはできない。インフォーマルな

資源は，そのような「非専門性」と称するべき独自領域でこそ力を発揮することができる。支える側の住民にとってはボランティアのつもりがなくても，支えられる本人からすればまさに命綱であり，その福祉的意義は絶大といえる。

ボランティアの多様性

地域福祉という概念が登場することによって，地域という1つの生活基盤の中で，目に見えるボランティア活動のスタイルが定着してきた。施設や病院の中でのボランティアという従来の活動フィールドを飛び出して，在宅福祉の場で，あるいは障害者の作業所でボランティアをするとか，宅老所づくりにボランティアで関わるとか，バリアフリーのまちづくり運動に参加するといった積み重ねの中で，地域で活躍するボランティアの姿にあまり違和感がもたれなくなってきた。ひと昔前までは，ボランティアに対して周囲の人が，「せっかくの休みの日に，他人のために出かけていく奇特な人」という冷ややかな視線を送ることもあったが，現在では，人々が助けあったり支えあったりする意味で，ボランティアが市民社会づくりや福祉社会づくりにとって欠かせない人たちなのだということが社会全体の理解になってきた。また，職場とは異なり，自由意思で参加するボランティアは，活動者にとっても自分の才能を開花させ，成長できる場，つまり「自己実現」の場なのだという考え方も浸透してきた。

伝統的な住民活動の延長線上にある現代的な取組みは，仕事や趣味・関心に基づくテーマを掲げたり，活動を組織的・継続的にしたりしながら，幅広い住民層にマッチする活動形態を模索しつつ活躍の場を広げている。演芸をたしなむ人が癒しのためのボランティアをする，音楽家がミュージック・セラピーのようなボランティアをする，大工職人がバリアフリー建築の場でボランティアで助言するなど，仕事や趣味の延長線上で何か貢献をしたいというパターンは

その筆頭といえる。専門分野や得意分野を活かしたボランティアなので，活動者の負担は少なくて済むし，サービスのクオリティも高い（逆を考えればわかりやすい。たとえば運動音痴を自認する人に少年野球のコーチを頼むのはもってのほかだろう）。担い手も受け手も楽しみながら，社会をよくしていけるのがポイントといえる。

さらに，国内ではなくて外国でボランティアをするとか，災害ボランティア，防災ボランティア，人権のためのボランティア，あるいは里山を守るボランティアとか森林を守るためのボランティア，防犯でいうとガーディアン・エンジェルスのように，若者の事件が起きないようにボランティアでパトロールするという新しいスタイルもある。近隣住民の孤独死に心を痛めた人たちが，集合住宅全体の運動として孤独死防止に取り組む例も知られている。若者が商店街の空き店舗を借り，お洒落なカフェやギャラリーにして，地元の魅力を再発見しつつ，文化・情報の発信基地にしているケースも増えてきた。例をあげるときりがないほど，形態が多様化してきている。

町内会・自治会と地域福祉

ここまで，個々の住民の専門性ないし関心に基づくボランティアの話を進めてきたが，地域福祉をボランタリーに支えてきたという意味では，町内会や自治会などの地縁型の住民組織は，長年その中心を担い続けている。基礎となる単位会の下に，数十世帯単位で組・班などを組織していて，住民の暮らしを住民自身の手で土台から支え，また行政と住民を橋渡しする役割を担っている（第3章参照）。公害，騒音，日照権侵害などをめぐっては，迷惑な企業などに対してプレッシャーグループ（圧力団体）としての役割も果たす。活動の内容としては，交通安全や防犯・防災，ゴミ処理・緑化活動などの環境整備，児童の健全育成，共同募金への参加などの福祉活

動，自治体の広報への協力，住民の親睦のための行事などと，じつに幅広い。さらに，こうした包括的に地域課題に取り組むタイプの組織をベースとして，自主防災会や婦人会，老人クラブ，子ども会など，課題別とか年齢階梯別の組織が活躍している。こうした団体が助け合いという形でボランティアをしている場合もある。

　本来，町内会・自治会は，「全戸加入制」といって，当該エリアに住む全世帯が加入するのが原則である。毎年会費を負担して会員となり，その会費で街灯が設置されたり防犯活動が行われるなどの恩恵が受けられるのだが，当然のことながら活動を支える人材が必要で，住民で仕事を負担しあっている。その仕事を，「地域の構成員として当然だ」とか，むしろ「楽しみだ」という人ばかりだとスムーズだが，実際には「平日は終日仕事で，引き受けられない」とか「煩わしい」という住民が増加しているので，加入率低下や役員の高齢化（後継者が見つからない）といった危機に瀕している。サラリーマンの忙しさはたしかにあるが，「地域と関わりたくない」「地域ボス的な支配は封建的でいやだ」と考えて敬遠する風潮の影響が大きい。

　地域によっては，町内会などの仕事の一部をアウトソーシング（外部委託）するような新しい取組みも登場している。つまり，膨大な仕事をすべて町内会長など役員が負担するのでなく，住民の中からアルバイトを雇い，事務的なことは毎週数時間，その人に片付けてもらうことで，役員の忙しさを軽くするというものである。後継者不足の解消が期待できるだろう。

　また，防災を専門とするNPOと連携して，高齢者宅の家具固定などの活動を手伝ってもらうようなケースもある。たとえば，地震に備えてタンスに突っ張り棒を取り付けたとしても，素人判断で誤った付け方をしていて，じつは転倒防止になっていないことも多い

ようで，防災の専門家に助言してもらう意義は大きい。同様に，子育て家庭や外国籍住民の支援，悪徳商法の対策など，町内会などが直面する課題に即して外部資源を活用することには一定の成果が期待できる。あるいは，町内会などの組織自体がNPOを生み出すような地域もある。住民同士の自主保育活動や要介護高齢者の支援といった活動が事業体として発展し，NPO法人を取得するなどして独立するパターンだ。

　このように，現役世代をはじめ，多様な年齢層が地域の活動に必要性と魅力を感じることができ，多様な参加形態が取り入れられるよう，それぞれの地域で知恵を絞っていくことが大切だろう。そうでないと，地域によっては，長いスパンでみれば組織の存続そのものが保障されないかもしれない。

2 当事者組織とセルフヘルプグループにおける「受益」と「供給」

当事者組織はボランティアなのか

　もう1つ着目しておきたいのは，当事者，セルフヘルプグループの人たちの取組みである。今までは受益者だった人たちが当事者組織をつくる，あるいはセルフヘルプグループをつくって，お互いに助けあい，情報提供をしあい，支えあう。これはボランティア活動なのだろうか。

　ボランティアの視点で見ると，当事者組織やセルフヘルプグループは，受益とサービス供給という一見相反する二面性を含んだ取組みと考えられるのではないか。たとえば，自分が障害をもって苦しんできた。その苦しみを，先輩として次に障害をもった人たちに対して支援をする。普段の自分は援助される立場だが，障害があって

も同じ仲間のために役立つことができるし、相談活動もできる。

このようにとらえると、当事者組織やセルフヘルプグループも、ある意味では共通課題をもつ住民の互助的なボランティア活動、地域福祉活動といえる。これらのグループがもつ特徴をいくつかの側面に分けてあげてみよう。

第1には、援助される人はいつも受益者ではなくて、自らが当事者としてサービス改善をしたり、社会のあり方に問題提起をしたりという役割があり、それは当事者でなければできないという側面をもっている。

第2には、従来型でいうと、こういう当事者組織をつくれば、**プレッシャー・グループ**にもなる。プレッシャー・グループは、個人のいろいろな要望をまとめて組織として行政改善をさせたり、不平等な労働条件を課されたときや不当解雇があったような場合、雇用主を相手に署名運動や訴訟を起こしたりするのだが、そういう取組みにおいても、基本は個人である。個人と個人が助けあったり、連帯して問題解決をしあう。その点がセルフヘルプグループと異なる。セルフヘルプグループは個人としてでなく団体、連帯としてとらえられる。つまり、個人として問題解決ができない場合に、皆で助けあったり、助けあいの基盤をつくるために、行政をこう変えてほしいという提案も出てくる。そう考えていくと、どちらも地域福祉における人材としてとらえる必要があるだろう。

第3に、個々人にとっては、1人でいると自分だけの悩みだけれども、同じような問題を抱えている人たちに出会うと、自分だけの問題ではないことに気づく。たとえば24時間付きっきりの家族介護者、地域から孤立して子育てストレスを溜め込んでいる親、中途で障害を負った人、不治の病魔に苦しむ人などが「どうして自分だけが」というやり切れなさに押し潰されそうなとき、似た問題を抱

えている人はほかにもいて，痛みを分かちあえるのだと知ることがエンパワメントになるし，広い意味で助けあいや社会連帯という側面もある。

　第4に，個々人が原子化されてしまうと，その人たちの問題あるいはニーズが社会的にとらえにくい。グループ化することによって，社会的に認知しやすくなるという側面がある。政策とか自治体の立場でいうと，その人たちのニーズを目に見える形にするためには，個々ばらばらにつかむより，同じ問題を抱えた悩みをもっている人たちが集まって，目に見える形になることが，政策をつくっていく場合の根拠になる。何をどう改善しなければいけないかは，個々人の場合は「コネの世界」ということもあるのが正直なところだが，マス（大衆）になれば正当に評価を得て政策につなげていくだけの発言力も備わってくる。

「当事者性」のタイプ

　当事者性とは，非常に多様な概念である。障害者など特定の要援護者グループに属する人々だけが当事者ではない。一般の住民だって利害を共有しているのであり，問題が起きたときには当事者になるし，互いに協力してアクションを起こす必要に迫られるときもある。どういうところで住民の助けあいが生じるかというと，簡単にいうと2つのタイプがある。たとえばダイオキシンなどの公害でその地域全体が被害者になってしまった場合，当事者として結束する。行政任せにできないから自分たちで立ち上がって問題解決をしようとする。立ち上がり，行政とやり取りし，自分たちで調査し，組織としてお互いに交流を深める。これらをボランティアでするのである。

　また，そのようなマイナスの状況のときだけでなく，「1人では楽しくないが，みんなでやると楽しい」というプラスの場面もある。たとえば神社の掃除は，「おらが村の神社だ」と先祖代々でみんな

がそれを守っている。祭りの時期になると御輿を出して奉納をやろうとみんながひと肌脱いでやる。つまり，楽しさを共有するということである。1人で御輿は担げないからみんなで担ぐ。特定のグループだけが祭りだと大騒ぎをしても全然おもしろくないから，町全体で盛り上げる。いろいろな立場の人が集まってくるから祭りになるのであり，楽しみを共有しようと思ったら，みんながそれなりにボランティアをしないと続かない。

このように，福祉の課題における「当事者性」には，福祉的課題の類似性・共通性を筆頭に，生活者の1人として，自分だけでは被害状況を克服できないとか，楽しさを共有できないことを皆でやろうというものまでを含んでいるのである。

地域では誰もが当事者

さて，ここまで見ていくと，地域では誰もが当事者となるということがわかるだろう。地域の中にいるボランティアや，いろいろな活動をしているグループ，当事者組織やセルフヘルプグループは，それだけでは地域福祉の実践者とは言わないかもしれない。しかし考えてみれば，地域にはさまざまな意味での「当事者」たちが混住しているのであり，それぞれの生活の場において，日々サービスを利用したり，誰かの役に立ったりしている。つまり，その人たちは，受益者としての経験をふまえて，いわばそれを超えたステップに進んでいるのであり，自分たちが受けてきたサービスについて発言をしたり提案をするとか，行政サービスだけではカバーできない，お互いの助けあいや支えあいという形である種のボランティア活動をしているのである。

地域という舞台の上で，そのような受益者や供給者のシステムがいくつも展開する状況を地域福祉の視点でとらえ，それらがよりうまく機能するよう促していく必要があるだろう。当事者と当事者，当事者とボランティア，組織と組織など重層的なつながりをつくっ

ていくネットワーキングが必要な場面だろう。

3 住民・当事者を組織化するコミュニティワーク

> 住民主体をバックアップする仕組み

　コミュニティワーカーは，住民主体や当事者主体の小さな芽も見逃さず，支援の手がかりにする。ある地域で自発的に始まった活動をお手本にして他の地域にも応用したり，当事者やボランティア同士をつないでグループやサロンなどとしてスタートできるよう立ち上げの支援をしたり，活動が持続するようマンパワーやノウハウ，資金，活動場所などを投入して支援する。地域全体を見渡して，住民・当事者ならではのきめ細かなニーズキャッチ・迅速な対応をうまく機能させるとともに，医療・保健，福祉，法律など専門的対応を要する問題はすぐに各分野の専門家につなげられるようなシステムづくりの役割を担うのである。

　社会福祉法の4条「地域福祉の推進」では，住民は他の事業者などと相互に協力しあう存在として，かつ福祉サービスの必要な存在として「日常生活を営み，社会，経済，文化その他あらゆる分野の活動に参加する機会が与えられる」ことと規定されている。すなわち，住民には，サービス提供者などと協力して地域の福祉を向上させる「主体」，つまり担い手としての面と，サービスの「客体」，つまり受益者としての面，その両方の側面があるということである。

　こういう考え方に立ち，社会福祉協議会（以下，「社協」）は住民活動をバックアップしつつ，地域の支えあいのネットワークづくりを進めている。基本的な手法をいくつか紹介しておこう。まずは**「小地域ネットワーク活動」**である。住民主体で行われる見守り，

訪問などの活動や，それに伴う臨機応変の支援を組織化・システム化しようとするもので，高齢者や障害者1人に対し3～4人のボランティアが担当となり，継続的に支える仕組みである。ボランティアだけで解決できない問題は，民生委員や専門職・機関につなぐため，問題の早期発見・早期解決が期待される。

次に，「ふれあい・いきいきサロン」がある。1994年に全社協が呼びかけて始まったもので，対象は高齢者，知的障害者，子育て家庭（「子育てサロン」と呼ばれることが多い），複合型などさまざまだが，8割以上は高齢者向けサロンだ。週1回から月1回程度開催し，利用者とボランティアが一緒に企画・運営し，自由に過ごす「たまり場」的な性格をもつ。閉じこもり気味の高齢者にとっては，外出して仲間と交流する機会となるうえ，ほぼ毎回来ているような「常連」の人が来ていないとボランティアが心配して，サロンが終わってから家まで様子を見にいくこともあり，体の異変などを早期に発見しやすい。子育てサロンの場合，地域から孤立して子育て不安やストレスを抱え込んでいるような親が集うことで，仲間づくりやストレス発散，子育てに関する情報交換などができる。このように，閉じこもりがちな当事者を発見し，仲間や支援者とのネットワークにつなげることで孤立させないようにするのがサロンの目的だ。いきなり当事者組織とかセルフヘルプグループを紹介されても敷居が高いと感じる人も多いだろうから，サロンをそのような当事者組織化のためのきっかけとするのも有効といえる。

また，市区町村社協の下に「**地区社協**」を設置している場合も多い。じつは名称は「小地域社協」「校区社協」「校区福祉委員会」などとさまざまである。文字どおり，住民が活動しやすい生活圏域に近い地区ごとに組織されていくのだが，社協と名乗っていても独自の事務所を構えることはほとんどなく，会議などのときには住民組

織の役員や民生委員，ボランティアといった構成メンバーが社協事務局などに集まる。地区単位でさまざまな福祉課題に取り組むため，サロンなどの小地域活動に取り組んだり，市区町村社協が策定した「地域福祉活動計画」の地区版計画を立てるようなことも行っている。

地区をベースにした「**福祉委員**」というものもある。自分の担当地域内で要援護者の見守り・相談にあたるボランティアのことで，潜在的なニーズを掘り起こしたり，可能な範囲で支援したり，専門職につなぐようなことをしている。また，民生委員と連携し，人数の多い福祉委員がよりきめ細かに対応するといった役割分担ができる。さらに，「地域のために何かしたい」という個々の住民を組織化するという点で共通するものに，「**登録ボランティア**」がある。住民個人，あるいは住民によるボランティア団体（社協が発足を後押ししたものもある）単位で社協のデータベースに登録し，支援の必要な人や施設などにつなぐ（マッチングする）ものだ。これについては第5章で説明したので参考にしてほしい。

コミュニティワーカーとボランティア

今日指摘されているように，地域に対する住民の愛着が薄れているとか，コミュニティが脆弱化しているのは事実なのだが，一方では地域の行く末を心配している人々，近所の人のことを気にかけている人々が少なからず存在することもまた事実である。すでにボランティアとして定期的に活動している人の数は限られているとしても，きっかけや知識が与えられればいつでもボランティア・デビューできるような，いわば予備軍の人もいる。地域福祉は，そういう「社会の役に立ちたい，社会に関わってみたい」という人々をつないでいき，仕組みをつくっていく取組みだともいえる。

しかし，コミュニティワーカーのような立場の人がいなければ，

ボランティアをしている誰かがみんなの世話役をすることになる。つまり、ボランティアのボランティアをしなければいけない。中にはそれが好きだという無償のコミュニティワーカーのようなタイプの人もいるだろうが、それを継続的、体系的、発展的にやろうと思ったら、常にボランティアをしたい人たちを下支えしていくような仕組みや専門家が必要なのではないか。

コミュニティワーカーに求められる働きとは、人々のニーズを掘り起こして、何かやりたいという気持ちを喚起し、そのチャンスを与えたり方向性を支援していく、黒子の役割を果たすことである。つまり、ボランティアである住民や市民を刺激し、活動を始められるよう後押しをしたり支えたりするのだ。コミュニティワーカーは「触媒」であり、人々がつながりを実感し、変革し、成長していくことを側面から支援していく援助者なのである。地域という舞台の主人公はあくまでボランティアであり、住民や市民そのものなのである。

4 市民社会が求めるボランティア

住民発の新たな取組み

さて、本章では、住民や当事者がもつ思いや行動力がボランティアという姿に具現化する様子、あるいはそれを側面支援するコミュニティワーカーの役割についてみてきたのだが、活動のニーズやスタイル、あるいは要援護者の問題は、社会の移り変わりの影響を受けて変化し続けるものである。そういう意味で、昨今の新しい問題群の登場や活動形態の拡大に、社協のコミュニティワーカーなどの「本職」は追いついているだろうか。

たとえば住民参加型在宅福祉サービスは，当初はボランティア銀行や善意銀行という形でスタートし，それが時間預宅システムや点数制度，最近ではさらに発展して地域通貨やワーカーズ・コレクティブなどにつながっていっている側面がある。一括りにはできないが，これらの取組みは，社会からの求めと，それに応じようとする住民や市民の知恵や意欲が先行しており，コミュニティワーカーの支援があろうとなかろうと，自由闊達に展開しているようなことも少なくない。

　まずは最近各地で広がっている「**地域通貨**」を例にとって考えてみよう。特定の地域やコミュニティ（町内会や商店街など）の中だけで，実際の買物やケア・サービスを受けるときなどに使える貨幣で，兵庫県宝塚市の「ZUKA」，東京都小金井市の「こがね」など，ネーミングも郷土愛と遊び心でいっぱいだ。地域通貨は，ある意味では現代の藩札ともいえる。明治政府が樹立し，日本という1つの国家として独立するために通貨制度ができたわけだが，それまでは藩ごとに紙幣をもっていた。藩札によって藩の助けあいや藩の市場経済が成り立っていた。今，地域通貨やエコマネーが広がっているのは，通貨が地域と人を統合する1つのツールとして広がっているという面もあるのではないか。

　さらに，そのお金を使えるということは，アイデンティティの保障という意味をもっている。たとえばユーロができてフラン（フランス）がなくなっていくような現象は，便利になるという側面はあるのだが，国家や国民性自体を喪失しかねないという，ある種の危機感を生じさせているように思われる。なぜコミュニティ単位で地域通貨やエコマネーが広がるかというと，その地域でアイデンティティが喪失しかかっていることを食い止めたいという地元の思いや危機意識があるからではないか。

現に，大手スーパーやコンビニを筆頭にさまざまなチェーン店が進出し，個人商店にとって代わるようになった。それとともに店員と客が世間話をするようなことは少なくなり，マニュアル化された機械的な関係になってきた。地域通貨は，それを使うたびに自然と地元の人同士が接するきっかけをつくるシステムである。見ず知らずの人だけど地元同士という暗黙の前提があるため，連帯につながる装置としての機能をもつといえる。

　ほかにも，地域の問題解決を図りながら雇用創出にもつなげようとする**ワーカーズ・コレクティブ**とか，現代風の住まい方として付かず離れずの近隣関係を提示するコレクティブ・ハウジングといった取組みもまた，地域の助けあいを乗せる道具としてとらえることができる。ワーカーズ・コレクティブは，サラリーマンに代表されるペイド・ワーク（収入のある仕事）と主婦が担ってきたアンペイド・ワーク（収入のない仕事）の中間に位置づけられる働き方を生み出す取組みで注目されている。つまり，近代化の過程で「会社に入って仕事をする」スタイルが確立されたのだが，それが巨大化・管理化する中で働きがいもいつしか見失われ，「地域社会や世の中に貢献したい」とか，そのために「自分発で仕事をしたい」というニーズも生まれてきた。一方，家事労働はその大変さに見合った評価がなされておらず，これではおかしいではないかという声が上がる。そういうエネルギーがワーカーズの中には込められており，家事援助，食事サービス，デイサービスなど在宅福祉全般から庭木の剪定，襖・障子の張り替えまで，地域の問題を一手に引き受けるようになる。1人ではできないが，そういう思いをもった人が集まれば，それが仕事になっていく。同じ志の人と共同出資によって運転資金も調達できるし，出資者に配当もする。

　同じことが住宅にもいえるのであり，**コレクティブ・ハウジング**

というものが阪神・淡路大震災のときに着目された。高度成長期以降の集合住宅は，たまたま皆が群集としてばらばらに住んでいるだけで，たしかに鍵1本で戸閉まりができ，ドアを閉めてしまえば近所とも付きあわずにすみ，都会の匿名性が確保できるのだが，逆にそれが行きすぎると孤独感とか犯罪を招きやすくなり，人々の不安を呼び起こしてしまう。そのことへの反省から，「今の時代に皆が一緒に住むにはどうしたらいいか」という住まい方の学習や，文化をつくっていこうという動きが出てきた。意識的な近所付きあいをしよう，そのためにコミュニティルームや皆の居場所をつくり，お互いが行き来できるような工夫をしようというのがコレクティブ・ハウジングの1つの発想である。

プラットホームづくりの必要性

こういう社会変化に対し，コミュニティワーカーは創意工夫を続け，若い住民から老年の住民まで，福祉当事者から一般の住民まで，広い住民層のライフスタイルと感性にフィットする活動形態や考え方を提示し，さまざまな地域でそれを実現していくことが期待される。前節では社協が行っている小地域単位の支援について説明したが，それらは日本の地域性の中で培ってきたコミュニティワークといえる。しかし，そういう活動形態に親和性を示す人々がいる一方，地域という括りに縛られない住民発の活動も展開され，社協のコミュニティワーカーに先行する勢いをもつものもみられるようになった。今，コミュニティワーカーに求められるのは，地域に根ざした小地域活動もそうでない多彩な活動も公共目的をもつ民間の担い手同士として，地域という舞台のうえで有機的なネットワークにすることではないだろうか。つまり，よい意味で「（各団体の）いいところどり」かつ「互いを補いあい，活かしあう」システムとしていけるように働きかけることだろう。

ところが，全国的にみて，町内会・自治会など伝統的な地縁型組織と，NPOやボランティア団体などの後発のテーマ型組織の連携が進まず，それどころか対立さえ生んでいて，中央からも懸念が表明されている。お互いの価値意識や行動スタイル，あるいは活動者の年齢層や地域に対するとらえ方の違いなど，折り合いをつけにくい要因はさまざまのようである。社協は一般的に両者とつながりをもっているものの，それぞれが交わりのない別々のネットワークにしてしまっているような状況もみられる。防災NPOと地域の連携を例にあげたが，特定課題に対し各専門分野のNPOと協力できるようなネットワーキングがなかなか進んでいないように思われる。

　アメリカでは，CDC（Community Development Corporations）という非営利活動が1960年代以降，数多く展開されている。貧困地域や都市部の衰退地域などに対し，住民・行政・専門家・研究者などが連携し，地域共有の課題に対処するもので，コミュニティ再生や地域経済の活性化をめざして雇用創出，住宅の開発をはじめさまざまな社会サービスを提供している。外国と日本では事情が異なるため，直輸入が一概に正しいとはいいきれないが，日本のコミュニティワークでもそうした方式を吸収し，日本式に解釈して導入していくことは大切だろう。

　実際，これに近い概念として，地縁型組織とテーマ型組織，行政や企業と民間が協働できる枠組みとして，プラットホームという考え方や仕組みがすでに広がりをみせている。防災のほか，教育（不登校やいじめなど），雇用（失業者，低所得者，若年不安定就労者など），社会的孤立や排除（孤独死，虐待，外国人との摩擦など）といった課題別プラットホームを足がかりに，地域のネットワークをばらばらにしておかず，全体を横につなぐような仕組みづくりが求められるといえる。

> ローカリティを取り戻す

現代の私たちは，グローバリゼーションの大きな流れの中にいて，経済の動きも人々の動きも地球規模になり，文化，意識，情報が拡大していくことを避けることができない。それがもたらす利便性や生活水準の向上などの恩恵はもちろんあるのだが，そのことによって自分たちのアイデンティティ，存在感，地域のコミュニティを薄れさせるという一面もある。その反動で，**ローカリティ**が強く意識されるようになってきたと考えられる。すなわち地域性とか，地域のよさ，帰属意識などが再び求められるようになったのだ。ローカリティをもう一度取り戻したいと社会的に求められ，それが地域通貨やワーカーズ・コレクティブ，コレクティブ・ハウジングのような形で表れる。これらは，地域という一定のバウンダリー（境界）を改めて設けて，その中で助けあい，つながりをもう一度つくり出そうとしている取組みとして理解することができる。

これらの取組みに共通しているのは，グローバル化のマイナス面によって，あるいは個人主義化しすぎたために失ってしまった大切なものを取り戻したい，もう一度共同化できるものは共同化し，身近な生活の場を豊かにしていきたいという，ローカリティ回帰への意欲ではないだろうか。しかも，「昔はよかった」と原点回帰を呼びかけるのではなく，地元のよさを現代的に再解釈し，温故知新で先に進もうとする点が共感を呼んでいるのだろう。地域課題の解決を行政任せにせず，地域住民として主体的に関わり，ついには仕事まで創りだしてしまう。今までのボランティア活動とは違うかもしれないが，ボランティア精神がないと形成されないものである。

こうした新しい取組みも，地域単位で長年実績を重ねてきた活動とともに，地域福祉を進めていく1つの大きなシステムを構成しているのだととらえる視点が大切だろう。より多くの住民が互いのつ

ながりを大切にしていることが、結果的に弱者を孤立状態にしておかず、災害時などにも対処できるまちへとつながっていく。住民の間にはすでにそうした素地が見え隠れしている。それを開花させていくか、単なる理想論で終わらせるのか、コミュニティワーカーの見方、関わり方が1つの鍵となることは間違いない。

Column ⑥ 地域のメンバーの知恵と力で広がる地域福祉

　日本の地域福祉における住民活動では，ひとり暮らしの高齢者宅を住民が訪問し，見守りや声かけをしたり，地区社協で開くサロンなどのような小地域ネットワーク活動が伝統的に堅持され，住民ならではの細やかさや温かさが発揮されてきた。ただし近年，虐待や孤立などのリスクを抱えた住民層が，周囲の誰からも気づかれないケースが増えていることから，こうしたインフォーマルな活動も幅を広げていくことが求められている。

　AC（公共広告機構）の制作した「ちょボラ」のCMが話題になったように，「大きな負担はイヤ」という住民でも，「ちょっとした心配りはしたい」という思いをもっており，そういう善意をボランティアと認めて，寄せ集めることで「公共」をつくっていこうというムードも高まりつつある。つまり，多様な住民，そして商店街や企業など，地域を構成するさまざまな主体が手をつなぎあう工夫が必要になってきている。

　そういう考えに基づき，東京都の千代田区社協では，元々の住民活動を軸としつつも，区内に企業や大学が多いことを活かしてさまざまなアプローチを実践している。たとえば，高齢者宅の電球交換やトイレの修繕などの制度外ニーズへの対応に住民（社協に登録した協力員）が活躍する，いわゆる会員制の有償ボランティアは多くの社協で取り組まれているが，同社協の場合，夜間や休日は区内の建設会社のコールセンターに事業をバトンタッチすることで，24時間・365日の対応を実現している。また「ちよだボランティアクラブ」をつくってCSR（企業の社会的責任，社会貢献活動）を推進したり，サービス業者のスキルを大学生に教え，その学生が福祉施設に行ってサービスを実践するなど，ネットワーク力を駆使して次々とアプローチを開発している。ほかにも，住民による「悪徳商法バスターズ」を結成したりして今日的課題に向きあっている。

　CSRの分野では，「モチはモチ屋」の発想で，業種の専門性を活かしたボランティアが成功しやすいといわれるが，趣味や特技を活かすという意味では住民ボランティアでも同じことがいえる。そう考えると，活動スタイルの可能性は無限だと気づくだろう。

第 3 部

地域福祉の実践と基盤整備

第3部では「地域福祉実践」とその「基盤整備」について考えてみたい。すでに「地域福祉」についてはいろいろ述べられてきているが，第7章では，それらの考え方が「実践」の場面ではどのように適用されているのか，またそうした考え方を組み込んだ「地域福祉実践」とはどのようなものなのかを概観する。

　さらに第8章では，「地域福祉実践」を高度化するための「基盤整備」の必要性，ならびに「基盤整備」の要素として重要な「情報」について考察し，第9章では「地域福祉実践」を遂行する「計画」と，当面の大きな目標の1つとして考えられている「地域包括ケア」について論及したい。

第7章　地域福祉実践とは何か

地域のお年寄りと保育園との交流活動（写真提供：水俣市社会福祉協議会）

　本章では，地域福祉実践について全体的に理解する。まず，人々の具体的な生活の場である地域社会で，地域福祉の実践が誰によってどのように行われているのかについて，事例をもとに明らかにする。また，従来の社会福祉と地域福祉の相違を考えることで，地域福祉の実践がこれまでの社会福祉の実践を超えて必要となった背景，さらに，地域福祉を支える考え方や視点などについて解説する。そして，地域福祉の実践としての地域福祉サービスや地域福祉活動の内容について簡単に触れ，それらの実践を進めるための技術や方法について概説する。

これから地域福祉の実践について述べようと思うが、まず以下の事例を読んで、地域福祉についてイメージしてみていただきたい。

1 「地域福祉」とはどのような「福祉」なのだろうか

地域福祉の実際（事例として）

① A市では、2008年4月から実施されているA市地域福祉計画とA市社会福祉協議会（以下、社協）地域福祉活動計画（「地域福祉計画」と「地域福祉活動計画」については第9章で詳述する）により、日常生活圏域（地区）ごとに地域福祉コーディネーター（以下、コーディネーター）が配置されている。コーディネーターは、地域のさまざまな問題の相談に乗り、地域住民や専門職と連携をとりながら、解決に向けて働きかけを行っている。コーディネーターにはA市社会福祉協議会の職員が任命され、社協の通常業務は行わず、社協や行政のネットワークを最大限に活かしながら、コーディネーター業務に専念している。

② A市は、B県県庁所在地のベッドタウンで、人口約7万人、高齢化率約25％の都市である。A市では市域を3つの地区（日常生活圏域）に分けている。高齢者の生活や介護の専門相談機関の地域包括支援センター（以下、包括）も市内にある複数の社会福祉法人に委託され、地区ごとに設置されている。また、民生委員児童委員協議会の地区、中学校区、連合町内会地区も若干の差はあるが、ほぼ同一の地区割りとなっている。

③ コーディネーターは、通常は、各包括内の一角に机と電話を置いて同居させてもらっている。これは、包括職員との連携を重視した結果である。

④ A市C地区は，人口約2万人，高齢化率30％。エリア内に入居開始から30年近く経ったD団地（20棟・約600世帯）があり，この団地だけの高齢化率は40％を超えている。包括を受託している社会福祉法人は，同じ地区内で，特別養護老人ホームや訪問介護，居宅介護支援などの介護保険サービス，障害者通所サービス事業なども経営している。

⑤ C地区を担当するコーディネーターのEさんは，A市社協に勤め始めてから10年，そろそろ中堅にさしかかったキャリアであり，これまで総務課，地域福祉課，ボランティアセンターの各セクションを担当し，2年前から地区のコーディネーターとして勤務している。

⑥ D団地では，高齢者の孤立・ひきこもりを防ぐために，団地自治会による「見守りネットワーク」が組織されており，その活動を契機に結成されたNPO法人Fが，団地内の閉業した商店を拠点として活発な活動を展開しており，高齢者のたまり場（サロン活動）や配食サービス，さらに最近では食堂として食事を提供するようになっていた。

⑦ あるとき，一市民から「飼い主のいない猫にエサをあげるお年寄りがいて，そのためにその家の周辺に猫がたくさん集まってきて，衛生的にも問題が出ている」との訴えがあった。コーディネーターのEさんが調べてみると，そのお年寄り（Gさん）はひとり暮らしで身寄りもなく，近所に親しい友人もいないため，猫をかわいがっているとのことであった。しかしそのために，近所の人から排除されている様子であった。

⑧ また同じ時期に，D団地を担当する民生児童委員から「夜10時を過ぎた頃に，中学生らしい2人の男子が，猫に石を投げたりしていじめているが，どうも家庭に問題があるようだ」との

報告を受けていた。

⑨ コーディネーターのEさんは，猫をかわいがること自体は悪いことではないが，飼い主のいない猫を無条件にかわいがっているとたくさん繁殖してしまい，さらに大きな地域の問題になると同時に，Gさん自身への風当たりも強くなることを心配し，Gさんを排除しようとしている市民との間を何らかの形で調整できないかと考えていた。

⑩ コーディネーターのEさんは，他県の自治体で飼い主のいない猫をめぐって地域が対立している状況を解決する取組みを行っている噂を聞き，B県社協の福祉情報センターに問い合わせたところ，隣県のH県I市で，そうした活動をしているNPO法人があることが判明し，その方法などを詳しく調べてもらった。

同時に，県内での取組み事例や利用できそうな制度を調べてもらった結果，猫の不妊去勢に半額補助する制度を県が実施していることがわかった。

⑪ コーディネーターのEさんは，Gさんのケースとしてではなく，一般論として，こうした問題にどのように取り組めばよいのか，それを市民に考えてもらう集まりを開催することを思いつき，A市社協地域福祉担当者と相談し，I市のNPO法人の担当者を招いて，集会をもつことにした。

⑫ 集会には，両方の立場の市民にシンポジストとして出席してもらい，I市のNPO法人の代表にコメンテーターを務めてもらい，あるべき方向性を議論した。その結果，反対派は，猫をかわいがること自体を認めていないわけではないこと，賛成派は，捨てられた猫がかわいそうでかわいがっているのであって，猫がたくさん増えてしまうことを望んでいるわけではないこと

が判明し、両者の歩み寄りの余地があることがわかった。

⑬ コーディネーターのEさんは、県の制度として不妊去勢手術に半額の補助が出ること、猫に不妊去勢手術を積極的に施しているⅠ市のような事例があることを踏まえ、そうした組織をA市でつくる方向で進めることによって、問題解決に一歩近づくのではないかと考え、A市社協の地域福祉担当者と一緒に、その組織化に向けて、両者に働きかけることになった。

⑭ 一方、猫をいじめていた中学生について、民生児童委員を通じて家庭状況を聞いたところ、中学生の1人J君の家庭状況は以下のようなものであった。

　J君の祖母Kさんは要介護2で軽い認知症があり、介護保険サービスを利用しているが、それ以外の時間は、母Lさんが祖母Kさんの介護をしている。母Lさんは介護のためにパートの仕事を辞めたが、その後、父Mさんの勤務していた会社が倒産し、家で酒を飲むようになって、J君や母Lさんにあたるようになった。その結果、母LさんはJ君の食事もつくってくれなくなり、J君は家にいることが辛く、夜遅くまで外で時間をつぶすことが多くなったが、夜遅く帰ると父Mさんから罵倒され、ますます家に居づらくなっていた。

　もう1人の中学生N君は、とくに家庭に問題があるわけではなく、J君を夜間1人にしておくことを心配して付きあっていたことも判明した。

⑮ コーディネーターのEさんは、こうした状況を把握し、祖母Kさんの介護をもう少し軽減できるような方法がないか、包括のソーシャルワーカーに働きかけた結果、Kさん担当の介護支援専門員（いわゆる、ケアマネジャー）と相談し、今後の方向性を検討してくれることになった。

⑯ 同時に，両親が子どもの世話をしないことは児童虐待の一種である「ネグレクト」にあたることが想定されるので，A市役所福祉事務所の児童福祉担当者に相談し，J君一家の相談に乗ってもらえるように手配した。児童福祉担当者は，父Mさんに対しても働きかけた結果，Mさんの飲酒癖は徐々に改善され，ハローワークでまじめに仕事を探すようになった。

⑰ 一方，コーディネーターのEさんは，D団地で高齢者対象に活動をしているNPO法人Fに働きかけ，J君に夕食を提供してもらえないか打診した結果，Fは団地の人たちの暮らしに役立つことであれば引き受けよう，また，今後は高齢者に限らず，そうしたニーズに対応したいとして了解を得ることができた。

⑱ こうしてJ君は夕食をNPO法人Fで食べることになったが，居合わせた高齢者たちがJ君をかわいがり，いろいろ世話をするようになった。その中の元教員のPさんがJ君の学習が遅れていることに気づき，苦手な教科を教えるようになった。その後，夜の学習会にN君をはじめとする複数の中学生も参加するようになり，学習の遅れを取り戻すとともに，Pさん以外の高齢者も，それぞれ得意な科目を教えるようになり，高齢者と中学生の交流が進められることになった。

> 事例を読み解く前に

読者のみなさんは上の事例を読んで，「地域福祉」についてどのような感想をもたれただろうか。

これまでイメージしていた「社会福祉」と，上でふれているさまざまな実践（筆者はこれらすべてが「地域福祉」の実践だと考えている）は，どこがどう違っているのだろうか。「福祉」という言葉は，もともと「幸せ」という意味だそうである。したがって，「社会福祉」も「地域福祉」も「幸せ」を実現するための何らかの働きかけであ

ることは間違いないし，共通の要素といえる。では，両者の違いは何だろうか。

「社会福祉」についてのイメージはそれぞれの人によって異なっていると考えられるが，上の事例で「社会福祉」と考えられるものを「最大公約数」的に列挙してみると，以下のように整理できるのではないだろうか。

《明らかに「社会福祉」の事業や活動と考えられるもの》
- 地域福祉計画や地域福祉活動計画の策定
- 地域福祉コーディネーターの配置
- 社会福祉協議会の業務
- 地域包括支援センターの設置・委託と高齢者への相談などの業務
- 民生委員児童委員の配置
- 特別養護老人ホーム，訪問介護，居宅介護支援などの老人福祉（介護保険）サービス
- 障害者総合支援法に基づく障害者福祉サービス
- NPO法人Fが行っている配食サービス
- Kさんの介護の軽減のためにソーシャルワーカーや介護支援専門員と行った相談
- J君へのネグレクトを解消するための児童福祉担当者の働きかけ

　＊　厳密にいうと，地域包括支援センターの設置，訪問介護・居宅介護支援などの介護保険サービスなどは社会保険である介護保険制度で行われているものであり，「社会福祉」ではない。また，地域福祉コーディネーターの配置や配食サービスも社会福祉法では規定されておらず，市町村等の判断で行われている独自の「社会福祉」事業であり，全国的に共通する「社会福祉」事業ではない。

《考えようによっては「社会福祉」の事業や活動と考えてもよいも

の》
- 団地自治会による「見守りネットワーク」
- NPO法人Fが行っている高齢者のたまり場（サロン活動）や食堂

《普通の感覚では「社会福祉」とは考えにくいもの》
- H県I市で，飼い主のいない猫の問題を考えているNPO法人の活動
- B県が実施している猫の不妊去勢手術への半額補助制度
- 飼い主のいない猫のことを市民に考えてもらう集会の開催
- Mさんが仕事を探すために利用したハローワーク
- NPO法人FによるJ君への夕食の提供
- PさんたちによるJ君たちへの学習指導
- NPO法人Fによる高齢者と中学生の交流

話をあまり難しくするつもりはないが，上記の《明らかに「社会福祉」の事業や活動と考えられるもの》の中で，日本の社会福祉の法体系に明確に位置づけられているものは，
- 地域福祉計画の策定
- 社会福祉協議会の業務
- 民生委員児童委員の配置
- 特別養護老人ホーム，訪問介護，居宅介護支援などの老人福祉（介護保険）サービス
- 障害者総合支援法に基づく障害者福祉サービス
- J君へのネグレクトを解消するための児童福祉担当者の働きかけ

である。また，社会福祉に近接する仕組みとしての介護保険制度（これ自体は，社会福祉ではなく社会保険である）によって規定されているものは，

- 地域包括支援センターの設置・委託と高齢者への相談などの業務
- 特別養護老人ホーム，訪問介護，居宅介護支援などの介護保険（老人福祉）サービス
- Kさんの介護の軽減のためにソーシャルワーカーや介護支援専門員と行った相談

である。

さらに，こうした法律には位置づけられていないが，厚生労働省や地方自治体が社会福祉の事業や活動として認識し，予算をつけている事業や活動もあり，これらも「社会福祉」の一環ということができる。そうした事業として，

- 地域福祉活動計画の策定
- 地域福祉コーディネーターの配置
- NPO法人Fが行っている配食サービス
- 団地自治会による「見守りネットワーク」
- NPO法人Fが行っている高齢者のたまり場（サロン活動）や食堂

がある。

一方，上記の事例で《普通の感覚では「社会福祉」とは考えにくいもの》としたいくつかの活動のうち，国や自治体が実施している事業としては，たとえば「B県が実施している猫の不妊去勢手術への半額補助制度」は保健所が所管の場合が多いので衛生行政ということになるし，「Mさんが仕事を探すために利用したハローワーク」は労働行政ということになる。また，「H県I市で，飼い主のいない猫の問題を考えているNPO法人の活動」や「NPO法人F」の活動は，NPO法人を所管するという意味では，一般的には「まちづくり」や「住民の暮らし」を所管する部署が担当していること

が多く、福祉行政とはいいきれない。

　以上のように、日々の暮らしの中で発生するいろいろな「困りごと」、あるいはそれを解決するための「取組み」は、行政・制度として決められている「社会福祉」の枠だけではとらえきれないし、多くの部署にまたがっているのである。

　人は、生活するうえで、さまざまな「困りごと」に出合う。「困りごと」の性格によって、

　・たいしたことはないもの、たいへん困るもの
　・自分に責任があるもの、むしろ自分を取り巻く環境や社会に責任があるもの
　・困っているのは自分だけではなく、大勢の人が困る可能性のあるもの、ないもの
　・自分で何とかできそうなもの、できそうにないもの

などに分けられるが、ここでは「困りごと」を、「社会や環境が原因で生じ、そのため、大勢の人が同じように困る可能性があり、自分の力だけでは解決できそうにないもの」と考えておきたい（以下、「困りごと」は「　」を外して表記する）。

　また、「地域福祉」については後述するが、筆者は、「社会福祉」も「地域福祉」も、あるいは医療、労働、教育なども、広い意味での「福祉」（＝幸せ＝暮らしの安全・安心を実現すること）だと考えている。そのうち、「社会福祉」は狭義の福祉（つまり、制度化されている部分）であり、地域福祉は広義の福祉（制度化されていないものも含む）として区別して使用したい（以後、「社会福祉」に関してはすべて狭義の福祉ととらえ、「　」を外して使うことにする）。

コーディネーターの動きを中心に事例を読み解く

　さて、法律上の社会福祉と、事例でみた「地域福祉」の相違を押さえたうえで、上記の事例の特徴を、困りごとの性質とコー

ディネーターの動きを中心として考えてみると，以下のようなことがいえるのではないだろうか。

① コーディネーターは社会福祉のことだけを業務としているわけではない
② 社会福祉が対応できるような困りごとには，きちんと対応できている場合も多い
③ コーディネーターは多くの困りごとを自分だけで解決しているわけではない
④ 困りごとの中には，コーディネーターが対応すべきかどうか疑わしいものもある
⑤ 困りごとの解決自体は，それらを解決してくれるであろう専門家やボランティア（グループ）やNPOが行っている
⑥ コーディネーターの業務は，困りごとの原因や背景を明らかにして，適切な解決に導いてくれそうなところにつないでいる場合が多い
⑦ にもかかわらず，いろいろなところから困りごとがコーディネーターにもちこまれる
⑧ 地域社会の中にも，これに応じて，新しい活動を始めるNPOなどができている
⑨ コーディネーターの活動が，地域社会の安全と安心の向上に寄与している

逆に，最初の事例の地域（A市C地区）にコーディネーターのEさんがいないと考えた場合，事例にあげたような動きが自然発生的に生じる可能性は低いと考えられる。もちろん，NPO法人のリーダーや民生児童委員が，こうしたことの解決に乗り出すというようなことも考えられるが，事例にあるすべての動きができるわけではない。

そのことを考えるなら，

⑩ コーディネーターは，誰よりも，その地域社会の困りごとや，それを解決してくれる組織や人，制度やサービス（＝これらを総称して「社会資源」という）を熟知している

ということができる。

今，地域社会にあるさまざまな「困りごとを解決する必要性」を「**社会的ニーズ**」という言葉で表すと，コーディネーターの役割は以下のように言い換えることができよう。

地域福祉コーディネーターの役割は，地域社会の社会的ニーズを察知し，社会資源を熟知し，それらを適切につなぐことによって社会的ニーズを解消し，地域社会の安全と安心に寄与することである。

なお，社会的ニーズとは，その発生が個人的な要因によるものではなく，社会・環境的な要因によるものであり，それを解消することが，その社会の安全・安心に有用であり，したがって，社会的に解消される（たとえば，何らかの制度やサービスとして）必要があるものと考えることができる。子どもが勉強しないのが純粋に本人のせいならば社会的ニーズとはいえないが，その子を取り巻く社会的な環境（家庭環境も含む）によるものである場合，社会的ニーズということができる。

<u>社会的ニーズを地域社会で解消する際の「助」の発動の順番について</u>

コーディネーターの役割が明らかになったところで，誰が社会的ニーズ（以下，ニーズと呼ぶ）を解消する主体なのかについて話を進めたい。さらに，その解消は，どこでなされるべきなのだろうか。

当然のことながら，ニーズを解消する主体は，基本的には，そのニーズを抱えている本人でなくてはならない。もちろん，本人だけで解決できない場合も多いが，まずは，本人が何とかしようという

意志をもたなければ話は始まらないからである。

> * 岡田朋子の研究によれば,「困難事例」の要因の1つとして,「本人が問題だと感じていない」ということが明らかにされている。本人が感じていなければ, 解決しようと思わないからである（岡田朋子『支援困難事例の分析調査――重複する生活課題と政策とのかかわり』ミネルヴァ書房, 2010年）。

次に, ニーズはどこで解消されるべきなのだろうか。ニーズの多くが日常の暮らしの中で発生することを考えるならば, ニーズは発生したところで解消されることが自然である。では, ニーズが発生するところとはどこか。それは, ニーズを抱えた人が暮らしている「地域社会」（地域社会については, 第1部・第2部を参照のこと）である。だから, ニーズはできる限り「地域社会」で解消されなければならないのである。

もちろん, 夫によるDVのように, 住んでいるところから引き離さないと「問題」が解決できない場合もある。しかし, その解決は一時的なものであり, 元のところに安心して住めるようになることが究極の解決と考えられるので,「できる限り地域社会で」というスタンスは必要である。

そして, これもすでにみたように, ニーズは社会福祉に限って現れるわけではない。日常の暮らしの中で発生するニーズは, 社会福祉, 医療, 保健, 衛生, 労働, 教育などのように, 制度に沿って都合よく現れるものではなく, またがっていたり, 絡みあったりしているものだからである。

次に, ニーズを解消する「順番」について考えてみたい。

すでに述べたように, 私たちは, 日々, 生活していくうえで, 否が応でもさまざまな困りごとに出会う。その内容にはいろいろあって, きわめて個人的なもの（たとえば, 友人とケンカしたなど）から, 景気が悪くなって仕事を解雇され生活費を得ることができないなど,

社会的な背景をもつものもある。

しかしいずれの場合も、まず、自分で困りごとを解決しようとする（自助）のが一般的であり、それができないときに家族・親戚・友人・知人・近所の人などに頼んだりする（互助）。さらに、自助や互助で解決できないようなニーズに対しては、歴史的経緯の中で、社会保険（共助）、社会福祉、生活保護（公助）などの公的な制度が整えられてきている。

このように、問題解決の順序は、**自助―互助―共助―公助**の順に発動されるのが一般的である。自分で問題解決を図ろうとしないで、いきなり公的な制度利用を求めるということはあまりない（ただし、このことが、公的制度の利用抑制の理由になることもあるので、単純にはいえない場合もある）。

仕事を雇用され生活費が得られないというニーズに対しては雇用保険（共助）が、新しい仕事を探すためにはハローワーク（公共職業安定所：公助）などが整備され、それでも対応できない場合は生活保護制度（公助）を利用するといったものである。

この「助」が発動する順序は**「補完性の原理」**といわれ、自助―互助―共助―公助という順になっている。通常は、自助を発動させないで、いきなり公助の手が差し伸べられることはないのである。

> * この4区分は池田省三の整理による（池田省三『介護保険論――福祉の解体と再生』中央法規出版、2011年）。これに似た考え方として「自助―共助―公助」という区分（この場合の共助は、本論でいうところの互助であり、同じく、公助は、本論でいう共助と公助を含んでいる）があるが、本論では池田の整理に基づいて使用する。

しかし、今日のように、核家族やひとり暮らし世帯あるいは高齢者夫婦のみの世帯が増加し、親戚付きあいも薄くなり、さらには近所付き合いもほとんどないというような暮らし方をする人が増えてくると、互助の部分が薄くなり、自助で解決できないと、いきなり

共助や公助が求められる段階に進んでしまう。

　このことに応えられるだけの共助や公助の仕組みが整っていること自体は悪いことではないが，すべてのニーズに応じようとすると，共助や公助に関わる人材や財源が著しく必要になるということは，考えておかなければならないだろう。それが，「給付と負担のバランス」といわれるものである。

　どのようなバランスが適当なのかは，その国や地域，時代によって異なる。大事なことは，そのバランスのコンセンサスが得られているかどうか，最低限度を下回ることがないかどうかである。

> 「地域福祉」は「つながり」をつける「福祉」である

　これまでみてきたように，生活をしていくうえでの困りごとのうち，社会的に解決が図られなければならない課題を社会的ニーズとしてとらえ，その解消を図ろうとすると，すでに整備されている制度やサービス（共助や公助）だけでは解決できない場合も多く，それらを組み合わせて利用しなければならない場合や，共助や公助が組み合わされていても解消されない場合も多い。

　たとえば，高齢化が進んだ団地で「孤独死」（最近は「孤独」は心の問題であって，状態を示すものではないという考え方から，「孤立死」と呼ぶ場合も多い）が多発していることを防止しようと行われている「見守り」活動を，共助や公助といった公的なサービスだけで行おうとすると，有給スタッフを長時間張りつけなくてはならないことになり，非常にコストがかかる。そして，多額のコストをかけても24時間365日，つきっきりで見守っているわけにはいかない（プライバシーの面でも問題である）。といって，これを自助や互助だけで行おうとした場合には，緊急時や専門的対応が必要な場合には対応しきれないことになる。結局，自助—互助—共助—公助がバランスよく，連動しながら稼働することが望ましい。さらに，これもすでに

述べたように，生活上のニーズは役所の部署ごとに現れるわけではないので，公的な仕事として所管するには「縦割り」を超える必要もあり，まことに面倒なことになるのが通例である。

　これらを総合的に考えると，さまざまな「**助**」が領域を超えて「**つながり**」をもってバランスよく稼働していることが望ましいということになる。上記の例でいうと，「孤独死」しないために本人が気をつけ（自助），周囲の人がそれを気遣い（互助），必要に応じて介護保険サービス（共助）や社会福祉サービス（公助）を利用するという「組み合わせ」が必要だということであり，それが実現されることで，日々の暮らしの安全と安心が確保されるということではないだろうか。

　筆者は，こうした状態を実現することをめざして，さまざまな活動や事業を「つながり」をつけながら進めていくことも「地域福祉」の1つの形なのではないかと考えている。すでに述べたコーディネーターは，まさに，このことを行っているといえる。

　以上，社会福祉という狭い福祉ではない，いわば「何でもあり」だが「つながっている」状態の広義の福祉を「地域福祉」と呼ぶことについて理解していただけたと思うので，ここで「地域福祉」を筆者なりに定義し，今後は「地域福祉」（＝広義の福祉）も「　」を外して使っていきたい。

　地域福祉は，誰もが直面する可能性のある生活上のさまざまな困りごとを，自助―互助―共助―公助を適切に組み合わせることによって解決し，住み慣れた地域社会でその人らしい暮らしを続けていけるようにすることを理念として行われる，サービスや活動およびそのための基盤整備，ならびにそれらがつながっている状態をつくりだす取組みの総称である。

　ただし，困りごとの中には，個人が直面している困りごとだけで

図7-1 その人らしい暮らし

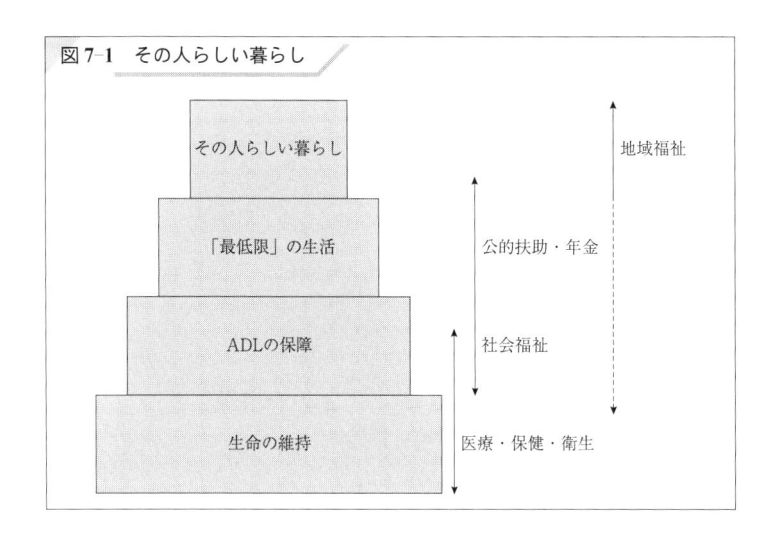

```
┌─────────────────────────────────────────────────┐
│                                          ↑      │
│      その人らしい暮らし                    地域福祉  │
│                                                 │
│      「最低限」の生活           ↑                │
│                           公的扶助・年金         │
│      ADLの保障              ↓   ↑               │
│                               社会福祉           │
│      生命の維持             医療・保健・衛生  ↓   │
│                                          ↓      │
└─────────────────────────────────────────────────┘
```

はなく，地域社会が直面している困りごと，たとえば，公園が少ない，歩道が狭いといったことも含まれることに留意しておく必要がある。

次に，少し視点を変えて説明すると，以下のようなことがいえるのではないだろうか。人が生活していくうえでの基本的な欲求として，「生命の維持」「健康の保持」があり，この部分は医療や保健・衛生が受けもっている。そのうえに，「自分のことはできる限り自分でしたい／自分で決めたい」（＝ADL：Activities of Daily Living〔日常生活動作の保障〕）という欲求があり，この部分は障害者サービスなどの社会福祉サービスが受けもっている。さらにそのうえに，「人間らしい最低限の暮らし」を保障するものとして，公的扶助や年金制度がある。しかし，これらの公的なサービス（本章では「公的なサービス」という言葉を，社会的に用意され，保険料や公費〔税金〕が投入されて成り立っているサービスという意味で使用することとしたい）だけでその人が望む「その人らしい暮らし」が実現できるわけでは

第7章 地域福祉実践とは何か

ない（図 7-1 参照）。

　考えてみれば当たり前の話であるが，「その人らしい暮らし」は，その基盤は社会制度などが整えるにしても，その人を取り巻く人間関係などが豊かになってはじめて，「その人らしい」といえるのではないか。そして，その部分を担うのは，決して「公的な」部分ではなく，自助や互助が機能していることが必要なのである。

　このように考えると，自助―互助―共助―公助がバランスよく組み合わされて機能していることが「その人らしい暮らし」にとっては重要であり，地域福祉には，その**「つながり」をつける**役割があると考えられるのではないだろうか。

2　地域福祉実践を支える考え方と視点

　これまで，地域福祉とは何か（「つながり」「その人らしさ」）についてみてきたので，本節では，地域福祉を進める際に押さえておかなければならない基本的考え方と視点について述べておきたい。地域福祉を支える考え方や視点は数多くあるのだが，ここでは重要なものをピックアップして採り上げたい。

エンパワメントとストレングス・モデル

　すでに述べた補完性の原理の中でもっとも重要なものは自助である。自ら困りごとを解決するにこしたことはないからである。しかし実際には，自分で困りごとを解決できないから問題となり，互助・共助・公助を求めることになる。とすれば，自分自身の力（「自分力」と呼ばれたりする）をつけることがもっとも重要な視点の1つとなる。

　福祉の支援は，すべて「丸抱え」で世話をするのではなく，自分

でできるようにするための力をつけられるように支援するという考え方でなければならない。これを「**自立支援**」という。

エンパワメントとは，自分自身にパワーをつける，ということである。その方法はさまざまであるが，中には，どうしても自分力をつけることにハンディをもっている人もいるため，自分力を「自分だけで」つけることが難しい場合もある。そのために，他の人や組織の力を受けながら，自分力を発揮するということも考えておかなければならない。権利擁護の仕組みは，そのためにも必要なのである。

また，自分力をつけるためには，苦手なところをカバーする（権利擁護など）方法もあるが，得意なところを伸ばすという方法もある。これが「**ストレングス（強み）**」といわれるもので，その視点に立った支援の方法を「ストレングス・モデル」と呼んでいる。

> ソーシャル・インクルージョン，普遍主義的福祉

何らかの困りごとが起きたため，これまで通りの生活が続けられなくなるという危機に直面したとき（たとえば，ひとり暮らしの高齢者で認知症が重症化したなど），簡単に，「それなら施設に入所すればよい」（＝その地域から「排除」すればよい）という結論を出すとすれば，その人の「住み慣れたところで暮らし続けたい」という思いは無視され，潰されてしまう。地域福祉の主要な目的の1つが，「住み慣れた地域社会で暮らし続ける」というものであるとすれば，どうすればその人を排除しないで困りごとを解決できるかが問われなければならない。「**ソーシャル・インクルージョン（社会的包摂）**」は，そうした視点を表す言葉であるとともに，「誰も排除しない」という姿勢とそれを担保する具体的な解決策をも含んだ言葉であり，地域福祉を実践するうえでの基本的な考え方の1つである。

その際に重要な視点として，「困りごとを抱えている人は特別な

人である」という考え方ではなく,「誰でも何かのきっかけで困りごとを抱える」という見方が大事である。それに対して, 必要なときに必要な支援を行うということなのである。

「**普遍主義的福祉**」というのは, 特定の人に限定してサービスを提供する（その場合には, いろいろな資格審査が伴う）というものではなく,「誰でもいつでも, 必要に応じて必要なサービスを提供できるようにする」という考え方と実践であり, ソーシャル・インクルージョンを実現するための原理の1つということができる。

なお,「普遍主義的福祉」の反対語は「選別主義的福祉」といい, 特定の人に限定してサービス利用の資格を付与する形をいう。

長期継続ケアと地域包括ケア

医学や保健衛生の進歩により人々の寿命は延びたが, それに伴って, 病気や障害を抱えながら在宅での生活を長期にわたって継続する人も増加してきた。とくに近年, 医療制度改革によって入院期間が短縮化され, 相当程度の医療的ケアが必要な人も, 在宅で過ごさざるをえない状況が生まれている。これからの支援は, このような長期継続的な在宅ケアを支える視点が求められる。具体的には, 医療や看護などの医療的ケアと福祉や介護などの生活支援が適切に組み合わされて提供され, また, その人らしい生活の根底をなす, 家族・友人・知人との関係性の継続や, 趣味や社会参加活動の継続などを念頭に置いた支援が組み立てられなくてはならない。単に, 治療, 医療的ケア, 食事や入浴といった最低限の生活支援だけでは,「その人らしい」長期継続ケアにはならないからである。

近年, その重要性が叫ばれている「**地域包括ケア**」は, こうした医療・看護と福祉・介護が連携し, また, 制度的な専門的なケアと家族・友人・知人・近隣などによるサポートが効果的に連動するように組み立てられたケアということができる（地域包括ケアについて

は第9章で詳述する)。長期継続ケアを意識した地域包括ケアという考え方も，地域福祉を展開するうえで，重要な考え方の1つである。

新しい公共

すでに再三指摘してきたが，地域福祉では自助―互助―共助―公助の適正なバランスが求められる。また，共助や公助においては，これまでのように，行政だけがサービスを提供する主体ではなくなってきており，NPOや株式会社などの民間も参入してきている。また，互助においてもボランティアや住民の活動が非常に重要になっている。

このように行政，NPO，民間企業，ボランティア，近隣住民などのさまざまな主体が，それぞれの立場と長所を活かして活動することで，地域での「その人らしい暮らし」をサポートし，暮らしやすい地域社会をつくることができる。それぞれの能力と責任のもとに，こうした仕組みを支える主体を「**新しい公共**」と呼んでいるが，これらの主体の適正なバランスを図ることも，地域福祉実践の重要な視点である。

利用者主体・当事者主体とアドボカシー・権利擁護

生活をしていくうえで何らかの困りごとを抱えた人が，その解消・軽減を図る際に，その人がどのような暮らし方を望んでいるかを汲み取ることが何よりも大切である。これまでは，どちらかというと，その人の希望に沿うような形での支援を行うのではなく，提供できるサービスの枠の中にその人の希望を押し込んで，はみ出たところは切り捨てるような方法でサービスを提供してきた。その結果，「その人らしい暮らし方」と実際の支援との間にギャップが生じてしまうことが多かった。

利用者主体や当事者主体という言い方は，「サービスに人を合わせる」やり方から，「人にサービスを合わせる」というやり方への転換を図るうえで，非常に重要な考え方となる。つまり，どんなサ

ービスをどのように利用するかを決めるのは，そのサービスを必要としている人の視点・立場で考えられなければならないということである。

ところで，サービスを必要としている人の中には，自分でどのような生活が望ましいか，どのようなサービスを利用すればよいのかなどの判断能力や意思表示力が十分に発揮できない人もいる。こうした場合には，その人に代わって，その人のニーズを汲み取り，希望や要望を表明するような仕組みを設けておかなければならない。その人に代わってニーズや要望を表明することを「**アドボカシー**」**（代弁）**と呼び，それを制度化したものが成年後見制度や日常生活自立支援事業ということができ，誰もがその人らしい暮らしを続けるうえで重要な視点である。

情報開示と説明責任　医療の領域ではすでに，「説明と同意」（インフォームド・コンセント）が当たり前になってきている。自分が受ける治療が，何のために行われ，その結果がどのようになるかについての事前の説明と，それに対する患者の同意があってはじめて治療行為が進められるのである。また，その治療法がどの程度安全なのかなどについてのデータと根拠を示すこと（EBM: evidence-based medicine〔根拠に基づいた医療〕）も行われるようになっている。

福祉や介護においても，なぜそうしたサービスを提供するのか，サービスを提供する根拠は何か，サービスを受けた結果どのような効果が期待できるかなどについての事前の説明と本人の同意，その根拠となるデータなどを明示すること（「EBSW: evidence-based social work〔根拠に基づいたソーシャルワーク〕」あるいは「EBC: evidence-based care〔根拠に基づいたケア〕」），そして提供者側には，そのことに関する情報を明らかにすること（**情報開示：ディスクロージャ**）と

説明責任（アカウンタビリティ）が求められるのである。

このことは、サービスの提供者と利用者との間の不均等・不平等（情報の非対称性・立場の非対称性）を是正するうえでも大切であり、重要な視点である。

予防と早期発見

これまで、困りごとを解決するうえで重要な視点や考え方について述べてきたが、本当に大事なことは、困りごとを抱える前にその種を解消したり、早いうちにその芽を摘み取ることである。

ひきこもりや社会的孤立が孤独死（孤立死）を引き起こす可能性を増大させていることを考えるならば、ひきこもりや社会的孤立が深刻にならないうちに、社会関係を紡いでいくことが重要になる。そして、それは孤独死（孤立死）を防ぐことにもつながる可能性がある。

福祉はこれまで、何か問題が起こってから対処するという「対症療法」であったが、問題を未然に防ぐ（**予防**）、早いうちに発見して解消する（**早期発見**）という実践が求められている。

3 地域福祉の実践は「つながり」をつけて、地域福祉「らしく」すること

これまで、地域福祉は「つながり」をつけることが大切であることをみてきた。また、前節では「つながり」をつける際の視点や考え方についても考察した。本節では、「つながり」をつけることについて、もう少し詳しく説明し、「つながり」をつけた結果としての「らしさ」について考えてみたい。

> 地域福祉は「つながり」が重要

すでにみてきたように，地域福祉は広義の福祉であり，狭義の福祉（＝社会福祉）だけでは扱いきれない「その人らしい暮らし」を実現するためのものである。このことを，いま一度，整理してみたいと思う。

一般に，社会福祉の1つの分野として障害者福祉や高齢者福祉などがある。しかし地域福祉は，これらと同じような対象別の社会福祉ではない。また同様に，司法福祉や医療福祉といった領域別の社会福祉があるが，地域福祉はこれらの領域別の社会福祉でもない。

地域福祉は，そうした対象や領域，あるいは場所や時間や手続きなどが，それぞれバラバラに扱われてきた弊害（「縦割り行政」など）を，1人ひとりの生活の場において再統合しようとする働きかけであり，そのようにしようとする「モノの見方」であるといってよい。

たとえば，身体に軽い障害があり，軽度の介護が必要な65歳以上のひとり暮らし高齢者Aさんの場合を考えてみよう。Aさんは，介護保険法による介護サービス，障害者総合支援法による障害サービスを利用するほか，社協に登録されているボランティアによるサロン活動や地域の自治会による見守り活動などに関わっている。また一方で，県の障害当事者組織の会員でもあり，老齢年金の受給者でもある。当たり前の話であるが，Aさんはいろいろな「顔」をもっている。

そのAさんが自分の住んでいる地域で，自分らしい生活を送るためには，上述したさまざまなサービスを利用することが前提となる。これらのサービスを組み合わせて利用することによって，Aさんは自宅で生活を継続することができるのである。つまり，さまざまなサービスが「つながって」いなければならないのである。

しかしAさんが，こうしたサービスが「つながった」形で（＝統

合的に）利用できるようになるまでには，いろいろな困難があった。最初，障害サービスを利用しようと思って役所の障害福祉課に出向いて手続きしようとしたところ，担当者から「あなたは65歳を超えているので，介護保険サービスの利用を優先してください。ですから先に，介護保険の担当窓口に行ってください」と言われ，介護保険の担当窓口に行って説明すると，「当市では住民税非課税者には減免措置があるので，住民税非課税証明書をとってきてください」と言われる。このように，役所の中をあちこちたらい回しされることも少なくない。

　公的な制度やサービスの公平・公正な運用という側面からは，各担当ごとに所管する業務を１つずつ執行するので，たらい回し的にならざるをえない側面があることは否定できない（といって，こうしたたらい回しを弁護するつもりはないのだが）。しかし，そのことをたらい回しにされたと，Ａさんが感じないような工夫や働きかけは必要である。

　なお，これらを防ぐため，近年の役所では「ワンストップサービス」といって，１カ所ですべての用件を済ませることができるような仕組みを導入しているところも多い。しかしこの仕組みは，Ａさんがあちこちの窓口を回る代わりに，役所の職員が回ってくれるというものなので，効率性とコストという面では課題も多い。

　さらに，社協のサロンや町内会の見守りなどの互助的な活動は，公的なサービスの利用と連動していない場合が多いので，Ａさんの生活を「つながり」を意識して（＝統合的に）全体的に把握している人は誰もいない。通常こうしたことは，自分でできれば自分で行うか，あるいは家族がその役割を果たしているので，結果としては全体的・統合的に把握するという目的はある程度達せられる（本人や家族が，使えるサービス，参加できる活動のすべてを知っているわけ

ではないので，不十分になる場合も多い)。しかし，ひとり暮らしや高齢者夫婦世帯が増え，自分たちでそれができなくなれば，誰かがその役割を果たさなければ，「つながり」は保たれないことになる。

なお介護保険制度では，こうした「つながり」を確保するために，介護支援専門員が配置されているが，社協のサロンや見守りネットワークまで含んだ「つながり」を確保できているとは限らない。

以上を考えると，地域福祉というのは，生活の全体性・連続性を維持・継続するために，対象別福祉や領域別福祉あるいは医療・保健・衛生・労働・教育などでバラバラに行われている公的な制度やサービス，あるいは互助的に行われている活動などを，その人が生活している地域という場において再統合しようとする試みであることを理解してもらえたと思う。

そしてそのためには，これまで専門分化・分断・断片化(縦割り)されてきた問題解決の方法ではなく，それらを再統合する視点や方法が必要となる。筆者は，再統合する視点が「全体性」「つながり」「関係性」「連続性」「構造化」(以後，これらを合わせて「**つながり**」と呼ぶ)であり，再統合する方法が「システム化」「組織化＝ネットワーキング」(＝「**つながりをつける**」)であると考えている。

地域福祉「らしさ」について

さて次に，いささか聞きなれない言い方だが，地域福祉「らしさ」ということについて考えてみたい。地域福祉ではさまざまな「つながり」が重要であることは述べたばかりであるが，ではいったい，もし「つながりの度合い」が測定できると仮定した場合，「つながりがまったくない」福祉(「度合い：0」)，あるいは「もう十分につながっている」福祉(「度合い：100」)というものがあるだろうか。

おそらく「0」も「100」もないのであって，たとえば「度合い：

10」とか「度合い：80」といった数値になると思われる。とすれば，「100」に向かって「つながり」をつけていくことの「積み重ね」が，地域福祉を向上させることになるのではないか。

　たとえば，これまでは高齢者しか対象として考えていなかった活動（最初の事例のNPO法人のサロン活動など）を，子どもや障害者が使えるようにすることによって，地域福祉の「度合い」が向上する，といったようなことである。

　言い換えれば，どのような福祉サービスや活動にも地域福祉の要素は何かしらあるはずで，したがって「この福祉の実践は地域福祉ではない」などと断言できるものはないが，そこに「つながり」の考え方や実践を持ち込むことによって，より地域福祉「らしく」なっていく，ということなのである。大事なことは，どうすれば，より地域福祉「らしく」なるか，という視点と働きかけが求められるのである。

　その意味で，すでにふれたように，地域福祉の推進・向上は「つながりをつける」こと（＝システム化，ネットワーク化）が大切なのであり，逆にいえば，システム化されネットワーク化された，あるいはそれらを意識した福祉が地域福祉ということができる。

　それでは，地域福祉をシステム化，ネットワーク化する主要な役割は何が担うのだろうか。「つながり」は，人と人，人と組織，組織と組織の間で行われるものであり，筆者は，その役割は「情報」によって担われると考えている。したがって，地域福祉「らしく」しようとすればするほど，福祉の「情報化」が必要になる（この場合の「情報化」はIT化のことではない。これについては，第8章で詳述する）。

4 地域福祉の実践にはどんなものがあるのか

　本節では、地域福祉を具体的に成り立たせている構成要素について、簡単に説明しておきたい。地域福祉がカバーする範囲は非常に広いので、ありとあらゆるものが関係してくる。それをすべて取り上げる紙幅はないので、ここでは、筆者が主としてフィールドとしている高齢者福祉を中心に、さまざまなサービスや活動について概説したい。また、各構成要素は、相互に関連しあって全体を成立させていることにも留意していただきたい。

　地域福祉を構成している大きな要素として、筆者は、(1) 地域福祉サービス、(2) 地域福祉活動、(3) 地域福祉の基盤整備の3つがあると考えている。本節では、(1) 地域福祉サービス、(2) 地域福祉活動について取り上げ、(3) 地域福祉の基盤整備は次章で概説することとしたい。

　なお、以下の具体的なサービスや制度について関心のある読者は、自分で調べてみることをお勧めする。

(1) 地域福祉サービス　　地域福祉サービスは、個人（家族、集団を含む）を支援するための専門的なサービス（＝対人社会サービス）ならびに専門的なサービスが効果を発揮しやすくなるための働きかけ（＝専門組織の支援）などを中心に構成されている。

① 対人社会サービス　個人に対して提供される、主として専門職によるサービスであり、さまざまな法律や施策によって制度化されているものが多い。切り口によって分類の仕方はさまざまであるが、以下、サービスが提供される場所を基準にして、

説明したい。

《自宅にいたままで受けられるサービス》　ホームヘルプ，食事サービス，訪問入浴，訪問理美容，寝具乾燥，友愛訪問，福祉電話，訪問看護，往診，巡回歯科診療，居宅療養管理指導，訪問リハビリテーション，相談・情報提供，物品提供（貸与）（福祉用具など），金銭給付（生活保護など），ガイドヘルプ，移送サービス，緊急通報システム，財産管理，成年後見，住宅改善，ケアマネジメントなど。

《専門施設等に通って受けられるサービス》　利用サービス（老人福祉センター，老人憩いの家など，定員や予約に関係なく利用できるサービス），通所サービス（デイサービス，デイケア，通所リハビリテーションなど），保育，通院，健診，学校教育，職業斡旋，職業訓練など。

《生活の場を施設などに移して受けられるサービス》　入所サービス（特別養護老人ホーム，養護老人ホーム，軽費老人ホーム，老人保健施設，ケアハウスなど），短期入所（ショートステイなど），入院。

② 専門組織の支援　専門組織がその役割を十分に発揮できるように，専門組織の力量をつける働きかけ。

《専門組織のネットワーク（福祉組織化）》　事業者連絡会の組織化，地域ケア会議・拡大ネットワーク会議の開催など。

《経営支援》　社会福祉法人などの経営安定化・健全化を行うことで，職員処遇の改善，利用者サービスの向上などを図るため，基盤整備の一環として経営指導の仕組みを構築する。

《施設機能の地域展開の支援》　福祉施設の保有している専門性，人材，設備，ノウハウなどを地域に開放することで，地域福祉の推進を図る。

(2) 地域福祉活動

地域福祉活動は，地域住民，ボランティア，当事者などによって，地域社会を住みやすくする（困りごとを抱えた個人の支援も含まれる）ことを目的とした，「非専門的」活動（＝地域活動），ならびにこれらの主体が活動を効果的に行えるようにするための働きかけ（＝地域活動の組織化，地域福祉組織の支援）などを中心に構成されている。

③ 地域活動　地域社会で行われている，日常的な自主的活動の総称。

《住民活動》　町内会・自治会活動，地区社協，老人クラブ，婦人会，商店会，小地域ネットワーク，いきいきサロンなど。

《ボランティア活動》　福祉，環境，国際協力，子育て，地域づくりなどのボランティア活動。

《当事者活動》　当事者の会，親の会，ピアカウンセリングなど。

《企業市民活動》　企業も地域社会を構成する一員であるとの考えから，企業が地域社会に関わる活動を行うもの。

④ 地域活動の組織化　それぞれの地域活動が単独で行われるのではなく，相互に連携を図りながら進展することによって，より効率的・効果的になる。このことを目的として，ネットワーク化を進める。

《地域住民のネットワーク（地域組織化）》　地域住民や住民組織をネットワークで結ぶこと。具体的には，町会・自治会，地区社協，コミュニティ協議会など。地域特性や経緯によって，ネットワークに強弱がある。

《ボランティアの組織化》　ボランティアやボランティア団体をネットワークで結ぶこと。具体的には，ボランティア団体連絡会など。需給調整などが効率的に行うことができ，活動の効果も高まることが期待できる。

《当事者の組織化》　当事者をネットワークで結ぶこと。当事者であることにより，ピアカウンセリングなども行うことができ，また，マイノリティの小さな声も集まれば大きくなるため，制度創設や改善要求も実現しやすくなる。

⑤ 地域福祉組織の支援　地域福祉を進める住民団体やボランティア団体などに対して，財源・研修・活動ノウハウなどを伝えることで，機能を十分に発揮できるようにする。

《経営支援》　NPO法人などは，熱意はあっても経営経験のない人もいるため，経理や事業推進に必要な専門的ノウハウを伝えることで，活動の継続性を保つことが容易になる。

《公私協働の促進》　NPOやボランティア団体に期待される「新しい公共」や「公私のパートナーシップ」などを推進することで，組織体制の強化とノウハウの蓄積を図る。

(3) 地域福祉サービス，地域福祉活動の両方の要素をもつもの

地域福祉に関するサービスや活動の中には，上述した地域福祉サービスと地域福祉活動の両方にまたがっている（両方の性質をもっている）ものがある。

⑥ 福祉増進サービス・活動　社会参加活動（高齢者や障害者自身によるボランティア活動），社会参加促進活動（スポーツ，レクリエーション，趣味活動への参加を通じて社会参加を促進することで孤立を防ぎ，いきがいをもつようになる）などは，専門職の働きかけと住民や当事者の主体的活動が組み合わされて効果を発揮する。

⑦ 予防的福祉サービス・活動　健康教育・健康教室，食生活改善運動，健康診断・健康診査，育児教育，家庭介護講習，啓発活動，介護予防事業・活動，ニーズの早期発見のためのネットワーク，相談，情報提供などをさし，専門職が働きかけ，受

け手が主体的に関わることで，効果が増幅される。
⑧ 福祉に特化した NPO 活動　専門性をもった NPO として，対人社会サービスを行う。当初はボランティア活動や住民活動からスタートしたものが多い。
⑨ 住民参加型サービス　住民活動やボランティア活動として相互扶助の精神でサービスを提供するもの。徐々に専門化し，専門的サービス提供ができるようになる場合もある。

(4) 困りごとを抱えた人を支援するための仕組み

困りごとを抱えた人を支援することは，地域福祉の大きな役割の1つであり，それを展開するための仕組みも地域福祉を構成する要素である。

⑩ 利用者支援・保護　福祉サービスの利用者と提供者の間に存在する「非対称性」（両者の力量や立場・経験などが同等でないこと）から生じる不均等・不公平・不平等を均衡化し，利用者が安心してサービスを利用できるようにするためのさまざまな方策。

《法人情報の開示》　社会福祉法人は，自らの経営内容を開示することが義務づけられている。サービスを利用する際に，これを参考にして，選ぶことができる。

《権利擁護》　自ら権利を主張したり，権利侵害に対抗できない人の権利を守るための仕組み。日常生活自立支援事業や成年後見制度がある。

《虐待防止》　虐待防止のための仕組み。児童虐待防止法，高齢者虐待防止法，障害者虐待防止法等に基づいて行われる。

《サービスの評価》　提供されるサービスの評価とその結果の周知に関する仕組み。これによって，サービスの選択を行うことができる。

《苦情解決》　利用したサービスなどについての苦情を第三者の仲介を通して解決する仕組み。

⑪ ケアマネジメント　「困りごとを抱え何らかの支援が必要な人」のニーズを解消するために，さまざまなサービスをネットワーク化しながら計画的・段階的に提供するための手法（後述）。

⑫ 情報の収集・加工・提供　情報は，人と人，人と組織，組織と組織をつなげるもっとも有効な道具なので，さまざまなフェイズ（＝局面）に登場し，有効な活用が期待される（第8章で詳述）。

《広報・啓発》　地域福祉に関わる制度やサービスの周知，理解の促進，合意の形成などにおいて，非常に重要な役割を果たす。

《相談・情報提供》　困りごとの解決にどのような制度やサービスが有効なのかなどについて相談できること，また，それらについての情報を得ることも重要である。

5　地域福祉実践を進める技術と方法

　本節では，地域福祉実践を進める方法と技術を，専門的な技術の側面から解説しようと思う。とはいえ，地域福祉の実践主体は専門職に限られるものではなく，すでに述べてきたように，当事者（困りごとを抱えた人），地域住民，ボランティアなどの「非専門職」も大きく関わっており，というよりむしろ，そうした人たちが主体であり，主導的な位置にあることを確認しておく必要がある。

　しかし，一般的に，そうした非専門職の誰もが，最初から，専門的技術を行使できるわけではないし，多くの場合は，実践の中で，

そうした技術や方法を習得していくと考えられる。そして，そうした技術や方法を意識的に活用しているのは，いわゆる「専門職」であるので，本節では，その内容を解説しておきたい（専門職としての働き方については，第4章を参考のこと）。

> コミュニティワークと
> コミュニティ・ソーシャルワーク

(1) コミュニティワーク

地域福祉に関わる専門的な技術として，まずはじめに知っておかなければならないのは，コミュニティワークと呼ばれる技術である。

コミュニティワークとは，地域に住む当事者や住民が自分たちの課題について知り，自ら解決を図るための行動をとるように，コミュニティワーカーと呼ばれる専門性をもった人が側面から支援する技術である。具体的には，調査や広報などの手法を使って，当事者や住民に課題を気づいてもらい，解決のための具体的取組みを検討し，解決活動を進めていくことを応援するというものである。

一般に，コミュニティワークが扱う課題は，個人に生起した課題というより，その地域が抱えている課題の場合が多い。たとえば，徘徊する認知症の人が多いので，その人を早く発見する仕組みをつくろうとか，乳幼児とその母親が安心して集まれる場所や機会がないので，子育てサロンをつくろうといった課題について，取り組むことが多い。

(2) コミュニティ・ソーシャルワーク

それでは，個々人に生起する個別の課題を解決する技術にはどんなものがあるのだろうか。これまでは，個別の課題解決を図る技術としてケースワークという呼び方で行われる個別的な支援が主流であったが，最近では，課題は個別に限られない場合も多い。地域を念頭において解決が図られなければならないという視点がケースワークには弱いという考えから，それらを意識した言葉として，コミ

ュニティ・ソーシャルワークという言い方がなされる場合が多くなっている。

コミュニティ・ソーシャルワークとは,「コミュニティを基盤にして展開される,あるいはコミュニティを意識して展開されるソーシャルワーク」のことで,困りごとを抱えた人が過ごしている生活環境(暮らし,住まい,仕事,人間関係など)の中で課題解決が志向されるという意味で,地域福祉の理念や視点が反映されており,その重要性が増大している。

(3) コミュニティワークとコミュニティ・ソーシャルワークの相違

コミュニティワークが地域に共通する課題を扱い,その解決策を立て実行することによって,その課題を抱える人の支援をしたり,抱えずにすむような仕組みをつくり,課題の発生を未然に防いだりするということに対して,コミュニティ・ソーシャルワークは,あくまでも,困りごとを抱える人の課題そのものを解決しようとする取組みである。

とはいえ,コミュニティワークによってつくられた仕組みが個人の課題を未然に防いだり,課題解決に役立ったりすることでコミュニティ・ソーシャルワークの一助となると同時に,コミュニティ・ソーシャルワークで出現した課題が,その地域の共通した課題であることがわかり,結果として,コミュニティワークの成果としての仕組みづくりにつながったりするという意味で,両者は切り離せない関係になっている。

| 組織化と小地域ネットワーク |

「組織化」とは,共通の目標や利害関係をもっている(もつであろう)人たちや組織を「つなげる=ネットワーク化」ことである。このような人たちが,自らを「組織化」する場合もないわけで

はないが，できない場合も多い。そうした際に，専門職が「間を取りもつ」ことによってネットワーク化を支援するため，専門的技術の1つとされている。

組織化することによって，その組織の力がアップし，また世間にアピールする力（影響力）や問題解決能力も高まるとされている。

たとえば，1つの自治体では数人もいないような難病患者にとって，自分らしい暮らしを実現するために解決を図らなければならない課題があっても，その自治体の中だけでは大きな声になりにくい。しかし，同じ病気を抱える全県や全国の患者が集まり，課題解決を要求することができれば，その影響力は大きくなる。しかし，どのように呼びかければ，同じ課題を抱える患者を集めることができるのか，また集めたあと，どのような筋書きで要求を実現していくのかなどについて，詳しくわかっている人はいないかもしれない。そうしたときに，その人たちを組織化したり，調査などを行いデータを集め分析してくれたり，そのことを当事者や世間に広く広報したり，あるいは課題が解決されるような仕組みを一緒に考えてくれたりする専門家がいることによって，活動がスムーズに進むかもしれない。やがては自分たちがその技術を習得するにしても，当初はそうした専門家の協力を得ることで，当事者の力をつけていくことができるのである。

一方，最近注目されているものに「**小地域ネットワーク**」がある。このネットワークの目的としては，「見守り」「孤立防止」「ニーズの早期発見」「安否確認」「簡単な支えあい」などがあり，何らかの困りごとを抱えた人を支援するために近隣を組織化することである。一般に，「近所に気になる人がいるが，自分に何かできることはないだろうか」と感じている人がいても，1人だけでその人を24時間365日支えられるものではない。しかし近所には，じつはそう思

っている人が何人もいて，組織化されればローテーションで対応できるかもしれないのである。こうしたネットワークも，意図的に組織化を働きかける主体がなければ，なかなかうまくいくものではない。

また，組織化は，当事者や住民だけがその対象ではない。たとえば，同一地域に存在する介護サービスの事業所は，ある意味では互いに商売上のライバルであるが，別の切り口からみると，その地域の介護力を協力して向上させる仲間でもある。組織化が行われていないと，前者だけが前面に出てしまい，関係はギスギスしたものになりかねない。しかし，組織化されていれば，その地域でのネットワーク形成にも寄与し，結果として全体のレベルが上がるかもしれないのである。

ニーズ把握，アウトリーチと総合相談

困りごとを抱えた人の問題を解消することは地域福祉を進めるうえで非常に重要であり，地域福祉の主要な部分であることはいうまでもない。しかし困りごとを抱えた人は必ずしも自分が困りごとを抱えていると思っていなかったり，自分のニーズを表明できなかったり，さらには，サービス利用を躊躇したりする（「福祉の世話にはなりたくない」など）人もいる。行政，社協，包括などの事務所で待っているだけでは，こうした人たちを発見することはできない。

前述した小地域ネットワークなどの試みは，そうした人を発見するために有効な方法であるが，小地域ネットワークのメンバーは地域住民やボランティアの場合が多いため，彼らの活動と行政，社協，包括などの専門的組織との間に情報が円滑に行き来するような仕組みがつくられていなければ，複雑なニーズに対して専門的な組織が対応することはできない。

このように，専門的な組織が，地域で生起するさまざまな困りご

とを的確に把握するためには，種々のアンテナを張っている必要がある。その中で，単に待っているだけではなく，いろいろな方法で地域に出ていき，困りごとが発生している場所・場面で把握することを「**アウトリーチ**」（いわば，「御用聞き」のようなもの）という。アウトリーチには，専門的組織の職員が直接出かけていく場合もあるが，上述した小地域ネットワークのように，地域住民などとのネットワークを構築することでアンテナを張るという方法も含まれる。

ところで，こうして把握された，互助の範囲だけで解決できず共助や公助による支援が必要となるような複雑なニーズの場合に，これまでのような「縦割り」の相談窓口では，それぞれの支援がつながらなかったり，「たらい回し」されたりすることになりかねない。そのため，複雑なニーズを整理し，1カ所で課題解決を図るような仕組みとして「総合相談窓口」が求められている。こうした総合相談は，実際には各セクションのネットワークができていないと難しい。さらに，役所の中だけではなく，異なった主体間のネットワークもできていないと，十分な対応はできない。これまで述べてきたように，複雑なニーズには，自助―互助―共助―公助が組み合わされて対処しなければならないからである。

コミュニティケアと地域包括ケア

福祉や医療などのサービスを提供することを「ケア」ととらえれば，中重度者のケアはこれまで，施設や病院でのケアが主流であった。しかし1980年代あたりから，その人らしい暮らしを重視するという視点から，地域でケアを提供することに重きがおかれるようになってきた。これは，福祉や介護サービスで顕著であり，2000年頃からは，すでに述べたように，中重度者の医療も，急性期を除いて在宅で，という傾向に変化してきている。

ところで，「コミュニティケア」とは，もともとイギリスで誕生

した考え方で，地域でケアすることが，ケアの効果においても施設より優れているという実践から広がったものである。コミュニティケアには2つの意味があり，1つは「ケア・イン・ザ・コミュニティ」として，文字通り「地域で」という意味であるが，もう1つは「ケア・バイ・ザ・コミュニティ」として，地域社会の人たちによって，という意味が込められている。つまり，普通の付きあいを通じて互助的な機能が高まり，それが自助をも助長し，結果としてよい効果を産み出すということである。しかし当初のコミュニティケアは，その対象が主として知的障害者や精神障害者であったので，福祉・介護サービスの提供が中心であり，医療の提供も地域で行うという視点は少なかったといえる。

しかし上述したように，医療的な中重度者も在宅でケアを提供する傾向が進むと，そうした人には福祉・介護サービスを必要とする者も多いので，結果として，在宅でケアしようとすると，医療や看護と福祉・介護は連動していなければならないことになる。

「地域包括ケア」（第9章で詳述）は，これらを統合的な仕組みとして構築し，ケアを提供しようとする考え方であり，2006年の改正介護保険法の施行以降，日本の高齢者ケアの主流となってきており，障害者のケアにも適用が模索されている。

ケアマネジメント　　（1）サービスの全体調整の重要性と「ケアマネジメント」

「ケアマネジメント」という言葉は，もともとイギリスで誕生したものであり，同じような意味合いで，アメリカに源流のある言葉として「ケースマネジメント」という言葉がある。日本では，2000年前後に，両者を合わせて「ケアマネジメント」と呼ぶようになった。また，看護や保健の分野では「ケアコーディネーション」という用語もあるが，ほぼ同義と考えてよい。

福祉・介護・医療・看護などのケアが必要な人にとって，それらが相互に関連なくバラバラに提供（「バラバラに提供」という意味は，①同じ時期に複数のサービスがバラバラに提供される，②長期ケアにおいて，継続性が保たれないまま断片的に提供される，という2つの意味をもっている）されていては，生活の全体性や継続性が確保されない。したがって，そうしたサービスが適切に調整されて提供されることが望ましく，そのための仕組みが必要である。また，提供されるサービスが何を目的にして，どの程度の頻度・量で提供されるのが適切か，さらにサービス利用の結果，目標が達成できたのかどうかなど，一連のPDCAサイクル（Plan（計画）―Do（実施）―Check（確認）―Action（処置）を連続的に繰り返すことによって，高度な目標を達成したり，長期的なプロジェクトを遂行する考え方と技法）が確立されていることも重要である。これらを統合的に行うための考え方と技術を「ケアマネジメント」と呼ぶ。

　つまり**ケアマネジメント**とは，困りごとを抱えている個々人が，それぞれの課題解決を通じて生活の維持向上を図ることを目的とし，そのために本人や家族の意向を最大限重視し，彼らの参加と同意を得ながら具体的な支援計画（そこには，フォーマル・サービスだけでなくインフォーマル・サポートも含まれる）を立て，その計画にそってさまざまな支援をその人を取り巻いた形でネットワーク化し，それらを継続的に管理するという，きわめて具体的な，つまり，1人ひとりのニーズに応じた継続的な支援策を意図的に組み立てるための手法ということができる。

　これを第8章で詳述する「福祉情報」の視点からいうと，ケアマネジメントとは何らかの支援が必要な人に関わる情報と，その人の困りごとを解決に導く可能性のある支援（＝サービス）に関わる情報を適切に組み合わせ，解決への取組みを継続的に把握し（＝モニ

タリング），修正する（＝再アセスメントとプランの見直し）という，一連の情報処理と情報管理プロセスということができる。

(2)「ケアマネジメント」のプロセス

次に，ケアマネジメントのプロセスを簡単に説明しておきたい。

① ケースの発見とスクリーニング　ケアマネジメントの対象となるケースを発見し，ケアマネジメントを行うことが適切であるかどうかを絞り込む
② ニーズの評価（アセスメント）　そのケースの何がどう課題となっているのか，その解決の方向性とゴールを想定し，どのような支援を行えばそれが実現できるかなどについて，明らかにする
③ ケアプランの作成　アセスメントに基づいて，具体的な支援やサービスを組み込んだプランを作成する
④ サービスの手配　プランに基づいて，サービスの提供を行う事業者や近隣やボランティアの活動者などに対して，予定どおりに提供されるかどうかの調整を行う
⑤ サービスの実施　手配されたサービスが実施される
⑥ サービスのモニタリング　実施されたサービスが当初の目的やねらいどおりの効果をあげているかの確認を行う
⑦ 再評価（再アセスメント）　確認の結果，ねらいどおりの効果をあげていない場合，環境の変化などによってプランの変更が必要な場合などに，再度アセスメントを行い，プランを練り直す

(3) ケアマネジメントを行ううえでの留意点

ケアマネジメントは，単にサービスを効率的に組み合わせることだけが目的なのではなく，利用者が望む「その人らしい暮らし」を実現するための道具として行われなければならない。そのためには，

自助—互助—共助—公助が適切に組み合わされたプランが，本人（やその家族など）の参加と同意のもとに組み立てられる必要がある。つまり，ケアマネジメントの主人公は，困りごとを抱えながら長期に地域でその人らしい生活を続けようとする，本人そのものでなければならないのである。

そうした視点をもち，ケアプランに本人の意向を反映させることで，当事者主体・利用者主体という考え方が成立する。このように，福祉サービスや福祉活動が，提供者だけで決められることのないように留意しなければならない。

なお，介護保険制度で創設された介護支援専門員を一般に「ケアマネジャー」と呼んでいるが，介護支援専門員の多くが介護保険制度内のサービスを組み合わせているにすぎない場合が多く，地域住民やボランティアを含めたプランを作成していることは少ないため，筆者は，介護支援専門員を「ケアマネジャー」と呼ぶことに若干の躊躇がある。

> 地域密着型サービス，小規模多機能型居宅介護

(1) 地域密着型サービス

地域密着型サービスは，2006年の改正介護保険法によって新たに創設されたサービスであり，それまでの介護保険サービスの提供が都道府県単位であったものを，市町村を単位として（つまり，できる限り身近な地域で）提供できるようにしたものであり，以下のサービスがある。

① 夜間対応型訪問介護　　定期巡回と随時訪問を組み合わせ，夜間帯での自宅の安全・安心を確保するための訪問介護

② 認知症対応型通所介護　　認知症に特化した通所介護

③ 小規模多機能型居宅介護　　(2)で詳述

④ 認知症対応型共同生活介護　　認知症に特化したグループホーム

⑤ 地域密着型介護老人福祉施設入所者生活介護　　定員29人以下の特別養護老人ホーム
⑥ 地域密着型特定施設入所者生活介護　　定員29人以下のケアハウスや有料老人ホーム
⑦ 定期巡回・随時対応型訪問介護看護　　2012年の制度改正で創設されたサービスで，定期巡回と随時訪問の介護と看護を24時間対応しようとするもの
⑧ 複合型サービス　　③と訪問看護を組み合わせ，介護と看護が一体となったサービス

(2) 小規模多機能型居宅介護

小規模多機能型居宅介護とは，2006年の地域密着型サービスの制度化によって創設され，「通い」「訪問」「泊まり」の機能を必要に応じて自在に組み合わせて利用することによって，できる限り在宅での生活を継続することを目的とした事業。もともと1990年前後の「宅老所」の実践からスタートしており，「宅老所」にはあった「住む」機能はない。

小規模多機能型居宅介護の利用者は「通い」と「泊まり」以外の時間には自宅にいるので，本人の在宅生活の継続を意識しながら，つまり，自宅にいるときの本人の自助や互助を考えながら，ケアを組み立てることになる。そうするためには，小規模多機能型居宅介護のスタッフや管理者が地域の状況を知っていることが前提となり，その結果，地域のニーズ状況も把握することになる。

また，小規模多機能型居宅介護には運営推進会議の設置が義務づけられており（認知症対応型共同生活介護，地域密着型特定施設入所者生活介護も同様），2カ月に1回程度開催されている。そして運営推進会議のメンバーは，利用者およびその家族，行政・社協・包括の職員，民生児童委員，自治会・町内会の役員，ボランティアなどであ

り，地域の事情を知っており，地域で活動している人も多い。

　以上のように，小規模多機能型居宅介護は「地域密着」であり，あくまでも在宅を支えるという点で，その地域と密接な関係をもたざるをえない。その点，生活の場が自宅から離れてしまう認知症対応型共同生活介護や地域密着型特定施設入所者生活介護とは異なっている。

　また，事業所に専門職がいることは地域住民からみると大きな利点であり，地域に開かれた相談事業や交流事業を展開している事業所も多い。さらに，小規模多機能型居宅介護に意図的・政策的に，当該地域の住民が自由に使える地域交流拠点を併設したり，利用者以外の高齢者も集えるサロンを開設したりしている事業所も多い。

　その意味で，小規模多機能型居宅介護は，個別ケアを支える地域での拠点としての可能性も高く，今後の地域包括ケアでも大きな役割が期待されている。

Column⑦　オレンジリングとSOSネットワーク

　読者のみなさんの中に，普段，街を歩いているときに，認知症のお年寄りが「徘徊」しているのを「発見」した人はいるだろうか。おそらく，「徘徊」しているお年寄りがいる場所に居合わせたことのない人はいないと思うが，ただ，それが認知症のお年寄りが「徘徊」していると「認識」できた人は少ないのではないだろうか。「認識」できないと「発見」もできない。

　「認知症サポーター」とは，全国キャラバン・メイト連絡協議会が，国や地方自治体の協力を得て各地で実施している「認知症サポーター養成講座」を受講した人のことであり，認知症のお年寄りやその家族を理解し見守るサポーターの役割が期待されている。この講座を受講した人は，サポーターの印としてオレンジ色のブレスレット（オレンジリング）をつけることになっている。

　サポーターになったことによって，認知症のお年寄りがいるかもしれないと常に意識するようになり，「徘徊」しているお年寄りを「発見」し，必要なところに連絡するようになるかもしれない。まさに，「知っている」と「知らない」とでは雲泥の差である。

　一方，「徘徊」したお年寄りを探すアナウンスが，自治体の防災無線などから流れているのを聞いたことがある人は多いと思う。北国や冬の時期などは，数時間「発見」されないと命に関わる。こうした事態を招かないように，ある地域では「SOSネットワーク」という取組みが行われている。

　道路に面して仕事をしている人（たとえば，八百屋・魚屋などの商店，ガソリンスタンドなど）や道路を移動して仕事をしている人（タクシー運転手や宅配便など）とあらかじめ協定を結んでおき，届け出のあった場合（認知症の人に限らず，迷子なども），たくさんの眼でそうした人を「発見」しようとするものである。

　これら，オレンジリングやSOSネットワークは，住民参加による簡便な地域福祉活動ということができる。

第8章　地域福祉の基盤整備と情報化

小地域ネットワークによる見守り活動（写真提供：水俣市社会福祉協議会）

　本章では，地域福祉の実践を円滑に進めるための2つの基盤について概説したい。1つが「地域福祉実践の基盤」であり，もう1つが「地域福祉実践の情報基盤」である。「地域福祉実践の情報基盤」は，概念的には，「地域福祉実践の基盤」の1つであるが，これまでみてきたように，地域福祉はそれを構成する諸要素を「つなげる」ことによって進展し，高度化するので，それらを「つなぐ」役割を主として担っている「情報」については，とくに取り出して考える必要があると思うからである。

1 地域福祉活動の基盤整備とは何か

<地域福祉の基盤整備の必要性>

　第7章でみた地域福祉の実践，たとえば小地域ネットワークやケアマネジメントなどは，これからの福祉にとって欠かせないものであるが，それらを意図的・目的的に整備する姿勢がないと，なかなか育たないことが多い。とりわけ，単独で行われている実践を「つなげる」ためには，それぞれの実践への働きかけが必要となる。

　地域の見守り活動などでも，たとえばAさんがBさんを個人的に見守るといった活動は自然発生的に生じるかもしれないが，見守りが必要な不特定の人に対して，その地域の住民が組織的に見守ろうとする場合には，社会福祉協議会（以下，社協）や行政などの意図的な働きかけ（地域福祉活動の**組織化**）が必要となる。同様に，ケアマネジメントの前提となる，福祉サービスや福祉活動のネットワークも意図的につくろうとする動き（専門組織間のネットワークづくりなど）があってはじめて機能するものである。

　さらには，住民間の合意の形成（福祉教育），サービスや活動に必要な人材の育成，財源の造成，制度やシステムなどの開発も，意図的継続的な取組みが必要となる。

　本節では，これらを「地域福祉実践の基盤」として，その内容を概説したい。

<地域福祉活動の基盤整備の内容>

（1）地域福祉活動の組織化

　地域福祉活動の組織化の必要性については，すでに第7章第4節で述べたところなので，ここでは，地域福祉活動の組織化の形態について簡単にふれておき

たい。組織化の形態としては，①地域住民のネットワーク化，②ボランティアの組織化，③当事者の組織化などがあり，それぞれの特徴を活かした展開がなされている。

① 地域住民のネットワーク化　戦後の経済成長や地域社会の変容に伴って失われてきた住民間の「つながり」を再構築し，互助の活性化などを目的とするネットワークで，近年大きな課題となっている「孤立死」「孤独死」「ひきこもり」等の防止対策などで期待されている。町内会や自治会への加入率が低下傾向にある中で，これからの期待は大きく，社協などの専門組織の支援が必要な場合が多い。

② ボランティアの組織化　ボランティア活動は自主性・主体性に基づくものなので，本来はネットワークに馴染まないという考え方もあるが，東日本大震災などの大規模災害でのボランティア活動のように，災害ボランティアセンターなどの傘下で組織的に活動するほうが効果的な場合も多い。しかし，そうしたネットワーク下でも，個々のボランティアや団体の自主性を尊重した進め方を行うことが大切である。

③ 当事者の組織化　困りごとの内容によっては，専門職より，同じ困りごとに直面している（していた）人のほうが深く理解し共鳴できたりするので，相談相手として適している場合も多い。また，1人では力を発揮できないような困りごとも，同じ課題を共有する当事者が大勢集まりグループをつくることで，世間に対してアピールしたり，政策課題として認めさせたりすることができる。そうした意味で，当事者間のネットワークが重要となってくる。

(2) 専門組織間のネットワークづくり　たとえばケアマネジメントを進めるためには，福祉サービスを提供する組織やそれらを仲

介・調整する組織などの間でネットワークが構築されていることが求められる。そうでないと，サービスの手配やモニタリングなどができないからである。

また，そうしたネットワークは，地域に存在する限られた社会資源を効率的に稼動させるうえでも，規模のメリットを発揮して人材育成や研修をするうえでも有効である。さらに，地域全体でどのようなサービスが不足しているかなどの課題の検証をする際にも，そのネットワークを利用することができ，その結果，新しいサービスを創出したり，施策化したりすることもできる。

ところで，介護サービス事業所を考えれば明白であるが，それぞれの事業所は，ある意味で「ライバル」であることが多い。しかし，上記のようなネットワークが必要なことも事実である。そうした場合には，第三者的な組織あるいは当事者による協議会のような団体が，利害を調整しつつネットワーク構築を図ることが大切である。

こうした専門組織のネットワークを進める第三者的な組織としては，地域内の社会福祉事業経営者などの過半数が参加することを法律で定められている社協や，地域内で関係組織の連絡を行うとされている地域包括支援センター（以下，包括），あるいは地域内の福祉サービスの整備に最終的な責任を負っている行政などが考えられる。一方，事業所の集まりである「事業者連絡会」などがネットワーク化を推進している地域もある。

なお，介護保険制度で開催されなければならないとされている「地域ケア会議」も，ネットワーク化された専門組織の集まりということができる。

(3) 福祉教育

福祉教育には，①小・中・高校生や大学生に対して，福祉の「心」や価値あるいは福祉の基礎知識を教え，実際に活動を体験す

る，教育活動としての福祉教育，②地域住民や企業人などに対して，生涯教育や企業教育の一環として，また，生活者としていざというときのために，福祉に関する知識，価値などを伝え，実際に活動を体験するという目的のもとに行われる福祉教育，③福祉系大学・短大・専門学校や高校福祉科などで行われる専門職養成のための福祉教育，の3つがあるといわれている。

ここでいう福祉教育は，主として①と②をさすが，いずれも単なる広報・啓発活動ではなく，より深い意図的な働きかけとして行うことによって，福祉への理解や参加意識を促進し，究極には，市民意識の醸成を図り健全な地域社会を形成する主体として，住民や当事者の意識を高めていくという思いも重ねられている。

(4) 人材の育成・研修

人材の育成・研修は，広い意味でとらえれば福祉教育とほぼ同義となるが，ここでは，前述の福祉教育の③に，従事者・関係者のスキルアップを目的とした育成・研修を加えたものとしておく。

今後の少子高齢化の急進と，それに伴うニーズの急増や多様化に応えるため，福祉サービスが大きな役割をもつようになってきた。その結果，今や医療職や教育職と同程度の人数の従事者が，福祉や介護の領域で働いている。そうした膨大な数の従事者の確保，育成，研修などのシステムをどのように整えるかで，今後果たしうる役割が異なってくる。その意味でも非常に重要な意味をもっている。

(5) 財源の確保（事業収入，共同募金，民間財源など）

専門的なサービスはそれに見合う報酬や委託費・措置費などがあり，とくに2000年の介護保険導入以降は経営的な側面や事業収支が意識されるようになり，厳しいとはいえ一定の財源が確保されるようになった。それに対し，地域福祉活動は基本的には対価を求めない場合が多いことから，活動としてそれほど多額の資金を必要と

するわけではないが、まったく財源がなければ動きがとれないことも多い。したがって、どのように活動資金を確保するかは、住民組織やボランティア団体にとって大きな課題であり、地域全体で共同して利用できるような、共同募金や民間助成団体からの助成金などが期待されることになる。

(6) 制度やシステムの整備

福祉サービスや福祉活動が盛んに行われるようになるためには、それらを規定している制度やシステムのレベルアップが必要である。制度やシステムのレベルアップは、なかなか住民や事業者サイドからの働きかけでは実現できないことも多い。そのためには、広報活動を展開し、多くの住民や事業者の支持を得ると同時に、調査によるデータの把握、他地域での実践の記録、将来に対するシミュレーションなどをもとにした客観的で説得力のある情報を「武器」にして、行政や議会当局と交渉する力が求められる。

さらには、日頃から、議会や行政と交渉する力をもつ「プレッシャー・グループ（圧力団体）」を組織し、議会などへの日常的な働きかけ（＝ロビー活動）を行うことなども必要となる。これらの技術を総称して「**ソーシャルアクション**」と呼ぶが、日本では、政治的風習や伝統が欧米と異なるため、ソーシャルアクションの発揮される場面はあまり多くないのが実情である。

一方、政策を決定する議会や行政サイドも以前のように独断専行ではなくなり、社会・経済的状況、住民や事業者の実態を踏まえ、積極的な制度改善を提案する場合も多くなってきている。その意味で、両者が常に協力しあいながら、実態に即した制度やシステムを構築するほうが、日本の実情には合っているのかもしれない。

(7) 道路・交通・都市環境、施設や住環境の整備

次に、ハードウェアの整備についてふれておきたい。最近は、

「バリアフリー」という用語も定着してきているが、ハードウェアが十分でないとさまざまなソフトウェア（制度やサービスなど）が整っていても非効率であり、無駄が多い。たとえば、車椅子を押してもらう場合があっても構わないが、滑らかな平面が用意されていれば、「自力で走行する」という選択肢が増えるのである。

近年、バリアフリーという用語に代わって、「**ユニバーサルデザイン**」という言葉が使われるようになってきている。これは、「障壁がない（＝バリアフリー）」というよりももっと積極的な意志の表れとして、「誰でも使える（＝ユニバーサルデザイン）」にウエイトをおこうというものであり、ユニバーサルデザインであれば、障害者だけでなく、高齢者、乳児を連れた母親、妊婦、疲れたサラリーマンなどにも「優しい」ということになる。

こうしたバリアフリーやユニバーサルデザインが発揮されるのは、道路や交通、都市環境、公共施設、住宅設備などだけではなく、コップやペンなどさまざまなこまごまとした製品にも適用されている。いずれにせよ、これらの実現は、工業、化学、建築、機械、都市工学など多岐にわたる学問分野との協働が不可欠である。

また、バリアフリーやユニバーサルデザインに関しては、最近では、単にハードウェアに関することだけでなく、ソフトウェアやヒューマンウェアにも使われるようになってきている。たとえば、「心のバリアフリー（＝差別や偏見をなくす）」とか「制度間のバリアフリー（＝制度の縦割りを排除する）」といった使われ方である。こうしたことを含め、この2つの用語は、次世代の重要な概念となっている。

(8) サービス利用者や住民の支援・保護に関わる基盤整備

介護保険や社会福祉基礎構造改革が進む中で、サービスの利用の形態が、サービスを利用する側とサービスを提供する側との「契

約」によって行われるようになった。一般的に「契約」は，契約当事者同士が対等であることを前提として結ばれていて，いったん，両者の契約が成立すれば，契約内容の責任ある履行が求められる。

そのことを考えた場合，サービスの利用者側は，
- サービスに関する知識や利用経験が少ない
- 自分たちだけでは解決できず，誰かに解決してほしいと強く願っている
- 急なことで対処の仕方がわからない，あるいは判断能力が低下していてわからない
- どこのサービスがよいかを判断する知識や時間的・精神的余裕がない
- 最終的には，「藁をもつかむ」ような気持ちになりやすい
- サービスを利用している場合は，「お世話になっている」ため，苦情を言いにくい

などの状態に置かれていて，契約の対等性を強く意識・主張できない場合が多い。これに対して，サービスを提供する側は，
- サービスの知識が豊富で提供経験も多い
- サービスの提供量が少ない場合が多いので，利用者を選ぶこともできる

などの状態にあるため，利用者サイドより優位な場合が多い。その結果，対等なはずの契約が，じつは不平等であるという事態が起こりうる。

そこで，そうした不平等を防ぎ，契約の対等性を保障するため，2000年の社会福祉法改正では，いくつかの制度が導入された。

《社会福祉法で法定化された利用者保護の仕組み》
① 法人情報の開示　　法人による情報の開示義務（法第75条1項）/国および地方自治体による情報提供（法第75条2項）

② 対等な契約関係の成立　利用契約の申込み時の説明（法第76条）/利用契約の成立時の書面の交付義務（法第77条）
③ 利用者の権利擁護　福祉サービス利用援助事業（日常生活自立支援事業）（法第80・81条）
④ サービス評価　福祉サービスの質の自己評価・第三者評価（法第78条）/誇大広告の禁止（法第79条）
⑤ 苦情解決　社会福祉事業の経営者による苦情の解決（法第82条）/運営適正化委員会による福祉サービス利用援助事業への助言ならびに苦情解決のための相談等（法第83～87条）

このほか，本人の権利を擁護するための成年後見制度（後見，補佐および補助：民法第838～881条）も，同時期に改正された民法によって創設されている。

(9) 基盤整備としての情報の収集・加工・提供

福祉における情報の働きなどについては次章で詳述するので，ここでは，地域福祉実践の基盤整備としての広報・啓発活動，相談・情報提供活動についてみておきたい。

① 広報・啓発活動　これまでみてきたように，住民・ボランティア・当事者などの主体的な参加による地域福祉活動と，専門職によってネットワーク化された地域福祉サービスの両方が，バランスよく機能してこそ質の高い地域福祉実践が行われることになる。

　とはいっても現実には，地域福祉活動に主体的・積極的に参加する住民やボランティアはそうたくさんはいない。しかし参加していないからといってそうした活動を否定しているわけではなく，むしろ積極的に支持している層が多いことが，各種の世論調査などの結果から読み取れる。つまり，機会があったら参加してもよいが，その機会がない，どこに行ったらよいかわ

からない，忙しくて時間がとれないなどの理由から参加できない層が多いのである。とすれば，そうした層が地域福祉に対して理解を示し，協力してくれるように働きかけ，場合によっては参加に結びつくような広報・啓発活動は非常に重要であり，地域福祉実践の基盤の大きな柱の1つということができる。なお福祉教育は，活動を担ったり賛同したりする人材の育成を目的として行われる，広報啓発活動の意図的な働きかけということもできる。

② 相談・情報提供　　相談・情報提供についても後述するが，相談や情報提供はあらゆる場面で必要となることはいうまでもない。とくに現代社会では，何か問題が生じればすぐにサービスを利用しなければならなくなるような状態になることが多いのに対して，自分に合った解決策を自ら探し出すのは，複雑化したサービス体系の中ではなかなか困難な場合も多い。したがって，身近にさまざまな相談窓口や情報提供窓口が用意されていて，適切かつ的確な相談が受けられる体制が整備されていることは非常に重要である。

地域福祉の基盤整備と計画の関係

地域福祉に関わる計画については，第9章で詳述するので，そちらを参照してほしいが，これまで述べてきた基盤をどのように地域社会（実際には市町村である場合が多い）で整備していくかを決めるのが，各種の計画である。

福祉サービスはこれまで対症療法（ものごとが起こってから対応する）であったので，1990年頃までは予防（起きないようにする）や計画的な対応という考え方は乏しかったといえる。しかし，急速な少子高齢化の進行とそれに対応するサービス整備の必要から，1989年に「高齢者保健福祉推進十か年戦略」（通称「ゴールドプラン」）が

策定されたことにより,福祉政策における計画の位置と意味が重視されるようになった。その結果,高齢・介護の分野だけではなく,障害,子ども・児童育成など,多くの分野で計画が策定されるようになっている。

その意味で,基盤整備を遂行するうえでの計画は大きな意味をもつようになり,計画策定自体も地域福祉の基盤であるといえる。

2 地域福祉を推進する手段としての「福祉情報」

地域福祉で情報を考える理由

以上みてきたように,地域福祉の基盤整備には,いわゆる「ヒト」「モノ」「カネ」「トキ」「トコロ」「シラセ」などの充実が求められる。地域福祉が「つながり」「ネットワーキング」「構造化」「関係性」といったものを重視し,それらを通してサービスや活動の質などを向上させる取組みであるとするならば,「ヒト」と「シラセ」が非常に重要になってくることがわかる。つまり,「ヒトや組織同士をどのように結びつけるのか」ということが地域福祉にとっての最重要課題となるのである。そして,その有力な回答が「情報を媒介として結びつける」ということになる。地域福祉において情報を考える理由はそこにある。

たしかに,①コンピュータを使ってさまざまな業務処理を行うことも,②インターネットを使ってあちこちの情報を収集することも大切である。しかし,これらの情報活動を「何のためにするのか」というと,最終的には「つながりをつける」ためなのであり,①や②はそのための準備でしかなく,①や②自体が目的ではない。以下,福祉と情報の関係について,しばらく考えてみたい。

福祉分野での情報化進展の背景

(1)「サービス化」社会への突入

近年，福祉の分野でも，情報の必要性が盛んにいわれている。ここでは，その背景について考えてみたい。

まず，日本の社会が情報化社会（1970～80年代）あるいは高度情報通信社会（1990～2000年代）の段階を迎えたということがあげられる。こうした情報化社会や高度情報通信社会のキャッチコピーは，「誰でも，いつでも，どこでも，必要に応じて，必要な情報を取得できる」というものである。

福祉サービスの利用についても，1980年代頃から，「誰でも，いつでも，どこでも，必要に応じて，必要なサービスを利用できる」方向をめざして，さまざまな改革が行われてきた。

筆者は，同じようなフレーズが同じ頃に2つの異なった分野で使われたことに大きな時代の流れを感じている。つまりこの頃から，日本は「サービス化社会」（第1次・第2次産業より，第3次産業が有力な産業となり，社会はサービスの「生産」を中心として動くようになる。その結果，第1次産業も第2次産業も「サービス化」する）に突入したと考えられ，代表的なサービス産業の1つである福祉・介護の分野と情報分野での「サービス化」が並行して起きたのである。

(2) 地域福祉の推進と仲介業務の必要性

また，これまで述べてきたように，福祉の基調がネットワーク型の地域福祉になってきたことも重要な要素である。加えて，サービス提供事業者の多元化と，契約によるサービスの利用があげられる。これによって，もともとわかりにくかった福祉サービスの利用がさらに複雑になり，自分で決めなければならないことが増えたことなどにより，それらを「交通整理」する仲介・調整業務（以下，仲介者。具体的には，さまざまな相談窓口，包括，介護支援専門員など）が重

要になってきたのである。これらの業務は，じつは情報の「交通整理」をしているのである。このことについては，ケアマネジメント・プロセスにおいても同様になる。前章でみたとおり，ケアマネジメントの本質は情報活動なのである。

一方，仲介者やサービス提供事業者は，こうした複雑な福祉サービスの種類やその利用方法などについて，誰にでもわかるように説明する必要が出てくる。また，サービスを選ぶにあたっての材料として，サービスや施設に関する評価情報も必要となる（これについても，前節参照のこと）。こうしたことも，福祉分野での情報化を進める背景になっている。

(3) サービスの効率化，質の向上

さらに，サービス提供の効率化やサービスの質の向上が求められるようになったことも，情報化を推進する要因になっている。サービス提供の効率化にはOA化が欠かせない。また，サービスの質の向上においても，データの蓄積によるケアの継続的な管理において，「根拠に基づいたソーシャルワーク」「根拠に基づいたケア」（第7章参照）が求められるようになってきており，そのためにはケース記録の整備・蓄積・分析などが不可欠になる。

(4) その他の背景

その他にも多くの項目を，情報化の必要性の背景としてあげることができる。たとえば，「ボランティアの活動先がわからないので参加する人が少ない」という調査結果への対応として，ボランティアの活動先を紹介する情報システムが求められるであろうし，視覚にハンディを有する人たちのコミュニケーション手段として，インターネットの画面を音声で読み上げる装置を開発するとか，聴覚にハンディのある人が使える手話を送受信できるカメラ機能を使った携帯電話など，残存能力の活用を図り自立を支援する情報機器の開

発なども，その情報化の背景として考えることができる。

> 福祉の情報化を進展させた2つの制度改革

それではここで，実際に福祉の情報化を急速に進める要因となった，介護保険と社会福祉基礎構造改革という2つの制度改革について，福祉の情報化の側面から考えてみたい。

(1) 介護保険における各種の情報処理

その1つは，介護保険制度のスタートである。介護保険制度は，そもそも最初から，その制度の設計思想に情報化を組み込んでいるという意味で，興味深い制度であるといえる。以下，介護保険の事務処理の典型的な流れと，その流れごとに発生する情報処理について説明しておきたい（以下は，2000年の制度スタート時の構造である。図8-1参照）。

① 被保険者管理

事務処理の内容：被保険者の資格管理（資格の得喪・住居地特例の適用など）と，それに基づく被保険者台帳の作成など

発生する情報処理：被保険者データベースの構築，住民基本台帳データベースとのリンクなど

② 保険料徴収

事務処理の内容：保険料の算出，普通徴収，特別徴収（年金からの天引），減免など

発生する情報処理：保険料算出，請求・納入処理，社会保険庁（現・日本年金機構）年金データベースや庁内税情報とのリンクなど

③ 相談・発見

事務処理の内容：介護保険の広報活動，総合相談窓口の開設，ニーズ調査，小地域ネットワークによるニーズ発見など

発生する情報処理：広報誌の作成，インターネット・ホームペー

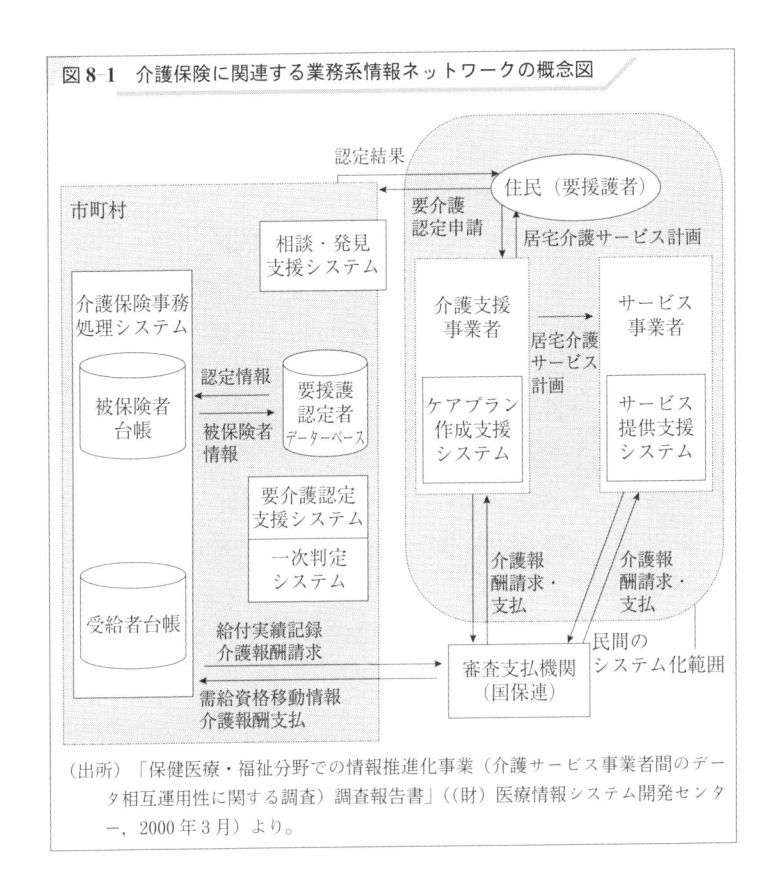

図8-1 介護保険に関連する業務系情報ネットワークの概念図

(出所)「保健医療・福祉分野での情報推進化事業(介護サービス事業者間のデータ相互運用性に関する調査)調査報告書」((財)医療情報システム開発センター,2000年3月)より。

ジ開設,ニーズ把握システムなど

④ 要介護認定

事務処理の内容:申請書受理,認定調査(調査員による聞き取り),医師の意見書提出,介護認定審査会の開催,認定と結果の通知,要介護認定者台帳の作成,社会資源情報(入所施設,居宅介護事業者などの紹介)の通知など

発生する情報処理:一次判定システム,要介護認定者データベースの構築,事業者情報提供など

⑤ 介護支援専門員による居宅介護支援

事務処理の内容：アセスメント，居宅介護サービス計画の作成，サービスの調整と手配，モニタリング，再アセスメントなど

発生する情報処理：要介護者個人データベースの作成，アセスメントから居宅介護サービス計画までの作成処理，サービスや資源の情報収集と提供，個別援助計画（事業所単位のサービス提供計画）の作成，個別のケアの内容把握と関係事業者間での情報等の共有化など

⑥ 給付管理と介護報酬請求・審査・支払

事務処理の内容：個人単位での給付上限額管理と利用実績管理，事業所同士の利用実績の照合，国民健康保険団体連合会（国保連）への介護報酬の請求，国保連による実績審査，介護報酬の支払など

発生する情報処理：利用実績の事業者間での照合，国保連へのオンライン請求など

⑦ 国保連と保険者との連携

事務処理の内容：国保連と保険者との間での給付実績記録・受給資格異動情報・請求・支払など

発生する情報処理：国保連・保険者共同処理システム，給付管理など

⑧ 事業者情報提供システム（WAM-NETなど：図には表示されていない別のシステム）

事務処理の内容：介護保険事業者情報の収集とデータベースのメンテナンス，WAM-NETを利用してのデータベースの公開など

発生する情報処理：情報の収集，WAM-NETの運営・管理など

⑨ 事業者管理システム（都道府県：図には表示されていない別のシ

ステム)

事務処理の内容：管内の介護保険事業者の適正な管理，事業者情報の提供など

発生する情報処理：介護保険事業者データベースの構築と運用，各種事業者情報の収集，WAM-NET への情報提供など

* WAM-NET：独立行政法人福祉医療機構が運営する福祉・介護・医療等に関わる総合的なポータルサイト。施設や病院の情報・サービス評価等の情報を検索することができる。http://www.wam.go.jp/

(2) 社会福祉基礎構造改革による利用者保護の仕組みと情報化

2つめは社会福祉基礎構造改革によって制度化された各種の「利用者保護」の仕組みである。それぞれの内容については前節で述べたが，法人の情報開示，国や自治体による情報提供，利用契約の申し込み時の説明や契約成立時の書面交付の義務化，サービスの第三者評価，苦情解決の仕組みなどは情報活動そのものであり，権利擁護に関わる仕組みも，本人に代わって本人のニーズを代弁したり，わかりにくい制度やサービスの利用を本人が理解できるように伝えるという点からみれば，情報活動といえる。

(3) 福祉における情報化の現状

以上，介護保険と社会福祉基礎構造改革という，21世紀に入って早々に進められた福祉改革が福祉の情報化を前提として行われたことで，その後もさまざまな局面で福祉の情報化の進展に影響を及ぼしているといえる。

実際，1990年代初頭には，パソコン（PC）が配置されていた福祉や介護の事業所は数少なかったが，今や，事務室にPCがおかれていない事業所はまずない。むしろ，ある調査によれば，医療関係施設より福祉・介護系施設のほうが，1人当たりのPC保有数は多く，この現象は介護保険のスタート直前に起きたとの報告もある。

しかしすでに述べたように，PC を配置すれば情報化が進むわけではない。むしろ，あとでふれるように福祉の情報化には，まだまだたくさんの課題が残されている。

> 地域福祉の場面での情報化の必要性：具体的な必要性の比較

これからの福祉が，地域福祉や在宅ケアを基調にして進められていくことは，すでに各章でふれてきている。しかし，実際に地域福祉・在宅ケアを進めるにあたっては，さまざまな配慮や仕組みが必要となる。すでにふれた地域包括ケアにおいては，福祉・介護と医療・看護の連携が重要である。と同時に，地域住民やボランティアを中心としたインフォーマル・サポートの動員の必要性，さらには両者が連動することの重要性が謳われている。このことは，そうした主体同士のネットワークが必要であるということであるが，ネットワークを具体化するのは，N 対 N の結びつきであり，その結びつきを進めるツールは「情報」なのである。

これまで，福祉における情報化の必要性を社会の変化や福祉政策の視点からマクロ的に説明してきたが，次に，地域福祉や在宅ケアにおけるサービス提供場面での情報共有の必要性を例示することで，福祉の情報化の実践場面での必要性について，より具体的にイメージしていただきたい。

《具合の悪い人をケアする場面》

（1）自宅で

たとえば，幼児を育てているお母さんが，ある朝，子ども（A ちゃん）のお腹の具合が悪くなっていることに気づいたとする。お母さんは，A ちゃんから訴えを聞いたり，便の様子をみたりして，何とかならないかと考えた末，近所のかかりつけ医のところに診察を受けに行くことに決める。かかりつけ医から，疲れによる軽い食あたりなので，服薬するとともに，消化がよく温かいものを少量食

べていれば，2～3日で落ち着くだろうと診断され，家に帰って薬を飲ませるとともに，お粥をつくってAちゃんに食べさせた。

こうした一連の流れは，子育てをしている親にとってはときどき起きる心配事であるが，多くの場合は，医師の診断を除いて，母親（父親）1人（2人で力を合わせてという場合もあろうが）で，この状況に対処している。

(2) 児童養護施設で

こういった状況を，児童養護施設で生活する幼児に置き換えてみよう。ある朝，子ども（Bちゃん）のお腹の具合が悪くなっているとする。宿直だった保育士がそのことに気づき，出勤してきた看護師に伝える。看護師は様子を観察し自分では対処できないと判断し，児童指導員と共に嘱託医のもとにBちゃんを連れて行き，診察してもらう。その結果，疲れによる軽い食あたりなので，服薬するとともに，消化がよく温かいものを少量食べていれば，2～3日で落ち着くだろうと医者から診断される。看護師と指導員は施設に戻って，調理担当者と保育士にそのことを告げ，昼ごはんには配慮された食事が出されることになった。

この事例では，保育士・児童指導員・看護師・医師・調理担当者が，それぞれの役割と専門性に応じて分業していることがわかる。前述の母親がこれら多くの役割を1人で兼ねていたのに対して，1つの施設の中で，異なった専門性をもつそれぞれの職種が連携して，お腹の具合が悪い子どもの回復と，そのために消化のよい食事を提供することを目的として，症状や対処法についての情報を「共有」し，協働していることがわかる。

とはいえ，彼ら専門職は，同じ施設の職員であり同僚である。施設は，ある意味で「閉じた空間」であるため，情報共有はそれほど難しくないと考えられる。実際は，夜勤や宿直者の「引き継ぎ」が

スムーズに行われないなど「情報共有」に課題があることも多いが，情報共有のフォームをつくり，業務として定式化すれば，漏れを防ぐ可能性が高くなることは，多くの実践場面で指摘されている。

（3）地域ケアで

ところで在宅ケアでこうしたケースを考えてみよう。在宅で幼児が1人で暮らしているのは現実的でないため，ここでは要介護のひとり暮らし高齢者（Cさん）を例に考えてみたい。

ある日，朝の定期訪問に訪れた訪問介護の担当者（ヘルパー）が，Cさんからお腹の具合が悪いと訴えられた。Cさんは身寄りがないので家族に相談することもできず，自分でも何ともできないので，ヘルパーは介護支援専門員に連絡をとり，指示を仰いだ。結局，かかりつけ医が往診してくれることになったが，軽い食あたりなので，服薬し消化のよいものを食べていれば2～3日でよくなるだろうという診断であった。

ところで，Cさんは訪問介護サービスのほかに訪問看護サービスと配食サービスを利用していた。訪問看護サービスは，かかりつけ医の指示で動いているため，服薬管理はスムーズに行えたが，NPO法人が行っている配食サービスで消化のよい食事が届けられるかどうかが課題であった。そこで介護支援専門員は訪問看護師に相談し，Cさんに関してNPO法人にどのような情報を伝えればよいのかを相談し，必要最小限の情報を伝え，無事に消化のよいお弁当が届くことになった。

この事例は，前の事例の児童養護施設と異なり，Cさんに関わる主体がそれぞれ別の事業所に属している。同じ法人の同僚でもないし，空間を共有しているわけでもないので，情報の共有が自然に図られるわけではない。そこでCさんのケアの方向性について意志を共有化するために，意図的な働きかけが必要になってくるのであ

る。

　この事例では、Cさんを担当する介護支援専門員が情報の結節点となり、利用しているサービス同士をつなぐことによって、情報の共有化が図られたことになる。つまり、在宅ケアの場合は、専門性も所属も異なる多職種が共同してケアを進めざるをえない（チームケア）が、チームケアが機能を十分に発揮するためには意図的な情報共有の仕組みが必要なのである。

　以上のように、母親→施設→在宅の順に、意図的な情報共有の仕組みの必要性が高くなることを説明した。今後、地域福祉を基盤とした在宅ケア（地域包括ケア）を進めていくにあたって、情報ネットワークを整備することが重要な基盤の1つであることを理解してもらえたことと思う。

「福祉情報」の種類

　それではここで「**福祉情報**」とは何か、また「**福祉情報システム**」にはどんなものがあるかを考えてみたい。

　「福祉情報」とは、「住民や福祉サービスの利用者自体に関することがら、福祉に関わる施策やサービスあるいは施設や人材自体に関することがら、およびそれら両者の状況関係に関することがらについての『報せ』であり、福祉に関して判断を下したり、行動を起こしたりするための知識」と定義できる。また、「福祉情報を十分に流通・活用して福祉システムを整備し、何らかの支援が必要な人や地域住民の生活向上を図る総体の取組み」を「福祉情報化」と呼ぶ。

　それでは、福祉情報の種類にはどんなものがあるのだろうか。これまでの実践的取組みの中で、筆者は、大別して（1）ニーズ情報、（2）サービス情報、（3）処遇情報、（4）参加・関与情報、（5）経営・管理情報の5つの種類の福祉情報があると考えている。

以下，それぞれの情報の種類ごとに，情報システムの概要を説明しておきたい。

(1) ニーズ情報

ニーズ情報とは，福祉サービスの利用者あるいはニーズ保有者の状態やニーズに関わる情報であり，具体的には，ADL状況，家族状況，住宅状況，所得状況などに関する情報である。ニーズには，社会環境に対する不調和や困窮状況を一般的に表している場合（たとえば，「生活費に困った」「体が不自由で外出ができない」など）もあるが，ある人がある時点であることがらに困っているという個別具体的なニーズ（たとえば，「今すぐ特別養護老人ホームに入所したい」など）もある。前者に関わる情報を一般的ニーズ情報，後者を個別的ニーズ情報と呼ぶ。

(2) サービス情報

サービス情報とは，ニーズを充足するためのサービスや社会資源に関する情報であり，フォーマルなものだけではなくインフォーマルなものも含まれる。具体的には，福祉制度，福祉サービス，福祉施設，福祉人材などに関する情報である。サービス情報にも，一般的な制度説明のような情報と個々人に特定の時点で役に立つ個別的情報がある。前者を，一般的サービス情報，後者を個別的サービス情報と呼ぶ。

(3) 処遇情報

処遇情報とは，ニーズ情報にサービス情報をマッチングした結果開始されたサービス提供のさまざまな場面で生じる処遇（たとえば，車椅子を押した，話し相手になったなど。ケアや生活支援とほぼ同義であるが，ここでは「処遇」と呼ぶこととする）に関する情報である。処遇情報はできる限りリアルタイムに把握できることが望ましく，その結果，次の時点での素早い対応が可能になる。また，処遇記録を定

期的にモニタリングすることでケアプランの見直しにつなげる場合も,処遇情報の管理ということができる。

(4) 参加・関与情報

地域住民や福祉サービスの利用者・当事者あるいはボランティアなどが福祉のさまざまな場面で参加・関与するようになってきている。この参加・関与には2通りあって,1つは,実際の活動に直接関わるもの(個別支援のためのボランティア活動や市民活動など)であり,もう1つは,市民オンブズマンやサービス評価など,福祉システムや福祉サービスに関して情報の側面から関与する活動である。ここでは,前者を活発化させる情報を参加情報,後者に関わる情報を関与情報と呼び,2つをまとめて参加・関与情報としておきたい。なお,福祉サービスなどの評価情報(福祉サービスの質や満足度に関する情報,苦情内容とそれへの対応についての情報など)も,関与情報の一種であると考えられる。

(5) 経営・管理情報

福祉システムを円滑に稼働させるためには,経営・管理に関するさまざまな仕組みを用意する必要がある。この場面で取り扱われる情報を経営・管理情報と呼ぶ。たとえば,福祉行政における手当・給付事務に関わる情報,利用者の推移や費用額などの統計情報,施設などで扱われる入所者預り金の出納に関する情報や職員の出退勤務管理のために必要な情報などがある。

これらは,他の情報と異なり比較的数字に置き換えやすいため,OA化の要素も強い。

また,将来の予測をシミュレーションし,企画や計画に反映させるような情報も経営・管理情報の一種であるといえる。

「福祉情報システム」の種類

(1) システムとは何か

それでは次に，福祉情報システムの種類について考えてみよう。その前に，システムについて定義すると，「**システム**とは，1つで機能や役割をもっているモノ（＝ユニットという）を2つ以上組み合わせて，さらに高度な役割や機能を発揮させようとして構築されるモノ」と定義することができる。また，システムは必ずしもITを利用しなければならないわけではなく，人と人の組み合わせも1つの「システム」ということができる。

たとえば，配食サービスを行っている団体とホームヘルプを行っている団体が協定を結び，在宅者支援を行おうと考案された仕組みがあれば，それは1つの新しいシステムということができる（図8-2参照）。この場合，ユニットは，それぞれ，「配食サービス」と「ホームヘルプサービス」ということになり，2つのユニットが結びついて，「在宅者支援システム」が構築されることになる。

ところで，「配食サービス」の中に「調理部門」と「配達部門」があり，それぞれが1つの役割を果たしているとすれば，それぞれを1つのシステムとして考えることができる。その際，「配食サービスシステム」がそれらを統合した「上位」のシステムということになり，これに対して「調理部門」「配達部門」は，上位システムからみて，それぞれ「下位」（＝サブ）システムということになる。

(2) 地域福祉のサブシステム

したがって，どの階層でシステムを考えるかによってとらえ方が異なってくるが，地域福祉を1つの統合的なシステム体系としてみた場合，福祉情報の種類ごとにサブシステムを考えることができる。

① ニーズ情報把握システム　ニーズ情報を把握することを目的として構築されるシステムで，例としては，《ペンダント型

図8-2 在宅者支援システムの例

```
在宅者支援システム
├── 配食サービスシステム
│   ├── 調理部門
│   └── 配達部門
└── ホームヘルプサービス提供システム
```

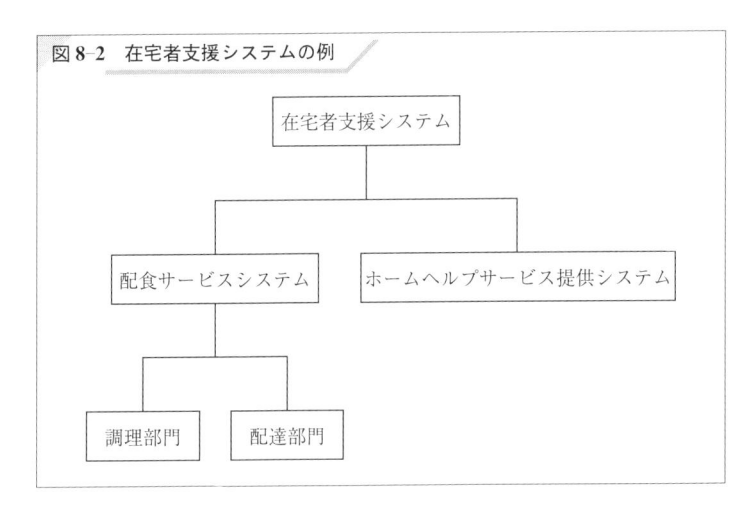

発信機などによる緊急通報システム》(「今すぐ助けにきてほしい」というニーズを発信し、それに対して何らかの援助が提供されるという意味でニーズ情報把握システムの一種といえる)、《小地域ネットワークによるニーズの早期発見システム》などがある。

② サービス情報提供システム　サービス情報を適切に提供するシステムで、例としては、前述した福祉医療機構が提供する《WAM-NET》のほか、自治体や各種団体がインターネット上で提供しているホームページやリンク集、ポータルサイトなどがある。

③ 処遇情報管理システム　処遇情報を継続的に蓄積し、処遇(ケア、生活支援)の向上に資することを目的として構築されるシステムで、例としては、《介護保険ケアマネジメント支援システム》などがある。

④ 参加・関与情報システム　活動への参加やサービスへの関与を促進するために構築されるシステムで、例としては、《ボランティア活動需給調整システム》や《福祉サービス評価情報

提供システム》などがある。

⑤ 経営・管理情報システム　施設や事業者の経営の効率化，サービスの質の向上，あるいは将来計画の立案など，経営・管理上必要な処理を行うシステムであり，例としては，入所者預り金管理システムや職員出退勤務管理システムなどがある。これらは，いずれも OA 化の要素も強い。

3　「情報化福祉」の課題と展望

　福祉分野での情報化はまだまだ緒に就いたばかりであり，課題も多い。ここでは，主な課題について考えるとともに，福祉情報化によって到達されるであろう「**情報化福祉**」のイメージを探ってみたい。

福祉情報化の課題

（1）情報ハンディキャップ

　福祉サービスを必要とする人の中には，情報の受発信に関してハンディキャップをもつ人も少なくない。またその結果，デジタル・ディバイド（＝情報格差）が生じ，一層のハンディを負わされる場合もないとは限らない。したがって，福祉情報を扱うに際しては，情報にハンディをもつ人たちに対して細心の注意と配慮を払う必要がある。また，その人たちに対して，特別の方法を用いた情報伝達手段なども考えられていなければならない。

　一般に，視聴覚障害者や言語障害者あるいは家に閉じこもりがちの高齢者などは，情報収集や発信にハンディがある場合が多い。また，知的障害者や認知症高齢者などは，情報処理にもハンディをもっている。そうでなくても，高齢になれば小さな字は見えにくくなるし，新しい技術は使いこなせないことも多い。そうした意味で，

広報誌を発行していれば必要な情報は届いているとか，インターネットにホームページを開設していれば情報の提供は十分であるというような認識をもってはいけない。

また，そうとう丁寧に情報の受発信をしても，意思能力に欠けていてどうしても自ら受発信の責任が負えないような場合には，福祉サービス利用援助事業（日常生活自立支援事業）や成年後見制度などを利用して，本人に代わって情報の受発信をする（アドボカシー）ような仕組みが必要である。

(2) ニーズ情報とサービス情報のマッチング技術としてのソーシャルワーク（*Column*⑧参照）

そもそも，ソーシャルワークを行うということは，何らかの支援が必要な人からニーズを引き出し，ソーシャルワーカーが提示できる解決策（＝社会資源の適用など）に当てはめていくことである。これを福祉情報の発生と処理という観点でみると，ニーズ情報に適合するサービス情報を見つけ出し，実際にサービスを動員し，その結果発生した処遇情報を継続的に管理していくということにほかならない。

つまり，ソーシャルワークという技術は，そもそもが情報処理を基盤にして成り立っているのである。そして，その処理が適切であるということは，つまり，ニーズ情報の把握において，さまざまな面からきめ細かくとらえつつも最終的には本人の全体像がとらえられるように再統合化されているとか，個別的サービス情報をたくさんもっているとか，その組み合わせ（＝マッチング）が的確であるといったことなのである。

「コンピュータ化が進めばソーシャルワーカーは要らなくなるか」という質問を受けることがあるが，今述べたことから考えると，コンピュータは細分化には向いていても統合する能力は人間より格段

に劣るので，ニーズの細分化と個別サービス情報の検索においてはコンピュータの助けを得るとしても，そのあとの統合化とマッチングは，ソーシャルワーカーが行わなければならないだろう。

したがって，質の高いソーシャルワーカーはこれからも求められるだろうが，一方で，細分化する手法の開発も重要になってくると思われる。

(3) ニーズ情報の開示と個人情報保護

次に，個人の情報をどのように扱うかということについて考えてみたい。上で述べたように，ソーシャルワークの主要な機能がニーズ情報とサービス情報のマッチングであるとするならば，ニーズ情報を明らかにしないとサービス情報とマッチングできないことになる。そして，ニーズ情報とは「個人情報」の中核をなす情報であることを考えれば，個人情報を開示することによって福祉サービスが受けられるということであり，両者は交換的関係にあるということなのである。

逆に，なぜ個人情報を開示しないと福祉サービスが受けられないか，ということを考えてみよう。1つには，今述べた，サービスとのマッチングをするための基礎データとして個人情報が必要なためであるが，加えて，ほとんどの福祉サービスには「公費」が導入されているからであると考えられる。

つまり，公費を投入するための正当な理由がなければならないのである。何らかの社会的背景があるために「掃除ができない」のと，怠けていて「掃除ができない」のとは違うからである。

ということは，公費を導入して正確なソーシャルワークを行おうとすると，いよいよ深く個人情報を聞き出さなければ（開示してもらわなければ）ならないことになる。これまでのように，福祉サービスに関わる人の多くが，公務員だったり専門職だったりした時期

には，まだ個人情報の漏洩や守秘義務のことを深く心配する必要は少なかったのかもしれない。彼らは，それぞれの根拠法において守秘義務が課せられているからである。

しかし，契約によるサービス利用とそれに伴うサービス提供システムへの民間事業者の参入や，地域福祉活動の展開に大きく関与する住民やボランティアなど，守秘義務を課せられていない人たちの参加を促進し，さらにはそこで行われるケアマネジメントにおける情報の共有化を進める必要性が高まっている一方で，2005年に**個人情報保護法**が施行され，過剰反応が危惧されるという，互いに矛盾した状況の中で，「個人情報の保護」と「ネットワーク化による質の高いサービスの提供」とが激しくぶつかりあっている。これをどう解決するかが喫緊の大きな課題である。

(4) 福祉情報の「記述の複雑さ」と「記号化」の難しさ

ところで，福祉情報をコンピュータ化し関係者間で共有しようとする際に，それぞれが使っている「用語」が標準化されていないと意味をなさない。たとえば「ケア」という言葉に関して，そのさす内容が福祉，保健，医療，看護の間で少しずつ違っている（"床ずれの処置"は福祉ではケアの範囲と考えているが，看護ではキュア〔＝cure 治療〕の範囲と考えられている，など）のでは，的確な情報共有にはならないのである。

ここで，先にふれたコンピュータは細分化は得意だが再統合は不得手であるということを思い出してほしい。じつは福祉は，医学（基本的には臓器単位で考える＝細分化しやすい）などと異なり，できるだけ統合化して考えようとするために，コンピュータの苦手な部分を扱うことが多くなるのである。加えて，医学のような歴史もないため，「カルテ」のように専門家が共有する「言語」ももちえていない。つまり，記号化やコード化が難しい領域なのである。

そこで，あるケアワーカーが書いたケア記録は，他の人が読んでも理解しにくい（程度の差はあるが，他人への情報伝達力はカルテのようには高くない場合が多い）ということが起きる。このことは，異分野の専門職の間で情報を流通させ共有化しようとするケアマネジメントの場面で，その意図とは裏腹に，意味の共有化ができない（あるいは誤解される）可能性があるということである。

その意味で，関係領域との協同作業による「標準語」の開発が求められる。と同時に，これらを記述する方法（たとえば，「福祉カルテ」）を開発し，体系立ててコード化するという努力も求められるのである。

(5) 福祉関係者の情報リテラシーの向上

すでにふれたように，福祉・介護の事業所ではすでにPC導入は当たり前となり，定型業務には頻度高く利用されている。とくに経理や給与計算といったOA化の範疇の業務やネットワーク（LAN，Eメール，インターネットなど）利用による業務などへとその範囲は拡大している。

しかし，そうした定型化された業務を超え，処遇記録を将来に活かすような新たな展開を行える職員の数は，それほど多くはない。その意味で，福祉関係者の情報リテラシー（情報を扱う能力）をあげる必要があろう。つまり，単にコンピュータを使いこなすという意味だけではなく，情報を媒介にして高度なソーシャルワークをめざすという意味でも，福祉関係者の情報リテラシーの向上が求められる。

> 「情報化福祉」のイメージ

これまで，福祉領域における情報化の現状や課題について考えてきたが，本章のまとめとして，情報化を媒介として地域福祉を進めていった場合に，どのような地域福祉が実現されるのか（この

到達点を，情報化された福祉という意味で「情報化福祉」と呼ぶことにする）について考えてみたい。

(1) 政策の視点から

政策の視点からの福祉情報化の到達点は，地域福祉システムの確立ということができる。つまり，福祉情報化によって地域福祉の構造化が促進される，すなわち連続性，関係性，つながりといったことが担保され，本来の地域福祉「らしさ」の実現に近づくということになる。つまり，これまでの社会福祉の隘路であった，縦割りの分野別福祉システムからの脱却を図り，生活者としての連続性・全体性を支える地域福祉へと移行できるということである。福祉情報化はそのための手段になると考えられる。

(2) 現場・実務の視点から

また，実務の視点からみると，福祉情報化の到達点は大きく次の3点に集約される。

① 生産性の向上と業務の効率化　福祉情報化（とりわけ処遇情報管理システム，経営・管理情報システム）によって事務作業への人員の投入を最小限に抑えられれば（＝OA化），必要なところに手厚く人的配置を行うことができ，その結果として，単位人員あたりの処遇の質と生産性が向上する。

② 福祉サービスの高度化　利用者データを分析することで，これまでそのつど個々に対応するしかないとされてきた処遇（ケア・生活支援）をある程度パターン化することができ，それによって，科学的処遇としての共通部分と個々の特性に応じた応用部分を構造化して把握し，結果として，ソーシャルワークの専門性・固有性の解明とサービス提供の高度化が図られる。

③ 利用者主体の確立　福祉情報化を通じてサービス利用者の特性が個人単位で把握され，それぞれに応じたサービスが提供

できるようになる。利用者サイドからみても，情報開示や相談窓口の増加，不服申立てや苦情対応などを通して，利用者の希望するサービスが利用できるようになる。

(3) 具体的なイメージとして

一方，情報化福祉が実現された際の具体的イメージは以下のようなものである。

① 広報・啓発活動の充実による福祉教育の展開，住民の理解・合意形成の促進，スティグマ（＝福祉サービスの利用に対する偏見）の解消
② 住民主体の確立によるコミュニティワーク・住民自治の進展
③ 参加情報の流通による住民の福祉活動への参加の促進
④ サービス情報の簡便な入手による本人自身による主体的な将来生活設計（セルフ・マネジメント）の確立
⑤ 利用者主体の確立によるサービスの自由な選択と対等な契約関係の成立
⑥ 苦情解決・相談窓口の充実と相談データベース構築による相談のレベルアップ
⑦ サービス評価・情報開示による選択的な情報の入手と「サービスを見る眼」の向上
⑧ 情報開示等による事業者の組織運営の透明性・公平性の増大
⑨ アドボカシー重視の結果，福祉サービス利用援助事業（日常生活自立支援事業）や成年後見制度の利用増大
⑩ サービス情報や評価情報の流通による，住民サイドのオンブズマン制度（行政などの施策やサービスを監視し，必要に応じて，制度改正やサービス改善の意見や提案を行う活動。制度化している自治体もある）の確立
⑪ 在宅福祉と施設福祉の間で利用者が自由に行き来できる生活

スタイルの構築
⑫ ケアマネジメントシステムの充実とマネジメント過程への本人の主体的参加
⑬ 個人情報の有用性を前提とし，保護を配慮した関係者間の必要な情報共有
⑭ 福祉計画の的確なシミュレーション
⑮ 業務の複雑化とサービス利用者の増加に伴う業務量の増大への効率的対応
⑯ 受講者のデータベース作成による研修・現任訓練システムの向上

Column⑧ 福祉情報とソーシャルワーク

　本章第3節「福祉情報化の課題（2）ニーズ情報とサービス情報のマッチング技術としてのソーシャルワーク」のところで，ソーシャルワークは，原理的には，「ニーズ情報に適合するサービス情報を見つけ出し，実際にサービスを動員し，その結果発生した処遇情報を継続的に管理していく」ことであると述べた。これについて，具体例をあげてもう少し詳しく説明しておきたい。

　下の図を見ていただきたい。この図は，ソーシャルワーク場面を情報の流れとしてとらえたものである。たとえば，「視力に障害があるので移動が困難。外出したいが，それをサポートしてくれるサービスを使いたい」という依頼を受け，複数の外出支援サービスに関する情報から「視覚障害者の外出をサポートするガイドヘルプという制度」を選択し（マッチング），その結果，「ガイドヘルパーが来てくれたので，散歩に出かけられた」という一連の流れを示している。

　さらに，そうした一連の支援過程において「実際に行った際の記録」（＝処遇情報）が発生することで，「新聞も読んでほしい」という新たなニーズが明らかになったり，「ガイドヘルプを行うときの留意点」などの工夫が明らかになったりする。

　ソーシャルワークは，こうした循環の繰り返しであり，情報処理と情報管理のプロセスということができる。

図　社会福祉の相談援助と福祉情報の流れ

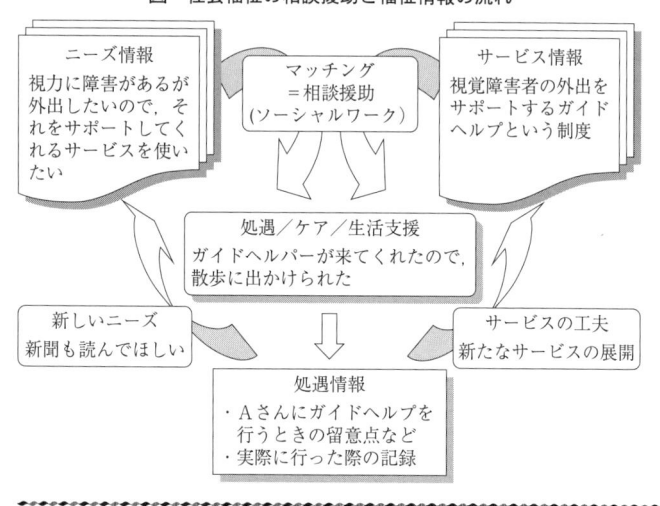

```
┌─────────────┐                         ┌─────────────┐
│  ニーズ情報  │      マッチング         │ サービス情報 │
│視力に障害があるが│   ＝相談援助         │視覚障害者の外出を│
│外出したいので，そ│  （ソーシャルワーク） │サポートするガイド│
│れをサポートしてく│                     │ヘルプという制度  │
│れるサービスを使い│                     │                  │
│たい              │                     │                  │
└─────────────┘                         └─────────────┘
              ↓                             ↓
        ┌──────────────────┐
        │  処遇／ケア／生活支援  │
        │ガイドヘルパーが来てくれたので，│
        │散歩に出かけられた    │
        └──────────────────┘
    ↓              ↓              ↓
┌─────────┐              ┌─────────┐
│新しいニーズ│              │サービスの工夫│
│新聞も読んでほしい│          │新たなサービスの展開│
└─────────┘              └─────────┘
              ↓
        ┌────────────────┐
        │    処遇情報          │
        │・Aさんにガイドヘルプを │
        │  行うときの留意点など  │
        │・実際に行った際の記録  │
        └────────────────┘
```

第9章　地域福祉計画と地域包括ケア

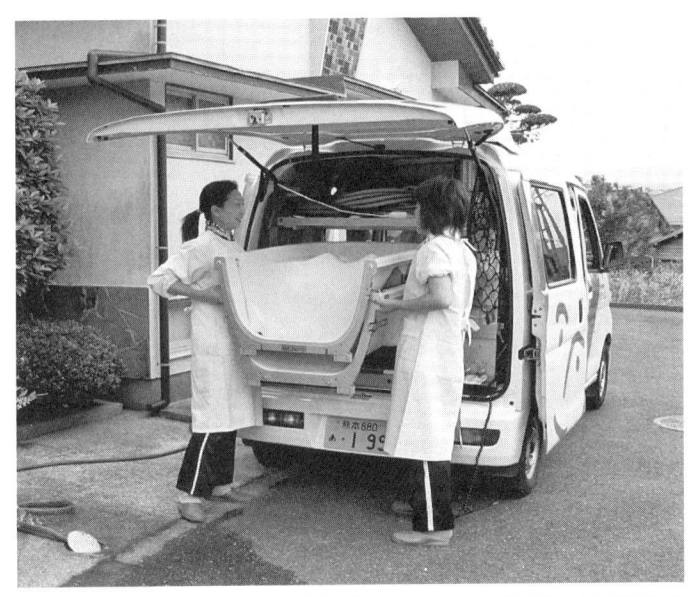

訪問入浴（写真提供：水俣市社会福祉協議会）

　本章では，はじめに，地域福祉を進めるうえで不可欠な「地域福祉計画」「地域福祉活動計画」を取り上げ，全体像を概説するとともに，両計画における住民の役割について考察する。次に，地域福祉で大きな比重を占める対人社会サービスの中で，目下の重要課題の1つである高齢者介護対策に焦点をあて，今後の方向性として提示されている「地域包括ケア」について概説する。さらに，地域福祉計画と地域包括ケアの関係について述べ，地域包括ケアを実現するうえでの地域福祉の役割，住民参加の有効性について考察する。

1 地域福祉計画と地域福祉活動計画

「**地域福祉計画**」については、すでに第7章の事例を紹介するにあたって、コーディネーターがA市の地域福祉計画によって配置されたと述べた際（第7章1節）に少しふれたが、地域福祉の充実を目的として市町村、都道府県単位で立てられている計画である。以下、市町村の「地域福祉計画」を中心に法的根拠、内容、策定方法、課題、住民参加等の重要性について述べる。

> 「地域福祉計画」とは何か

（1）「地域福祉計画」の根拠法

市町村地域福祉計画と都道府県地域福祉支援計画は、2000年の社会福祉法の改正で法定化された。本章では、市町村地域福祉計画を支援する都道府県の計画にはふれず、市町村地域福祉計画についてみておきたい。

市町村地域福祉計画（以下、断りがない限り、「地域福祉計画」は市町村地域福祉計画のことをさす）は社会福祉法第107条に次のように規定されている。

> 第107条　市町村は、地方自治法第2条第4項の基本構想に即し、地域福祉の推進に関する事項として次に掲げる事項を一体的に定める計画（以下「市町村地域福祉計画」という。）を策定し、又は変更しようとするときは、あらかじめ、住民、社会福祉を目的とする事業を経営する者その他社会福祉に関する活動を行う者の意見を反映させるために必要な措置を講ずるとともに、その内容を公表するものとする。
>
> 1　地域における福祉サービスの適切な利用の推進に関する事項

2　地域における社会福祉を目的とする事業の健全な発達に関する事項
　3　地域福祉に関する活動への住民の参加の促進に関する事項

　したがって，地域福祉計画の内容は，条文の1～3ということになる。また，2007年8月には，厚生労働省通知により，災害時などの要援護者対策として，「地域における要援護者に係る情報の把握・共有及び安否確認方法等」も計画に盛り込むこととされた。

(2) 地域福祉計画の内容

　以下，この4点の内容について，2002年1月に社会保障審議会福祉部会が公表した「市町村地域福祉計画及び都道府県地域福祉支援計画策定指針の在り方について（一人ひとりの地域住民への訴え）」などを参考にして整理すると以下のようになる。

① 地域における福祉サービスの適切な利用の推進に関する事項　ニーズ調査やサービスの点検を通してサービスの目標量を提示するとともに，目標達成のための戦略として，相談支援体制の整備，必要なサービスを利用できる仕組みの確立，社会福祉従事者の専門性の向上，サービス評価などによる利用者の選択の確保，サービス利用に結びついていない要支援者への対応，利用者の権利擁護などを明らかにする。

② 地域における社会福祉を目的とする事業の健全な発達に関する事項　多様なサービスの参入促進や公私協働の実現のための方策，福祉・保健・医療と生活関連分野との連携方策などを明らかにする。

③ 地域福祉に関する活動への住民の参加の促進に関する事項　地域住民・ボランティア団体・NPO法人などの活動への支援，地域住民の自主的な活動と公共的サービスの連携，住民などの

意識の向上と主体的参加の促進，地域福祉を推進する人材の養成などの方策を明らかにする。
④ 地域における要援護者に関わる情報の把握・共有および安否確認方法に関する事項　災害時などの要援護者の把握の方法，関係者間での情報の共有方策，安否確認の具体的な仕組みなどについて明らかにする。

(3) 地域福祉計画と他の福祉計画との関係

福祉に関わる計画は，国が1989年に高齢者保健福祉推進十か年戦略を策定して以降，国・都道府県・市町村において，高齢のみならず障害・児童・ホームレスなどさまざまな分野で策定されるようになってきている。ここでは，それらの福祉計画と地域福祉計画の関係についてふれておきたい。

地域福祉計画は，すでに述べたように，サービスの適切な利用の推進，福祉事業の健全な発達，地域福祉活動への住民参加の促進，災害時などの要援護者の把握・安否確認方法等の事項を定めるものであるが，これらの事項は，高齢・障害・児童・ホームレスなどの対象・分野別に定めるより，それぞれに共通する事項として計画化したほうが都合よく，合理的である。権利擁護や虐待防止の仕組みは，高齢者だけではなく障害者や児童にも通じるものであり，従事者の質の向上もいずれかの分野だけで進めるわけではないからである。また，福祉事業の健全な発達や市民参加の促進，あるいは災害時などの要援護者対策も，すべての対象・分野にまたがっている。

以上を整理すると，図9-1になる。

図9-1にある「自治体基本構想」は地方自治法第2条第4項によりすべての自治体に策定が義務づけられているものであり，自治体行政のすべての業務に関わる総合的な計画である。地域福祉計画は，その基本構想に基づき，当該自治体の福祉に関わる事項で，それぞ

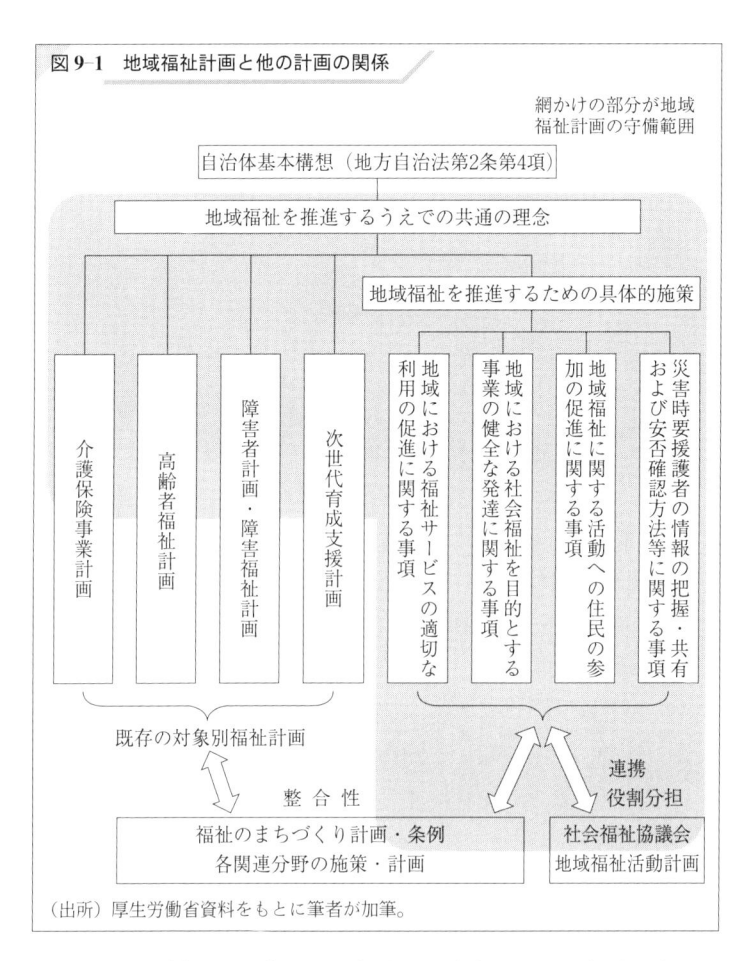

図9-1 地域福祉計画と他の計画の関係

網かけの部分が地域福祉計画の守備範囲

自治体基本構想（地方自治法第2条第4項）

地域福祉を推進するうえでの共通の理念

地域福祉を推進するための具体的施策

- 介護保険事業計画
- 高齢者福祉計画
- 障害者計画・障害福祉計画
- 次世代育成支援計画

既存の対象別福祉計画

- 地域における福祉サービスの適切な利用の促進に関する事項
- 地域における社会福祉を目的とする事業の健全な発達に関する事項
- 地域福祉に関する活動への住民の参加の促進に関する事項
- 災害時要援護者の情報の把握・共有および安否確認方法等に関する事項

整合性　　　　　　　　　　　　　　連携・役割分担

福祉のまちづくり計画・条例
各関連分野の施策・計画

社会福祉協議会
地域福祉活動計画

（出所）厚生労働省資料をもとに筆者が加筆。

れの対象別福祉計画に共通する部分と，前述の4つの事項を定めるものと考えられる。

また，図9-1にある，当該自治体の「福祉のまちづくり計画・条例」や「各関連分野の施策・計画」との整合性が図られていなければならないことはいうまでもないが，社会福祉協議会（以下，社協）が策定する「**地域福祉活動計画**」（後述）との整合性，役割分担，

連携方策等も示されていなければならない。

(4) 地域福祉計画の構成

次に，地域福祉計画の構成についてみておきたい。それぞれの計画によって差があることはもちろんであるが，一般的に計画は以下のような構成のものが多い。

① 基本理念・基本目標　市町村の地域福祉推進の原点となる理念，理念を実現するための使命や基本的な考え方・目標，理念が実現されたときの将来像などを定めた項目

② 基本計画・重点目標　基本理念や基本目標を達成するための重点事業，それらの事業の方向性，具体的到達目標などを定めた項目

③ 実施計画　基本計画や重点目標を実施するための個別事業に関する具体的事項（年次計画，財源，担当部署などを含む）を定めた項目

④ 推進・評価計画　計画策定後の進捗管理方策や評価方法（見直しの方法・時期など）に関する事項

⑤ その他の必要事項　上記のほかに，地域の概況（地域特性など），住民などの実態調査結果，住民懇談会の報告，計画期間，自組織の改革案などを記載している場合も多い

なお，規模の大きな自治体では，全市で1つの地域福祉計画では範域が大きすぎるので，いくつかの小地域に分け，それぞれの地域特性を踏まえて「地区福祉計画」を作成している場合もある。

地域福祉計画の策定手法

地域福祉計画の策定手法には，いろいろな方法がある。一般に，ものごとを進めるにあたっては，Plan→Do→Check→ActionのPDCAサイクルで行うことが重要である（第7章参照）。つまり，計画し，実施し，その結果を点検・評価し，そして次の活動へと展

開することが大切なのである。また，計画は，実行し見直してこそはじめて有効なものであり，そうした反復プロセスがなければ「画に描いた餅」だったり，「やりっぱなし」になってしまう。以下，地域福祉計画の策定について，ある自治体の策定プロセスを例にとって説明したい。

(1) 第1段階：計画策定作業を行うことの組織決定と準備

まず，事務サイドで計画策定作業について検討する。その際，前回計画があれば，それの総括や評価を行うとともに，他地域での実践事例などを収集する。ある程度資料が整ったところで部署決定を行い，組織全体の決定（市長決定）に持ち上げる。さらに，策定作業を次年度の事業計画に載せ予算措置を行う。

(2) 第2段階：体制づくり

次年度が近づいてきた段階で，計画策定事業を遂行する事務局体制を整備し，関係部局も含めた組織内プロジェクトを設け，それぞれの役割分担を決める。プロジェクトで，計画策定委員会の委員候補を選定し，合意がとれた段階で委員を委嘱する。委員には，公募による地域住民のほか，学識経験者，福祉・保健・医療関係者，民生委員・児童委員，町内会・自治会等の住民組織など，関係者がバランスよく参加するような体制がとられなければならない。並行して，計画全体の枠組み（案）やスケジュール（案）を作成し，プロジェクトや委員長候補・副委員長候補と検討する。また，計画に関する要望などについて，内外の関係者の意見集約やヒアリングを行うことも効果的である。

それらの準備ができたところで第1回の策定委員会を開催し，委員長・副委員長を選出し，枠組みやスケジュール案を決定する。必要に応じて今後の作業を集中的に行う委員会（部会）なども設置する。

(3) 第3段階：現状分析・課題整理

① 委員会の開催と作業委員会（部会）の設置　既存資料の収集と整理，現行の施策やサービスについての分析と評価，地域特性の把握などを通じて，福祉課題の洗い出しと明確化を行うことによって計画の目標と方向性の明確化を図る。つまり，この地域では，何がどうなっているのか，何が課題なのか，どのような方向にもっていけばよいかなどを把握するのである。この作業を**地域アセスメント**といい，これを機動的・効率的に行うために作業委員会（部会）を設置することも多い。

② 地域アセスメントの方法

 a. 地区懇談会（住民座談会）の開催

 地区懇談会は，地区ごとに住民や関係者に集まってもらい意見聴取をすることで，その地域の現状把握や福祉課題の明確化を行おうとするものであるが，それだけではなく，計画の周知・参加の呼びかけなどにも有効であり，さらには，策定された計画を実施するうえでも大きな役割を果たす場合が多い。なぜならば，こうした懇談会の出席者は，住んでいる地域に関心をもっている人たちが集まってきているからである。そのため，懇談会だけで終わらせることなく，抽出された課題の解決策を考えるワークショップにつなげる場合も多い。

 b. 調査の実施

 地区懇談会などの直接的な意見聴取活動とならんで，地域の全体像や傾向の把握には調査が有効である。調査には，実態調査（生活実態，サービス利用実態など），意向調査（困っていること，サービス利用の意向など），ニーズ調査（福祉ニーズの把握―実態と意向の双方から）などがある。

 c. 関係者・専門職へのヒアリング

たとえば，ニーズの総量としてはわずかであったり，新しい
　　課題であったりする場合には，地域懇談会や実態調査ではなか
　　なか見えてこない場合もある。そのため，当事者グループなど
　　の関係者や専門職にヒアリングを行うことも有効である。
③　委員会へのフィードバック　　地域アセスメントの結果を，
　　委員会にフィードバックする。
(4)　第4段階：基本理念・基本目標・基本計画づくり

　地域アセスメントをベースにして，あるべき姿（基本理念・基本目標）を描く。この論議に際しては，理想論も含め，大所高所からの検討（そもそも論，あるべき論）が不可欠である。基本理念・基本目標が委員会で共有されたら，次は基本計画・重点目標の検討である。基本理念や基本目標を達成するためには何をしなければならないか，とくに重点的に取り組まなければならない項目は何かなどについて明らかにする。こうしたときには，常に，自治体内のほかの計画（福祉関係の計画だけではなく，医療計画や総合計画なども含む）との整合性も図られなければならない。

　ここまでの段階で「中間のまとめ」を作成し，再度，住民にフィードバックすることも有効である。具体的な方法としては，住民アンケート，地区懇談会，当事者との懇談会，広報，パブリック・コメントなどが考えられるが，それらを通じて行われた意見集約の結果を反映して，「中間のまとめ」の手直しを行い，手直しの結果を再度周知する。こうすることで，計画策定が進んでいること，自分たちの意見が採り入れられることなどを実感してもらうことが大切である。

(5)　第5段階：実施計画づくり

　基本計画に基づき実施計画を策定する。つまり，基本計画を実現するための個々の具体的項目について検討し，年次計画としてスケ

ジュール化するのである。その際，内外の関係者，当事者，住民の関わり方や参加方法も明文化しておく必要がある。また，人員体制や財源についても同様である。そして，計画の実効性や実行性を担保するために，毎年度の事業計画への反映を計画の中に明文化しておくことも重要である。

一方で，現行事業の中で廃止したり縮小したりする事業項目も検討する必要がある。というのは，人員や予算の増加が考えられないときに，無理して業務を増加しても完遂できるかどうかわからないからである。職員の力量の範囲内，あるいはちょっと頑張れば達成できそうなレベルで収めることが肝心である。

また，計画の見直しや評価の方法についても検討を加え，素案をつくる。素案ができた段階で，内外の関係者や住民に周知し，論議してもらい，再度の意見集約の結果を反映して手直しを行う。この手直しの結果を再々度周知することも大きな意味をもつ。

(6) 第6段階：決定と周知

このようにして策定された計画を市長に答申するとともに，議会において審議し，議決してもらう。そのことによって，計画内容に対する法律的な実施義務が生じるため，このプロセスも重要である。そして最終版を関係者，住民に対して広報し，計画の周知を図る。実践段階に入れば，多くの市民の協力が必要となるのであるから，最終案の周知はもっとも大切である。

(7) 第7段階：実践

こうして計画は，年度ごとの事業計画と予算に反映され実行に移される。また，その進捗状況のチェックが，評価計画に従って行われることになる。事業計画が積み重なって実施計画となり，実施計画が積み重なって基本計画となるように，計画のレベルごとに実践化が図られていることを確認する。

(8) 第8段階：見直しと評価

　年度ごとの計画，実施計画，基本計画ごとに計画の進捗が評価される。次の計画策定時期がこなくても，必要に応じて評価結果に対応した処置を講じることも必要である。当たり前の話であるが，計画は，当初のとおり進められることが重要なわけではなく，実情に応じて柔軟に対応できることのほうが大切だからである。

「地域福祉活動計画」とは何か

　「地域福祉活動計画」は，社協が策定する計画で，その地域で福祉活動や福祉事業を行う住民，ボランティア・NPO団体，福祉サービス事業者，関係団体等および社協自身が，地域福祉についてのそれぞれの役割を認識し，具体的な行動をとるように定めた民間福祉活動に関わる計画である。

　そもそも地域福祉に関わる計画は，2000年に社会福祉法で地域福祉計画が法定化される以前の1980年頃から，多くの地域で「地域福祉計画」と称して社協が主体となって策定されていた。ところが1989年に東京都が『東京都における地域福祉推進計画の基本的あり方について（答申）』を公表し，広義の地域福祉計画は，①東京都の策定する「地域福祉推進計画」，②区市町村の策定する「地域福祉計画」（狭義），③社協をはじめとする民間団体の策定する「地域福祉活動計画」の3つの計画（「三相計画」）から構成され，相互に補完して地域福祉を推進するものと定義した。全国社協はこの答申に沿って，それまで「地域福祉計画」と呼んでいた社協の計画を「地域福祉活動計画」と呼ぶことに改め，『新・社会福祉協議会基本要項』（1992年4月）や『地域福祉活動計画策定の手引』（同年11月）で公表した。以降，社協が策定する計画を「地域福祉活動計画」と呼ぶようになった経緯がある。

　地域福祉活動計画は，その目標を「福祉コミュニティづくり」に

置き，住民参加のもとに住民自身による策定・推進を原則（実際は社協職員が事務局機能を果たすが）としている。そして主な内容としては，

① 地域福祉推進のための地域福祉活動の理念・あり方・方向性
② 地域福祉推進のための住民，ボランティア・NPO，福祉サービス事業者などの具体的活動の展開方策
③ 地域福祉推進のための公的部門やサービス提供部門に対する要望のとりまとめ
④ 進行中の他の計画や福祉サービスなどに対する住民視点でのチェックと評価
⑤ 地域におけるボランティア・NPO，福祉サービス事業者などのあり方や連携方策
⑥ 以上の活動に必要な人材・財源・情報などの養成や造成方策

などである。

地域福祉計画との関係でいえば，地域福祉計画が「行政計画」であるのに対して地域福祉活動計画は「民間計画」であるが，地域福祉の推進の重要な部分を地域の住民・ボランティア・NPOなどの民間部分が担うことを考えれば，それぞれの立場からの責任を果たすために両計画が連動し相互に補完しあう関係でなければならない。いわば，両計画は地域福祉を進める両輪であるので，策定時・推進時に協働歩調をとることが求められる。

地域福祉計画の策定状況と取組みが進まない背景

これまで地域福祉計画の内容について概観してきたが，じつは市町村における地域福祉計画の策定状況はあまり芳しくない。厚生労働省は「市町村地域福祉計画の策定について」（2007年），「市町村地域福祉計画及び都道府県地域福祉支援計画の策定及び見直し等について」（2010年）などを出し，策定を呼びかけているが，実

際には「策定済み」48.8%,「策定予定」17.4%,「策定未定」33.8% と低調である。またその理由としては,「人材・策定体制が確保できない」「計画策定のためのノウハウがない」「他の計画で内容が含まれている」などがあげられている (2010 年 7 月末時点厚生労働省調査資料による)。しかし多くの地域福祉計画の策定作業に関わってきた筆者の感覚では,地域福祉を計画的に進めることの重要性が,自治体の首長や担当者に十分認識されていないということが背景にあるのではないかと感じている。

なお,厚生労働省が設置した「これからの地域福祉のあり方に関する研究会」が 2008 年 3 月にまとめた『地域における「新たな支え合い」を求めて――住民と行政の協働による新しい福祉』によれば,地域福祉の要素・条件として,

① 住民主体を確保する条件があること
② 地域の生活課題発見のための方策があること
③ 適切な圏域を単位としていること
④ 地域福祉を実施するための環境として,情報共有がなされ,活動の拠点があり,コーディネーターがおり,活動資金があること
⑤ 活動の核となる人材がおり,後継者が確保できること
⑥ 市町村は住民の地域福祉活動に必要な基盤を整備するとともに,公的福祉サービスも地域の生活課題に対応できるよう,一元的に対応すること

を指摘している。

これらをみても,こうした方策に取り組めていない (取り組んでこなかった) 自治体にとって,地域福祉を推進するために上記の①～⑥を地域福祉計画に盛り込むことが重要だと考えられる。しかし,地域福祉計画は従来の行政計画のように役所の中で予算化すれば計

画内容が進行するというものではなく，住民や住民組織，あるいはボランティアやNPOが理解し納得して，積極的に計画推進過程に関わらなければ実現することが難しい種類の計画である。予算化し，業者を選定し，予算消化すれば進むというようなこれまでの行政計画とは違うため，首長や担当者は進め方などに困惑するところがあるのではないだろうか。

> 地域福祉計画における住民参加などの具体的内容と重要性

先にふれたように地域福祉計画の内容自体に「住民参加」に関する事柄が盛り込まれているだけでなく，地域福祉計画の策定・進捗自体も住民の参加によって進められなければならない。「自助―互助―共助―公助」の役割分担や「住民自治」「住民主体」の観点からみても，自分が住んでいる地域のこれからの地域福祉に関わる事項は自分たちで決め，実施する主体となることが求められるからであり，地域福祉における互助や共助の役割が重要となるにつれ，その具体的な展開を支える住民の参加は，これまで以上に重要になってくる。

以下，地域福祉計画策定プロセスごとに，どのような住民参加の形態があるかを例示しておきたい。

(1) 第1段階：計画策定作業を行うことの組織決定と準備

残念ながらこの段階は役所の中で進行する場合が多いため，住民参加の視点からは顕著な働きかけは見つけられない。しかし，普段の活動の中で関わりのある，役所の担当部課に，地域福祉計画の必要性を説き，策定の働きかけを行うなども参加の一形態ということができる。

(2) 第2段階：体制づくり

この段階では，通常は策定委員会を発足させるが，それに先立って，計画への意見募集や市民委員の公募が市広報などを通じて行わ

れる場合が多い。したがって，住民参加の形態としては「市広報アンケートへの回答」「市民委員への応募」などがある。

(3) 第3段階：現状分析・課題整理

この段階では，その地域の課題を明らかにするために地区懇談会などを開いて，地域の実情やニーズを把握する。住民側からみれば，この機会に地域でのニーズの実態を知ってもらう働きかけを行うことが必要であり，そうした機会としてアンケート調査への回答，地区懇談会（住民座談会）での発言，当事者・関係者としてのヒアリングへの回答などがある。

(4) 第4段階：基本理念・基本目標・基本計画・重点目標づくり

この段階で「中間のまとめ」（素案，基本的な考え方など）が公表され，市広報で意見を求めたり，パブリック・コメントにかけられることがある。こうした際には，これらに対応することも重要である。この後，最終案が出た際に，基本的な考え方に戻って再考を求めるような意見は，審議の円滑な進行を妨げることになり，効率的でないと判断されることもあるからである。

(5) 第5段階：実施計画づくり

計画の具体的内容を決定するこの段階では，公募市民委員以外は，あまり関与することはできない場合が多い。しかし，市民委員を巻き込んで，具体的実施項目に関する報告会や勉強会を開いて住民の意見をまとめ，市民委員がそれを策定作業の中で反映させるという方法もある。

(6) 第6段階：決定と周知

この段階での住民の役割は，その計画内容を理解し，知り合いへ周知することなどが考えられるが，第5段階までのような企画立案への関わりを通した参加の段階は終了し，また，第7段階のような「担い手」としての参加にはいたらない。

(7) 第7段階：実践

 ここでの住民の役割は，計画として決定された事業・活動での役割を果たすことである。とくに，小地域での活動として計画化された「見守りネットワーク」「要援護者の安否確認」「小地域助けあい活動」などでは住民の役割が大きく期待されているため，この部分に積極的に関わることが求められる。また，これらの活動の中心的な担い手は，地域懇談会などを通じて組織化された住民推進組織である場合も多い。次節で後述する，地域包括ケアにおける住民の役割の多くも，この部分に集中している。

(8) 第8段階：見直しと評価

 計画の見直しと評価にあたって，住民の満足度調査や実態調査などを行う場合には，それらへの回答が参加の一形態ということになる。また，策定委員会と別に評価委員会が設置される場合には，それへの市民委員の公募があるので，そこに参加することもできる。さらに，地区懇談会が中心となって，その地域での地域福祉推進組織ができた場合などは，実施―評価―見直し―次期計画のサイクル全般に関わることになる。

2 「地域包括ケア」とは何か

 ここでは近年重要視されてきている「**地域包括ケア**」について説明し，前節で述べた地域福祉計画との関連を考えてみたい。「地域包括ケア」の実現のためには，一般的には，介護保険制度や高齢者医療制度の継続的・計画的展開による各種サービスの充実が重要であり，そのためには「介護保険事業計画」「高齢者福祉計画」などを綿密に立て，実施していくことが大切であると考えられている。

しかし地域包括ケアは，高齢者福祉・介護の分野に限らず，障害者福祉の分野や児童福祉の分野でも，今後重要な取組みになる。地域包括ケアの考え方は，要介護高齢者にとってのみ有用であるわけではなく，すべての人々にとって重要なものだからである。

その意味で，「地域包括ケア」の推進を，地域福祉の推進（＝地域福祉計画）との関連でとらえる必要がある。後述するが，「地域包括ケア」の視点で重視されているのは，第7章で考察した「つなげる」「つながる」機能だからである。

以下，そのことを中心として，「地域包括ケア」について概説していきたい。

介護保険制度の創設と2005年制度改革

周知のとおり，介護保険制度によるサービス提供は2000年4月にスタートした。その後，日本の高齢者数の増加ペースを超えて，介護保険の要介護認定者数や介護保険によるサービスの利用者数は激増し，今後の介護保険料も高騰することが予測されている（表9-1参照）。

厚生労働省は，各種の数値がこのまま上昇し続ければ介護保険制度自体の維持が困難になると判断し，有識者からなる研究会を設置し，2003年6月に報告書『2015年の高齢者介護——高齢者の尊厳を支えるケアの確立に向けて』（厚労省・高齢者介護研究会）を公表した。

この報告書では，「要介護認定者の増」「在宅サービスの脆弱性」「認知症高齢者の顕在化」「新たなサービスの動き」など，介護保険施行後に見えてきた課題を検討しつつ，制度の持続可能性と「高齢者の尊厳を支えるケア」を実現するために，以下のような視点に基づいて，制度改正の方向性を提示した。

表 9-1　介護保険

(1) 利用者数等の推移　　　　　　　　　　　　（各年度4月末，単位：人）

	2000年	2003年	2006年	2009年	2012年
第1号被保険者数	21,654,769	23,981,379	25,935,454	28,384,166	29,855,066
要介護（要支援）認定者数	2,181,621	3,484,324	4,348,093	4,689,923	5,174,447
介護サービス利用者数	1,489,688	2,736,235	3,476,928	3,835,237	4,403,861
居宅サービス（介護予防を含む）利用者数	971,461	2,014,841	2,546,666	2,782,828	3,239,697
地域密着型サービス（介護予防を含む）利用者数	—	—	141,625	226,574	304,249
施設サービス利用者数	518,227	721,394	788,637	825,835	859,915

(2) 費用等の推移

	2000年（第1期）	2003年（第2期）	2006年（第3期）	2009年（第4期）	2012年（第5期）
介護の総費用額（年間・億円）	36,273	56,891	63,615	74,306	89,217
介護保険料（標準月額・円）	2,911	3,293	4,090	4,160	4,972

（出所）　厚生労働省の統計資料より作成。

(1) ケアモデルの転換

現状の制度と 2015 年のものとでは，以下の3点についてケアモデルを修正する必要がある。

① 介護予防の推進：「介護」モデルから「介護＋予防」モデルへ
　　要介護になってからだけではなく，要介護にならないように予防の観点を重視する。
② 認知症ケアの推進：「身体ケア」モデルから「身体ケア＋認知症ケア」モデルへ　　身体介護中心のケアではなく，認知症のケアも含めたモデルを確立する。

③ 地域ケア体制の整備：「家族同居」モデルから「家族同居＋独居」モデルへ　家族同居で介護者がいるモデルではなく，増加が予測される独居や高齢者夫婦世帯に対するモデルを開発する。

(2) 新しいサービス体系の確立

できる限り住み慣れた自宅や地域で生活を継続できるように，施設か在宅かといった選択以外の新しいサービス体系を確立する。

① 在宅で24時間365日，切れ目のないサービスを提供するために，小規模多機能型居宅介護などの地域密着型サービスを整備する。

② 自宅，施設以外の多様な「住まい方」ができるよう，中間的な形態を整備する。

③ 施設機能を地域に展開したり，ユニットケア（多人数の施設でも，10人前後のグループ化を図り〔＝ユニット〕，利用者も介護者も馴染みの関係」となることで，家庭的・安定的なケアを提供しようとするもの）を普及させることで，在宅高齢者も支えられるように施設の機能を充実し，新しい役割を果たす。

(3) 地域包括ケアシステムの確立

① 介護保険で導入されたケアマネジメントは，個々人に合わせたケアの提供手法であるが，十分に効果をあげていないため，その適切な実施と質の向上が求められる。

② 介護保険サービスやその範囲内でのケアマネジメントでは，医療が必要なケースや家族関係に問題を抱えているケースなどには十分に対応できない。

③ したがって，介護以外の問題にも対処しながら介護サービスを提供するには，保健・福祉・医療の専門職やボランティアなど地域のさまざまな資源を統合した包括的なケア（地域包括ケ

ア）が提供されることが必要である。

以上のような観点に基づき，2005年に介護保険法が改正され，2006年4月に「地域包括ケア」を進める組織として地域包括支援センターが設置された。

地域包括支援センターの役割と機能

地域包括支援センターは，2005年の介護保険法改正によって新たに設置された組織で，保険者（多くの場合は市町村）が設置することになっている（ただし，民間法人への委託が可能）。

主な機能は以下のとおりである。地域福祉との関係でいうと，対象は今のところ高齢者に限られている場合が多いが（全国的には障害者や児童も対象にしている地域包括支援センターもある），第7章で説明したコミュニティ・ソーシャルワークを展開することを基本機能としていると理解できる。コミュニティ・ソーシャルワークは，地域資源をフルに動員して行う個別支援ということができ，以下の包括的支援事業での個別支援は，まさしくそのことが期待されていると考えられる。

(1) 包括的支援事業

① 介護予防ケアマネジメント　「2次予防」高齢者（要介護状態・要支援状態にはないが，そのおそれがあると考えられる65歳以上の者）を把握し，介護予防ケアプランを作成し，介護予防事業などを行う。

② 総合相談・支援　初期段階での相談対応および専門的・継続的な相談支援，そのための地域の高齢者の実態の把握などを行う。

③ 権利擁護　成年後見制度の活用促進，老人福祉施設などへの措置の支援，高齢者虐待への対応，困難事例への対応，消費者被害の防止などを行う。

④ 包括的・継続的ケアマネジメント支援　専門職間の連携のもと，介護支援専門員に対する日常的個別指導・相談，地域の介護支援専門員が抱える支援困難事例などへの指導・助言を行う。

⑤ 共通的支援基盤の構築　①〜④を行うために，総合的・重層的な地域ネットワークを構築する。

(2) 指定介護予防支援

介護保険の予防給付の対象となる要支援者の介護予防サービス計画を作成し，予防サービス等の提供が確保されるよう，サービス事業者などとの連絡調整などを行う。

「地域包括ケア」の定義

「地域包括ケア」の必要性と中心となる地域包括支援センターの機能を概観したところで，先行の報告書などからその要素を抽出し，ここで「地域包括ケア」を再定義しておきたい。

先述した『2015年の高齢者介護』のあと，さまざまな研究会報告や『地域包括支援センター運営マニュアル』（長寿社会開発センター編，2012年）などで「地域包括ケア」が定義されているが，ここでは，厚生労働省に設置された地域包括ケア研究会が2009年3月に公表した報告書『地域包括ケア研究会報告書──今後のための論点整理』にある定義を紹介しておきたい。

「ニーズに応じた住宅が提供されることを基本とした上で，生活上の安全・安心・健康を確保するために，医療や介護のみならず，福祉サービスを含めた様々な生活支援サービスが日常生活の場（日常生活圏域）で適切に提供できるような地域での体制」であり，「その際，地域包括ケア圏域については，『おおむね30分以内に駆けつけられる圏域』を理想的な圏域として定義し，具体的には，中学校区を基本とする」。

> 地域包括ケアの成立要件

(1) 地域包括ケアの内容

ここで，上記の報告書も含め，地域包括ケアの内容を整理すると以下のようになる。

① 目標：高齢であっても障害があっても，地域住民として住み慣れた地域でできる限り安心して尊厳あるその人らしい生活を継続する

② 領域：保健・医療・介護・福祉などの専門分野・領域，施設・在宅などの空間・場面，ボランティア組織・地域の互助組織・近隣住民などの**インフォーマル・サポート**などを含む

③ 内容：異なった領域（専門領域・場面・インフォーマルなど）間での連携，連続性・継続性・包括性の確保（在宅サービス利用から施設入所にいたる過程でのサービスの連続性の確保，施設からの退所・退院者への在宅サービスの切れ目ない提供確保など）

④ 範域：おおむね30分以内に駆けつけられる日常生活の場（日常生活圏域）が単位

⑤ 前提：在宅サービスの複合化・多機能化/ニーズに応じた新たな『住まい』の用意/施設機能の地域展開による在宅サービスと施設サービスとの隙間の縮小/施設における個別ケアの実現

(2) 地域包括ケアの成立要件

地域包括ケアの内容を確認したところで，地域包括ケアが成り立つための要件を考えると，以下のようにいえるのではないだろうか。

① 介護，福祉，医療，看護，保健，リハビリテーションなどのフォーマル・サービスの連携

② 地域社会や家族・親戚・友人・知人などによるインフォーマル・サポートの動員

③ フォーマル・サービスとインフォーマル・サポートとの連動

④ 各種サービス，サポート間のネットワークと適切なマネジメ

ントの確立

つまり、これらが成立することで、地域包括ケアが成り立つと考えられるのである。

地域包括ケアと「地域包括ケアシステム」の関係

次に、地域包括ケアと「地域包括ケアシステム」の関係について考えてみたい。地域包括ケアは、あくまでもケアが必要な人に対する個別に組み立てられた支援・援助であるのに対し、「地域包括ケアシステム」は、地域包括ケアが成立するための環境であり、直接的なケアを成立させる要件だけではシステムとして成り立たない。

このことを押さえたうえで、地域包括ケアシステムの成立要件を考えると、上記(2)①〜④の要件に加え、

⑤ 総合相談・ニーズ発見・権利擁護・虐待防止などの個別ケアを重層的に支えるネットワークの構築

⑥ 個々のケースにおける生活の時間的連続性を確保するための長期継続ケア体制の構築(ケアマネジメント体制の確立と日常生活における馴染みの関係の継続)

⑦ 前提としての生活の場所(自分の「住まい」「居場所」)の確保と連続性(施設—中間的な住まい—施設)

⑧ 障害者、児童なども包含した統合的な共生ケアの可能性

⑨ 当事者や家族の参加の確保

⑩ 上記の要件に関わる全体的なマネジメント体制

などの整備が必要となろう。

地域包括ケアと地域福祉の関係

さて最後に、地域包括ケアと地域福祉の関係について考えてみよう。

(1) 地域包括ケアと地域福祉

まず、地域福祉は地域包括ケアのどの部分を担うことができるの

か(あるいは,担うべきなのか),考えてみたい。

すでに第7章・第8章で述べてきたところであるが,地域福祉は,自助―互助―共助―公助の適切な組み合わせに基づき,人や組織を「つなげる」ことを重視する。そのことを考えるならば,地域福祉はさまざまな局面で地域包括ケアの重要な部分を担うことがわかる。当然のことながら,上記の①~⑩のすべてが,地域という場で行われており,「つなげる」ことが求められているからである。

逆に,それでは地域包括ケアと地域福祉はイコールなのかという疑問が浮かぶかもしれない。しかしそれは,すでに説明したように,公園の清掃や不法駐輪撤去の活動なども地域福祉と考えられるため,イコールではない。つまり,地域福祉のほうが「守備範囲」が広いのである。

したがって,どの部分を担うかというと,すべての部分ということになるが,その中で,もっとも重要な要件をあげるとすると,それは前述の「地域包括ケアの成立要件」(2)-②や③ということになるだろう。

② 地域社会や家族・親戚・友人・知人などによるインフォーマル・サポートの動員

③ フォーマル・サービスとインフォーマル・サポートとの連動

すでに述べてきたように,共助や公助の仕組みに比べ,互助の仕組みが弱体化しており,その再構築が急務だからである。

(2) 地域包括ケアと地域福祉計画

すでに述べたように,地域包括ケアは,障害があっても高齢で介護が必要になっても,住み慣れた家や地域社会で,できる限りそれまでの生活や人間関係を継続できるように,さまざまなフォーマル・サービスやインフォーマル・サポートが組み合わされて提供されることが重要であり,介護保険制度などのサービスが24時間

365日全体をカバーしきれない現実を考えれば、それ以外の時間におけるインフォーマル・サポートをいかに充実させるか、何かあったときに専門的なフォーマル・サービスがすぐに発動できるようになっているかが大きな課題となる。

その視点から、地域福祉計画との関係で地域包括ケアを考えた場合、これもすでに述べた本章1節「地域福祉計画における住民参加などの具体的内容と重要性」の（7）における小地域での活動として計画化された「見守りネットワーク」「要援護者の安否確認」「小地域助けあい活動」などがきわめて重要になってくる。逆にいえば、地域福祉計画でそうした点をどの程度計画化し、実体化できるかが、地域包括ケアの実現に大きく影響してくるということなのである。

> 地域包括ケアを支えるインフォーマル・サポートの具体例

本章の最後に、これまで述べてきた地域包括ケアを支えるインフォーマル・サポートが、地域福祉計画の重点項目として掲げられ実体化してきた例を紹介しておきたい。

千葉県市川市は、千葉県の西端、東京都に隣接する人口約47万人の市である。北部にはナシ園などが広がる農業地域もあるが、中部はJR総武線や国道に沿って開かれた古くからの住宅地・商店が連なり、南部では臨海の工場や新しいマンション群などが立ち並ぶ、多様性のある市である。

現在、「市川市地域ケアシステム」は市内14の社協支部に設置され、自治会関係者や民生委員、ボランティアなどが中心となって、地域内のニーズ発見、相談、軽微なサービス提供、専門組織への仲介、定期的な地域懇談会、地区福祉計画の策定などを行い、国が考えている地域包括ケアにおけるインフォーマル・サポートの大きな部分を担うようになっている。このシステムは、介護保険制度開始の2000年頃に構想され、翌年から具体的な取組みが始まった。

しかし、この取組みが飛躍的に進んだのは、2003年3月に策定された市川市地域福祉計画に「市川市地域ケアシステム」が位置づけられ、市単独予算でコミュニティワーカーが配置されたことによる。その構想は図9-2のようになっている。以下、簡単に図の説明をしておきたい。

《これまでの状況》
- 地域には、さまざまな福祉活動があり、子ども、障害者、高齢者のそれぞれにインフォーマルな活動やサービスが行われている。
- また、対象を定めない活動も、さまざま行われている（民生児童委員、自治会など）。
- 子ども、高齢者、障害者も、とくに「困りごとがない」状態の場合は、それらの活動に参加し、活動の担い手になっている場合も多い。
- また、「ちょっとした困りごと」程度は、多くの場合、地域の中で解決されている場合も多い。
- 一方、市行政は市内を3地区に分け、北部・中部・南部にそれぞれ総合的な調整窓口がおかれている。
- 全般的な相談については、多くの市民は、これらの調整窓口を訪ねる場合が多い。
- 専門的な相談として、子どもには子育て支援センター、高齢者には在宅介護支援センター、障害者には地域生活支援センターがそれぞれ対応している（注：相談機関名は2003年当時のもの）。
- これらの専門相談は、3カ所の調整窓口によって紹介されることが多く、市民に十分に知られていないため、直接の来所者は多くはない。
- またその結果に応じて、それぞれのサービスが提供できるよう

に整備されている。

《これまでの課題》

・普段から地域との関係ができている場合はスムーズに地域活動に参加したり，そこからの簡単な支援を受けることができるが，そうした関係ができていない人の場合は，地域内では「困りごとを抱えた人」として見つけられにくい。
・「ちょっとした困りごと」が重度化した場合には，地域での支援だけでは対応できなくなる場合も多く，その場合は，行政の調整窓口を通じてそれぞれの専門相談機関に紹介され，その後，専門的なサービスを受けるようになるが，その流れが必ずしもスムーズではない。
・またそうした場合に，地域の中の支援との関係が切れてしまうことも多い。

《地域福祉計画で新たに配置した人材》

・相談員：必要な研修を受けたボランティア。地域拠点に配置され，交代で住民からの相談に乗ったり，地域に出かけてニーズを把握したりする。また，コミュニティワーカーと協力して地域の福祉活動の活性化を働きかけたりする。
・コミュニティワーカー：有給の専門職・社会福祉士。市川市社協に配置されている。圏域ごとに1人が配置され，地域の福祉活動組織などの組織化，相談員と連携してニーズの発見，専門組織等との連携などを行う。

《相談員とコミュニティワーカーを配置した成果》

・地域でのニーズの早期発見。
・発見したニーズや，地域での「ちょっとした困りごと」で対応できなくなった場合，適切な時期に適切な専門組織につなげることができる。

図9-2　市川市ケアマネジメントの将来像

地域

地域福祉活動・サービス
高齢者クラブ　家族の会　ボランティア・NPO

住民活動
支部社協活動
自治会活動

参画(担い手)

相談支援・
サービス提供

民生委員・
児童委員活動

サロン

高齢者
子ども　障害者

相談員
(拠点・つなぎ役)

参画(担い手)

地域福祉活動・サービス
こども会　学校
ファミリーサポートセンター
ボランティア・NPO

相談支援・
サービス提供

相談支援・
サービス提供

参画(担い手)

地域福祉活動・サービス
障害者団体　家族の会
ボランティア・NPO

相談支援・連絡調整

コミュニティワーカー

⇧ 支援

専門機関

地域子育て支援
センター，子ども館

地域型在宅介護
支援センター

地域生活支援
センター

保健・医療・福祉関係機関（高齢・障害・子育て）
相談対応・サービス提供（公的機関・社会福祉法人・指定事業者　等）

⇩ 調整・連携

行政

市川市全域の保健・医療・福祉に係る相談・サービス調整窓口機能

| 北　部
(保健医療福祉センター) | 中　部
(本　庁) | 南　部
(行徳支所) |

（出所）『千葉県市川市地域福祉計画』2003年3月より。

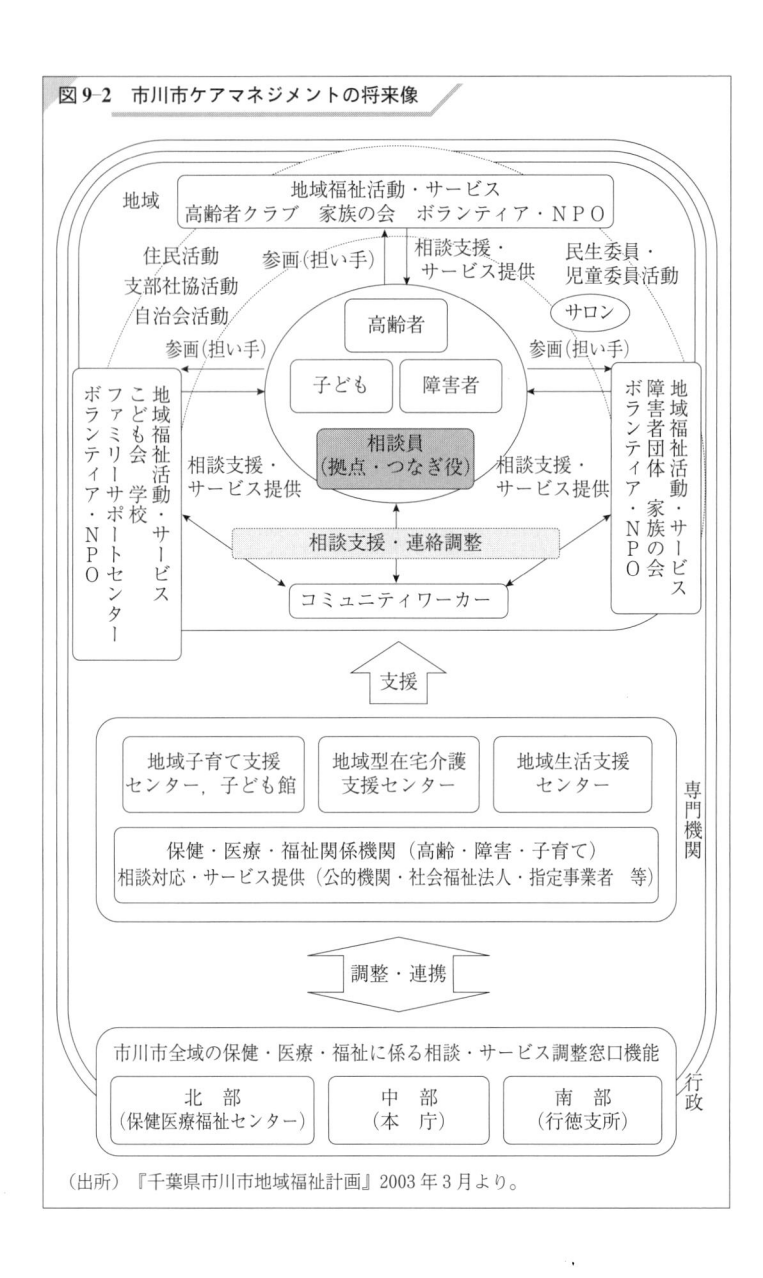

・専門的な組織が対応したあとも，地域の支援が途切れないように調整する。

このように地域福祉計画を通して相談員とコミュニティワーカーの配置を行い，その結果，市川市のインフォーマル・サポート活動である「市川市地域ケアシステム」の充実やフォーマル・サービスとの連携促進に寄与し，その結果として，市川市の地域包括ケアの向上が図られたといえる。

以上のように，市川市では，地域福祉計画を通して地域包括ケアの体制づくりが行われているのである。

Column ⑨ 地域福祉計画を遂行するための10カ条

　筆者はこれまで数多くの地域福祉計画の策定推進に関わってきたが，着実に計画を遂行しているところ，苦戦しているところ，計画を立てただけのところなど，さまざまである。以下，筆者の経験から，計画を遂行するための10カ条を考えてみたい。

① 計画担当者のヤル気：今のままではダメという「危機意識」，現状を変えたいという「問題意識」，住民と共にという「協働意識」を含む，実行への強い意志をもつこと。

② 地域福祉と計画の理解：関係者全員が，狭義の福祉ではなく，地域福祉は生活問題全般（たとえば，安全，安心，ゴミ，環境，交通，防災など）を扱うことの理解をもつこと。

③ 「公私協働」の理解：行政側が，何とか住民でやってもらえないか，住民側も行政に何をしてもらえるかという態度では，いくら話し合っても計画をつくっても進まない。地域のために何ができるかを，両者が真剣に考えること。

④ 首長・担当部署の責任者の本気：法定だから，他の自治体もつくっているからという理由ではなく，住民と一緒に地域をよくするために計画が不可欠だと確信していること。

⑤ 策定・推進は実働部隊に：策定・推進には実際に活躍している人材を充て，策定から推進へとスムーズに移行できるようにすること。

⑥ 実態把握の手法は柔軟に：策定委員会での論議や住民アンケートだけではなく，専門職や当事者（とくに少数者）の意見，困難事例の分析などを多面的に行うこと。

⑦ 推進・評価体制：策定後は必ず推進・評価委員会を発足させ，計画で決めきれなかった内容を丁寧に継続的に検討すること。

⑧ 行政や社協内部の執行体制：行政や社協の年度ごとの事業計画に反映させるとともに，庁内連絡会議を設置するなど，他部署も含め常に地域福祉計画を意識させること。

⑨ 重層的なネットワークの構築：地域住民や関係者，専門職のネットワークと役割分担を明確にし，かつ広く周知すること。

⑩ 個人情報の適正な取扱い：個人情報を有効に活用すると同時に，個人情報保護やプライバシーに最大限配慮すること。

第 4 部

地域福祉のサービス供給と財政

何らかの生活課題を抱えている地域住民に地域福祉サービスを供給しようとする個人または団体は，ヒト（人的資源）・モノ（物的資源）・情報（情報的資源）を投入して地域福祉サービスを産出することになるが，ヒト・モノ・情報を調達したり，運用・活用したりするにはカネ（金銭的資源）が必要になる。とくに地域社会において地域福祉サービスを持続的に供給していくためには，出ていくカネと入ってくるカネの管理（マネジメント）が重要になる。第4部では，地域福祉サービスの持続的な供給を可能にするカネの知識について解説する。

第 **10** 章　*地域福祉の資金と財源*

路線バスからボランティアによる送迎バスに乗り換え（写真提供：水俣市社会福祉協議会）

　一口に地域福祉サービスの供給に必要なカネと言っても，何に必要なのか，いつ必要なのか，いくら必要なのかによって，カネの種類は異なってくる。一方，そのカネを調達する手段も，どこから調達するのか，どのように調達するのかによってさまざまである。したがって，出ていくカネと入ってくるカネを上手に組み合わせることは，地域福祉サービスの持続的な供給にとって重要な意味をもつ。本章では，地域福祉サービスを供給する場合における，出ていくカネと入ってくるカネの多様性，および財源ミックスの必要性について解説する。

1 持続可能な地域福祉

資金調達と財源確保

「資金」という言葉を辞書で調べると,「経営や事業活動に必要な金銭」といった意味が書かれている。組織を設立したり経営・運営したり,あるいは何らかの事業活動を展開したりするときには,ヒト・モノ・カネ・情報などの資源を投入しなければならないが,それら資源の中でもとくにカネ(金銭的資源)のことを「資金」と呼んでいる。

では,「財源」とは何か。同様に辞書で調べると,「財貨を生み出すもと」といった意味が書かれている。財貨には金銭だけでなく品物も含まれるが,財源と資金の関係をみる場合には金銭のみを対象として考えればよい。そこで,資金との関係から財源を定義すると,財源とは「組織の設立や経営・運営に必要な資金,あるいは何らかの事業活動を展開するときに必要な資金を生みだすもと」ということになる。これにしたがうと,地域福祉の財源とは「地域福祉活動を行う(または,地域福祉サービスを提供する)個人または組織が,組織を設立・運営したり,あるいは地域福祉サービスを提供したりするときに必要な資金を生み出すもと」ということになる。

なお,ここでいう資金を**ファンド**(fund)と呼ぶことがあり,資金を調達することを**ファンドレイジング**(fundraising)と呼ぶことがある。つまり,資金を調達するということは,その財源を確保するということとほぼ同じ意味をもつことになる。

地域福祉事業の特徴

地域福祉に関する製品・サービスを提供することを地域福祉活動と呼ぶことにする。また,組織において事業(一定の目的をもって反復,継続して行うこ

と）として行われる地域福祉活動を地域福祉事業と呼び，地域福祉事業を行っている組織を地域福祉活動団体と呼ぶことにする。なお，この場合，地域福祉事業がその地域福祉活動団体にとって主たる事業であるか従たる事業であるかは問わないものとする。一方，個人または少人数がボランティアとして地域福祉に関する製品・サービスを提供している場合は，そのほとんどは地域福祉事業ではなく地域福祉活動であると考えられる。

さて，地域福祉における資金調達あるいは財源確保を理解するためには，地域福祉事業の特徴を知ることから始めるのが効果的であろう。そこで，まず最初に，地域福祉活動団体が行う地域福祉事業が，株式会社などが行う営利事業や特定非営利活動法人（以下，本章において「NPO法人」という）などが行う非営利事業とどのように違うのかについて少しふれておきたい。

まず，営利事業との違いをみると，株式会社などが行う営利事業では文字どおり営利を主目的としているのに対して，地域福祉事業を含む非営利事業は組織活動から得られた利益を組織構成員に分配しないという意味で非営利であり，公益に関わるさまざまな課題を軽減・解決することをミッションとしている。

次に，同じ非営利事業の中で，地域福祉事業と他の非営利事業との違いを見てみよう。地域福祉事業では公益的課題の中でもとくに人間に直接関わる課題を対象としているのに対し，他の非営利事業にはそのような事業だけでなく，経済，環境，科学技術など人間とは直接的には関わらない課題を対象とした事業も含まれる。また，地域福祉事業と，他の非営利事業の中で人間に直接関わる課題を対象としている事業とを比較すると，どちらも製品・サービスを提供することによって公益的課題に関する住民の欲求を充足していこうとしている点では同じであるが，充足を図ろうとしている欲求の次

元をみると,地域福祉事業は概してより低次の欲求であるのに対し,他の非営利事業はどちらかといえばより高次の欲求であるといえる。つまり,A. H. マズローの欲求段階説を引用するならば,地域福祉事業は概して地域住民の生理的欲求や安全の欲求などの充足を図ろうとするものであり,言い換えれば,住民の生命,健康,財産などを守る最後の砦でもある。したがって,地域福祉活動団体では,自らが提供する地域福祉の製品・サービスを必要とする地域住民を"もれなく"カバーすることが原則となる。もし地域福祉活動団体がその地域社会の中に存在しなくなると,生命,健康,財産などが危険にさらされてしまう住民が出現するかもしれないのである。

さらに,営利事業や他の非営利事業の一部では,同一地域において複数の組織が同様の製品・サービスを提供し,競争が展開される可能性が高いが,地域福祉事業の中でもより低次の欲求の充足を目的とする事業においては,当該地域福祉活動団体が同一地域において唯一の事業者であったり,仮に複数の事業者が存在しても,何らかの棲み分けが行われることで,競争が成立しにくかったりする。

地域福祉活動団体の存在意義

このような地域福祉事業の特徴を踏まえると,地域福祉活動団体が地域社会の中で何らかの地域福祉活動を実施するということは,その地域社会において,当該地域福祉活動に関する"仕組み"が構築されることを意味している。仕組みは,組織,ルール,住民の期待と規範意識がなければ,十分には機能しないと考えられる。

たとえば,NPO法人イロハという地域福祉活動団体がひとり暮らしの高齢者や夫婦のみで暮らす高齢者を対象に,相談・見守り・家事援助を行う地域福祉活動を実施したとしよう。行政はこれを受け,広報誌や回覧板などを通じて「困ったことがあったら,1人で抱え込まずにNPO法人イロハに相談しましょう」とか「何らかの

不安を抱えている方は，NPO法人イロハに登録して，定期的に訪問してもらいましょう」といったメッセージを伝えたとする。このメッセージが地域住民の間に広く行きわたり，ほとんどの地域住民がそのメッセージの内容を認知し理解するようになると，メッセージはルールに似た性格を帯びてくる。そして，地域住民は「もし1人では解決できない問題を抱えてしまっても，NPO法人イロハに行けば相談に乗ってもらえる」とか「体の具合が悪くなって倒れてしまっても，NPO法人イロハに登録しておけば見つけてもらえる」といった期待を抱くことができる。さらに，地域住民の中では「1人では解決できない問題や不安を抱えたときは，そのまま放っておいてはいけない」といった規範意識も醸成されていく。

このように，組織，ルール，期待，規範意識の4つが十分に整うと，相談・見守り・家事援助の仕組みが有効に機能し，孤独死や孤立死などの悲惨な事象をなくすことも可能となる。しかし，逆に4つのうち1つでも不十分であると，仕組みは有効には機能しなくなるおそれがでてくる。たとえば，NPO法人イロハが活動を休止してしまったり，組織そのものがなくなってしまったりすると，地域住民の中に組織や活動に対する不信感などが発生し，その後，新たな組織が同様の活動を始めたとしても，上述したような期待や規範意識はなかなか生まれてこない可能性がある。つまり，地域福祉活動団体が行う地域福祉活動は，単なる製品・サービスの提供にとどまらず，その地域社会の中で仕組みを構築することになるため，地域福祉活動団体では簡単に活動を休止したり，組織を解散したりすることは回避しなければならない。

このように，地域福祉事業や地域福祉活動団体には他の事業や団体には見られない特徴や存在意義があるが，これらは資金調達あるいは財源確保においても少なからず影響を及ぼすことになる。つま

り，地域福祉ではこれらの特徴や存在意義を十分に理解し，考慮しながら，資金調達あるいは財源確保を進めていかなければならない。

2 地域福祉に必要なカネ

地域福祉ボランティアに必要なカネ

もしある個人が地域福祉活動を行う場合は，どのような形で行うことになるのだろうか。個人ボランティアとして地域福祉活動を行う場合もあるだろう。どこかのボランティア組織のメンバーとなって地域福祉活動を行う場合もあるだろう。あるいは，その個人自らが地域福祉活動団体を立ち上げて，地域福祉活動を行うかもしれない。それぞれの場合で，必要となる資金について考えてみよう。まず，以下のようなケースを想定して，個人ボランティアとして地域福祉活動を行う場合のカネ（費用）について考えてみよう。

　主婦Aさんは，半年前に他界したY先生（Aさんの大学時代の恩師）の夫人から電話で「Y先生の蔵書を虫干ししたいので，お手伝いしてほしい」という依頼を受けた。Aさんは以前にY先生宅を訪れたことがあり，Y先生宅は先生と夫人の2人暮らしで，子どもはいないことを知っていた。夫人からの電話の内容は概ね以下のとおりであった。
　Y先生の蔵書の中には文化的価値の高いものが多数含まれている。生前は毎年秋にY先生自身が虫干しを行っていたが，今後は夫人が1人で虫干しを行わなければならなくなった。そんな矢先，夫人は自宅で転倒し，腕を骨折してしまった。このままでは今秋の虫干しは行えないと判断した夫人は，一度は専門業者にお願いしようと考えたが，虫干しの専門業者はすぐには見つからず，困り果てた夫人は，Y先

生の教え子の中でY先生宅からそう遠くないところに住んでいて，時間的にも余裕のありそうなAさんに，無理を承知のうえでお願いしてみた。

　Aさんは普段は朝9時から夕方5時までパートの仕事をしているが，お世話になったY先生の夫人からの依頼であるため，喜んで引き受けることにした。実際に虫干しを行う日は，天気予報から晴天が数日続く期間を選び，その真ん中の日に決定した。Aさんはその日もパートの仕事が入っていたが，休みをとることにした。夫人からは謝金の申し出があったが，Aさんはそれを丁重にお断りし，その代わりに，お昼ご飯をご馳走してもらうことにした。

　では，骨折のために虫干しをできなくなったY先生の夫人をサポートするという地域福祉活動を行うために，主婦Aさんが使ったカネを見てみよう。まず，虫干し当日までに使ったカネをみると，Y先生の夫人との連絡に要した電話代，虫干しの知識を得るために購入した書籍代，作業中の安全と健康管理のために買ったマスクと軍手の代金，さらに，書棚から蔵書を下ろしたり元の書棚に戻したりするときには高いはしごを上ったり降りたりする作業が伴うので，万一の場合に備えて加入した保険の代金などがある。次に，虫干し当日に使ったカネをみると，Aさんの自宅からY先生宅までの交通費（電車代とバス代）がある。また，パートを休まなければ得ることができたパート代も間接的にかかったカネといえるだろう。このようなケースにおけるパート代のように，ある行動（ここでは，虫干しのサポートに行くという行動）を選択することで，他の選択肢（ここでは，いつもどおりにパートに行く）を選んでいたら得られたであろう利益（ここでは，虫干し当日のパート代）を失うとき，失った利益のことを経済学では機会費用という。地域福祉活動には，ヒト・モノ・カネ・情報という4大資源のほかに時間という資源も投

入されるが，とくに個人ボランティアとして地域福祉活動を行う場合には，時間を投入することによって機会費用が発生してしまうことが少なくない。いずれにしても，個人が地域福祉活動を行う場合にもカネは必要である。

次に，このケースを援用して，ボランティア組織のメンバーとして地域福祉活動を行う場合のカネ（費用）について考えてみよう。具体的には，主婦Aさんはあるボランティア団体にボランティアとして登録していて，Y先生の夫人はAさんに個人的に依頼するのではなく，Aさんが登録しているボランティア団体に依頼してきたと想定してみよう。必要となるカネ（費用）は個人ボランティアとして活動する場合とほとんど変わらないが，そのカネを負担する主体には少し変化があるかもしれない。たとえばマスクと軍手はボランティア団体が購入し，それをAさんに現物支給するかもしれない。また，電話代，保険料，交通費はボランティア団体が負担するかもしれない。書籍代はAさんの自己負担になるかもしれない。機会費用については，ボランティア団体から虫干しサポートに対する報酬が支払われれば，それである程度は相殺することができるかもしれないが，それが支払われなければ，機会費用もAさんの自己負担になるだろう。

> 地域福祉活動団体に必要なカネ

さて，主婦Aさんは，今回の経験から「Y先生の夫人のように，地域住民の中には，病気やケガなど何らかの事情によって本来なら自分1人でできることがどうしてもできなくて困っている人がいるんだ。そういう問題を抱えた人の相談に乗ったり，必要に応じてお手伝いを派遣したりすることができる仕組みが必要だ」と考えたとしよう。そして，その仕組みを構築し，実際に運用する地域福祉活動団体としてNPO法人の立ち上げを考えたとしよう。以

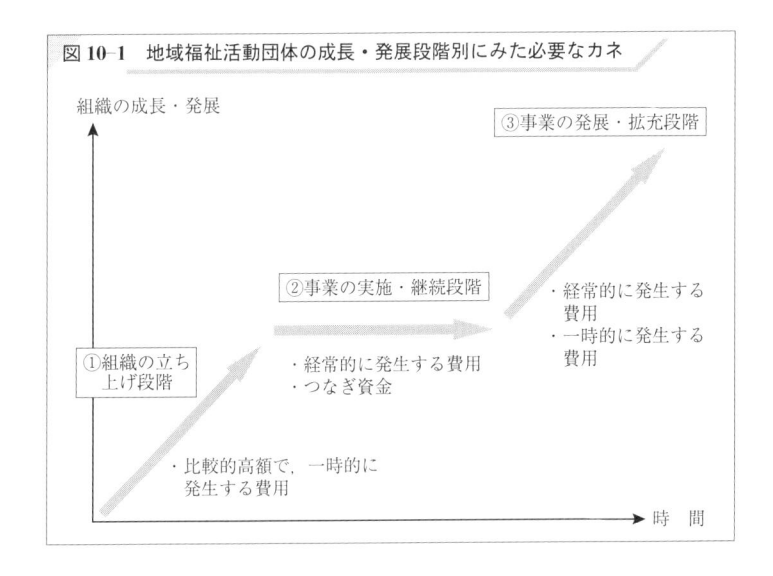

図 10-1 地域福祉活動団体の成長・発展段階別にみた必要なカネ

組織の成長・発展

③ 事業の発展・拡充段階
・経常的に発生する費用
・一時的に発生する費用

② 事業の実施・継続段階
・経常的に発生する費用
・つなぎ資金

① 組織の立ち上げ段階
・比較的高額で,一時的に発生する費用

時　間

下では,地域福祉活動団体において必要となるカネを時系列（組織の立ち上げ段階,事業の実施・継続段階,事業の発展・拡充段階）に見ていくことにする（図10-1参照）。

　まず,地域福祉活動団体を立ち上げる段階では,一般的には,事務所を開設する,机やいすなどの事務用品を調達する,電話機,ファックス,コピー機,コンピュータなどのOA機器を調達するなどの作業が必要になる。また,主婦Aさんのように,その組織をNPO法人として立ち上げる場合には,法人格を取得するための諸手続きも必要になる。このとき,たとえば事務所を賃貸物件で開設する場合には敷金や保証金などの費用が必要となるし,内装・外装の工事が必要な場合はその工事費も必要になる。事務用品やOA機器などを買い取る場合にもその購入費用が必要となる。法人格の取得にもその手続きに要する費用が発生する。これらの費用は比較的高額であり,また,経常的ではなく一時的に発生するという性格

を有しているが，組織の立ち上げ段階にはこのような費用が多く発生することになる。もちろん，コピー機やコンピュータなどは買い取りではなくリースで使用することも十分に考えられるが，その場合は，月額リース料のように経常的に発生する費用（一定期間ごとにほぼ一定額の支払いを行う費用）にすることができる。

次に，地域福祉に関する事業を実施・継続する段階では，事務所を維持・管理するために必要な費用（家賃，人件費，光熱費，通信費，事務用品費，広告宣伝費，雑費など）や，地域福祉サービスを提供するために必要な費用（人件費，旅費交通費など）が発生する。また，地域福祉活動団体では地域福祉に関する事業のみを行っているとは限らないため，地域福祉以外の事業を実施するための費用が発生することもある。これらの費用は経常的に発生する費用である。また，この段階では，たとえばカネの入ってくる時期がカネの出ていく時期よりもあとになってしまうことなどによって資金不足（資金ショート）に陥る危険性がある。そこで，それを防ぐために，カネが入ってくるまでの間の"つなぎ"の役を果たすカネ（つなぎ資金と呼ぶことがある）が必要になる場合がある。後述するとおり，地域福祉活動団体では行政などからの受託事業による収入を財源にすることが多い。しかし，行政などからの受託事業においては後払い（精算払い）が一般的であり，着手金の支払い，中間払いなどはあまり行われておらず，委託者（行政など）から地域福祉活動団体に委託費が支払われるのは事業完了後になることがほとんどである。そのため，地域福祉活動団体では受託事業の実施に必要なカネを何らかの方法で確保しなければならない。組織内部に資金的な余裕があればとくに問題はないが，そうでない場合には融資（つなぎ融資）などを受けて乗り切らなければならない。また，その場合には利子の負担も課せられることになる。

さらに，これまでの活動によってある程度の実績を残すことができた地域福祉活動団体では，すでに実施している地域福祉に関する事業とは別に，新たな地域福祉に関する事業に着手することもあるだろう。また，すでに実施している地域福祉に関する事業を既存の利用者とは異なる新たな利用者に提供していくかもしれない。このように，地域福祉活動団体が地域福祉に関する事業を発展・拡充する段階では，既存の施設を改修したり，新たな施設・設備を確保したりする必要が生じてくる。新しい事業，新しい利用者に関する調査・研究のための費用が必要になってくるかもしれない。また，新しい事業に関する広告宣伝，新しい利用者に対する広告宣伝に要する費用も必要になるかもしれない。こうした費用は，組織の立ち上げ段階と同様，一時的に発生する費用という性格を有している。

　ここまでは，地域福祉活動団体において必要なカネを時系列でみてきたが，視点を変えて，地域福祉活動の内容から，必要なカネの特徴をみておこう。地域福祉活動団体の中には，配食サービスのように商品（有形の提供物）の提供を行っているところもあるが，やはり中心となるのは，見守り活動や家事援助（調理，洗濯，掃除，買い物など）のようにサービス（無形の提供物）の提供を行っているところであろう。したがって，地域福祉活動団体では人件費の割合が高くならざるをえない。また，自前の施設・設備において製品の製造・販売やサービス提供を行っている組織では家賃，機械・設備の調達費用などの割合が高くなる可能性があるし，利用者あるいは第三者の施設を利用している組織では旅費交通費などが高くなる可能性がある。

　以上のように，時系列あるいは活動内容でとらえることができるカネのほかに，たとえば，地震や洪水などによって事務所が使用不能に陥ったり，あるいは在宅配食サービスを行っている組織では，

天候不順などによって食材価格が急騰したりするなど,地域福祉活動団体においては緊急的にカネが必要になる場合もあるだろう。

> **地域福祉に必要なカネの負担者**

個人ボランティアでも地域福祉活動団体でも地域福祉活動を行うためには,さまざまなカネが必要であることを述べた。では,このカネは誰が負担することになるのだろうか。株式会社が行う営利事業(たとえば,家電製品の製造・販売事業,学習塾運営事業)におけるカネの負担者と比較してみよう。株式会社が行う営利事業で提供される製品・サービスの場合,その価格または料金は提供に要した費用に利益を上乗せして設定されるのが一般的である。もちろん,このようにして設定された価格または料金が,競争相手の価格または料金と比較して競争に耐えうるものかどうかを見極める必要はあるし,また,顧客が受け入れ可能な水準であるのかどうかも見極める必要はある。しかし,いずれにしても,費用に利益を上乗せする方式で価格または料金が設定されるという原則はそう変わるものではない。つまり,株式会社が行う営利事業では,顧客(受益者)と費用負担者が概ね一致することになる。

地域福祉活動団体が行う地域福祉事業で提供される製品・サービスにおいても,株式会社の営利事業と同様の原則に基づいて価格または料金が設定される場合もある。しかし,その一方で,地域福祉事業には当該製品や当該サービスを必要とする人々を"もれなく"カバーするという原則がある。そのため,地域福祉事業を利用する人々の中には,公的な機関が提供する類似の製品・サービスの利用対象から除外されてしまった人々や,経済的な理由などから民間の営利企業が提供する類似の製品・サービスを利用することができない人々なども含まれてくる。その結果,地域福祉事業で提供される製品・サービスの多くは市場原理で決定される水準よりも低い価格

または料金で提供されたり，場合によっては無料で提供されたりすることもある。つまり，地域福祉事業では利用者（受益者）と費用負担者が必ずしも一致するとは限らない。したがって，地域福祉活動団体では，地域福祉事業の製品・サービスの提供に要した費用を，価格または料金以外から調達しなければならない。

3 地域福祉に必要なカネの出所

地域福祉に関する資金の拠出者

では，地域福祉事業の資金は誰が拠出することになるのだろうか。具体的には，地域福祉事業を行う個人または団体が拠出する方法と，これら以外の個人または団体（以下，外部の個人・団体という）に拠出してもらう方法がある。ここでは，前者を「持ち出し・持ち寄り」と呼び，後者を「外部調達」と呼ぶことにする。たとえば，個人またはごく少人数のボランティアが地域福祉活動を行う場合などは持ち出し・持ち寄りの割合が高くなる。地域福祉活動団体が地域福祉事業を行う場合であっても，組織の立ち上げ前後は当該組織やその活動に対する認知度は低く，活動実績もほとんどなく，十分な信用を得ることができないため，外部調達は容易ではない。その結果，持ち出し・持ち寄りの割合が高くなる可能性がある。また，先に述べたつなぎ資金に対しては持ち出し・持ち寄りで何とか乗り切ることも想定しておかなければならないだろう。しかし，このような特別な事情を除くと，地域福祉活動団体が地域福祉事業を行う場合には，外部調達に依存したスタイルを確立することが重要になる。地域福祉活動団体を立ち上げると，個人またはごく少人数で地域福祉活動を行う場合と比べて，事務所の維持・管理や書類作

成などの事務作業などが増えるため，必要となる資金も大きくなる。また，先に述べたとおり，地域福祉活動団体は安易に解散したり，地域福祉事業から撤退したりすることは避けなければならない。つまり，組織の存続と事業の継続を基本姿勢としなければならない。しかし，組織を存続させ，地域福祉事業を継続していくためには，持続的に資金を確保できる体制を構築しなければならない。持ち出し・持ち寄りに依存したスタイルでは遅かれ早かれ組織は疲弊し，解散または事業撤退という事態に陥ってしまうだろう。

　では，外部調達の場合，誰がカネを拠出することになるのだろうか。地域福祉活動団体の外部には，行政（国や地方自治体），地域住民，市民活動団体，助成財団，企業（金融機関も含む）など多様なステークホルダー（利害関係者）が存在しているが，これらステークホルダーの多くが外部調達における拠出者になると考えられる。大別すると，公的機関と民間機関ということになるだろう。本書では，公的機関が拠出したカネを「公的財源」と呼び，民間機関が拠出したカネを「民間財源」と呼ぶことにする。公的財源や民間財源は，地域福祉活動団体からみた場合，①会費，②寄付金，③助成金，④補助金，⑤委託金（受託事業収入），⑥代金・料金（自主事業収入），⑦間接金融（金融機関からの借り入れ），⑧直接金融（擬似私募債等の発行），その他（利子・利息，配当その他）など多様な形態をとりながら地域福祉活動団体に入ってくる。また，カネの拠出者から地域福祉活動団体までの経路をみると，特定の拠出者から地域福祉活動団体に直接カネが拠出されるのが基本である。しかし，たとえば特定の地域住民がある金融機関に寄付をし，当該金融機関がその寄付金をもとに助成金として地域福祉活動団体に拠出するように，段階を経て（場合によっては形態も変えて），地域福祉活動団体に入ってくることもある。本書では，地域福祉活動団体にカネが入る直前の拠出

者の属性に基づいて公的財源か民間財源かを区別したうえで、第11章では公的機関が拠出したカネとその形態などの詳細について記述し、第12章では民間機関が拠出したカネとその形態などの詳細について記述することにする。

形態別にみた財源の特徴

地域福祉活動団体が外部の個人・団体から調達する財源の形態（上述の①〜⑧）は、それぞれが有する特徴をもとにグループ分けを行うことができる。本書では、表10-1のとおり、3つの特徴に注目してグループ分けを行うことにする。

最初のグループ分けは、資金調達にあたって地域福祉活動団体が外部の個人・団体に対して何らかの"give"の必要があるのか、"take"のみでかまわないのかに注目したものである。どのような形態の財源であっても、外部の個人・団体からカネを拠出してもらうためには、地域福祉活動団体としては自分たちはどういう理念やミッションを掲げているのか、具体的にどんな活動をしていて、何のためにカネを必要としているのかを相手に知らせたり、説得したりしなければならない。ただ、財源の中には、それだけの努力でカネを拠出してもらえるものもあれば、さらに何らかの資源（ヒト・モノ・カネ・情報）や製品・サービスの提供を条件に、カネを拠出してもらえるものもある。前者には、会費、寄付金、助成金、補助金などが含まれる。これらは地域福祉活動団体の理念やミッションに共感した個人または団体が当該地域福祉活動団体の行う地域福祉事業を支援するという目的からカネを拠出するものであるため、「**支援性の財源**」と呼ばれることがある。一方、後者には、代金・料金や委託金などが含まれる。代金・料金は地域福祉活動団体が自主事業において資源を投入して産出した製品・サービスを提供することにより、その代価として、その製品・サービスを購入・利用した外

表 10-1 財源の形態別特徴

財源の特徴	会費	寄付金	助成金	補助金	委託金	代金・料金	間接金融	直接金融
①資金調達のために資源提供は必要か,不要か	不要	不要	不要	不要	必要	必要	必要	必要
②調達した資金の自由度は高いか,低いか	高い	高い	低い	低い	やや低い	高い	やや高い	高い
③資金を継続的に調達することは容易か,難しいか	容易	どちらとも言えない	難	難	どちらとも言えない	容易	やや容易	どちらとも言えない

(出所) 筆者作成。

部の個人・団体が支払うものである。委託金は地域福祉活動団体が行政などから何らかの業務を受託し,その業務の遂行のために資源を投入し,それを完了することにより,その対価として,委託者である行政などが支払うものである。そのため,これらの財源は「**対価性の財源**」と呼ばれることがある。また,間接金融や直接金融もいずれは拠出してもらった個人または団体にカネ(元金,利子など)という資源を返さなければならないため,対価性の財源の一種とみなすことができるだろう。

次のグループ分けは,地域福祉活動団体にとって使い勝手がよいか,よくないかに注目したものである。前者には,会費,寄付金,代金・料金,直接金融などが含まれる。これらはカネを使う目的,カネの使途などがとくに決められていない場合が多いため,地域福祉活動団体においてさまざまな目的,用途に使うことができる。そ

のため，自由度の高い財源ということができる。一方，後者には，助成金，補助金などが含まれる。これらはカネを使う目的，カネの使途などがあらかじめ特定されている場合が多いため，地域福祉活動団体においては決められた目的，用途にしか活用することができない。そのため，自由度の低い財源ということができる。地域福祉活動団体が行う自主事業の中には，地域福祉事業はもちろん，地域福祉とは関係の薄い自主事業を行っている場合もある。また，事業とは直接関係はないものの，組織を維持し管理することなども地域福祉活動団体においては重要な業務である。ところが，助成金，補助金の中には地域福祉事業に限定して助成あるいは補助を行うものが多く，他の自主事業や組織の維持・管理などには活用できないものが少なくない。

　3つめのグループ分けは，地域福祉活動団体において一度調達した資金をその後も継続的に調達することが容易か，容易でないかに注目したものである。つまり，拠出者において継続的にカネを拠出する意志が強いかどうか，あるいは継続的にカネを拠出できる仕組みになっているかどうかである。会費を支払ってくれる会員，自主事業で提供する製品・サービスを購入・利用してくれる個人または団体は，地域福祉活動団体に対してとくに不満等を抱かない限り，あるいは拠出する側に支障が生じない限り，引き続いてカネを拠出してくれる可能性は高いだろう。また，擬似私募債を引き受けてくれる個人または団体も償還期間後も継続して引き受けてくれる可能性は高いだろう。一方，助成金や補助金を拠出する組織の中には，特定団体に継続して拠出するケースも一部で見られるものの，一般的には同一組織に継続的に拠出することは公正性の確保などの理由から難しい。

> **地域福祉活動団体における財源ミックス**

3つの特徴から財源の形態を分類・整理していくと、地域福祉活動団体にとっては、資金調達にあたって"give"の必要がなく"take"のみで拠出してもらえて、使用目的や使途が特定されておらず、継続的に拠出してもらえる可能性のある形態の財源が望ましいということになる。具体的には、会費、寄付金などがあげられる。しかし、会費、寄付金などは拠出者1単位あたりの拠出額が小規模の場合が多いという問題がある。そのため、地域福祉団体では、会費、寄付金のほかに他の形態の財源も加えて、資金を調達していくことになる。つまり、**財源ミックス**を検討することになる。しかし、地域福祉活動団体が財源ミックスを検討する理由はこれだけではない。

先述したとおり、地域福祉活動団体が必要とするカネの性質は、団体の成長・発展段階に合わせて変化していく。すなわち、組織の立ち上げ段階では比較的高額で一時的な費用が発生するし、事業実施・継続段階では経常的な費用が発生したり、つなぎ資金が必要になったりする。また、事業の発展・拡充段階では新たに一時的な費用が発生したりする。このように時系列でみると、必要とするカネの性質は異なってくるため、調達する資金もいくつかの財源を組み合わせて考える必要がある。

また、特定の資金拠出先への依存度が高まってしまうと、何らかの理由でその資金拠出先から資金提供が得られなくなったときに深刻な資金不足を招いてしまう危険性がある。あるいは、地域福祉活動団体の事業運営などに対する発言力が高まることで、その資金拠出先の意向を軽視できなくなってしまい、場合によっては地域福祉活動団体の理念（ビジョン、ミッションなど）にそぐわない事業や活動をしてしまう危険性もある。こういう事態を避けるためにも、多

様な財源を組み合わせて,財源ミックスを検討する必要がある。

　地域福祉団体ではこのようにさまざまな理由から,自分たちの「持ち出し・持ち寄り」も含めて財源ミックスを検討していかなければならないが,そのためには,個々の財源の特徴をしっかりと理解する必要がある。第11章および12章で順に,詳しくみていくことにする。

Column⑩ 地域福祉活動は「資本集約型」か「労働集約型」か

　資本集約型の活動とは資本設備（建物や機械など）に依存する度合いが高い活動のことであり、労働集約型の活動とは人の労働力に依存する度合いが高い活動のことである。そこで、配食サービス、家事援助サービスのような地域福祉活動を想定して、地域福祉活動が資本集約型、労働集約型のどちらの活動に近いかを考えてみよう。

　たとえば配食サービスでは、調理する場所、厨房設備や調理器具、調理した食事を配送する自動車などを確保する必要がある。しかし、調理のほとんどは人間の手によるものであろうし、ロボットが配送するなどということはまず考えられない。つまり、土地・建物、機械・設備なども必要ではあるが、基本的には労働集約型の活動であるといえよう。また、家事援助サービスでは、掃除や洗濯などの援助は利用者の自宅で提供されるのがほとんどであり、買い物の援助はスーパーマーケットやコンビニなど小売店で提供されるのが大半であろう。自動車、自転車など移動手段は確保する必要があるかもしれないが、とくに機械・設備を整備する必要はない。そういう意味では、やはり労働集約型の活動といえるだろう。このように、地域福祉活動は工場で機械を使って製品を製造し、それを店舗で販売するような活動に比べると、労働集約的な要素が強い活動であるといえるだろう。

　資本集約的な活動の場合、建物、機械・設備などの固定資本がなければ、活動を開始することができない。しかし、固定資本は団体メンバーによる持ち出し・持ち寄りだけで確保できるとは限らない。多くの場合、外部から資金を調達することになる。つまり、資本集約的な活動の場合、当初から否応なく資金調達に取り組まなければならない。しかし、労働集約型である地域福祉活動の場合、自分自身の心と体、時間とカネを投入すれば、とりあえず活動を開始することができる。そのため、資金調達ということをあまり意識せずに活動を行い、投入する心と体、時間とカネに限界がきた時点で活動を停止する。個人または少人数のボランティアが行う地域福祉活動であれば、それでも大きな支障はないかもしれないが、組織が事業として行う地域福祉に関する製品・サービスの提供では、本文でも述べたとおり、組織の存続、事業の継続を前提にしなければならない。そのためには、ややもすると、持ち出し・持ち寄りに偏ってしまいがちなところを戒めつつ、まずは地域福祉活動団体のメンバー自身が資金調達に積極的に取り組む姿勢が求められる。

第11章 地域福祉の公的財源

介護予防のための体操教室（写真提供：水俣市社会福祉協議会）

　地域福祉の活動は，その地域の住民が主体的に行うことが大切である。しかし，住民とともに地域の福祉課題に取り組むさまざまな団体の役割も忘れてはならない。とくに，地域の実情を把握し，課題解決のための活動に必要な資源（ヒト・モノ・カネ・情報）を用意できる行政の役割は無視できない。本章では，行政が地域福祉に関わる際にどのような事業があるのか，また活動に必要な資金の流れはどのようになっているかについて見てみる。

1 地域福祉の「地域」とは

　本章では，地域福祉に関わる活動の財源のうち，国や地方自治体が地域福祉のために予算を計上しているものを取り上げる。したがって，それ以外の資金の流れについては，次章でふれることとする。

　私たちは，住民票の登録といった事務手続き，公立の図書館や運動施設の利用，トラブルに遭ったときの警察への相談といったさまざまな行政が提供するサービスを普段何気なく利用している。本書を手にしている読者も，これらのサービスと同様に社会福祉サービスの提供や利用相談に行政が深く関わっていることは承知していることであろう。では，これらの行政サービスに料金は必要であろうか。たとえば，事務手続きの費用や施設の利用料などが請求されることはあるが，それほど高額ということはない。また，自治体と地域住民が協力して開く地域福祉関係の催し物のような場合，そもそも参加費を請求されることはない。地域福祉もこの行政サービスの一部という視点で考えた場合，活動費用はどこからきているのか，またどのような事業にその費用が使われているのかを紹介するのが本章の目的である。

　さて，地域福祉に関わる公的財源だが，まずここでいう「地域」はどこのことであろうか。地域福祉を「地域」で主体的に取り組む福祉と考えれば，国を含むことは必要ないと考えられる。しかし，国は地域福祉の活動推進のための補助金などを支出しており，間接的な形では関わっている。そのため，「地域」福祉の議論であっても，国は外すことはできないのである。また，「地域」には基礎自治体（市町村）と広域自治体（都道府県）という2層が存在する。

「地域」という言葉から真っ先に思い浮かぶ自治体は市町村という人が多いかもしれないが，都道府県も地域福祉の支援活動を行っており，無関係ではない。そこで本章では，国・都道府県・市町村のそれぞれが，地域福祉推進のために展開する事業から地域福祉における公的財源の動きを紹介したい。

2 国から地方自治体へ交付される地域福祉財源

> 財源を考える

行政が事業を実施する際に不可欠なものは，当然のことだが財源である。そしてその財源はどこからともなくやってくるものではない。何らかの手段によって資金を集める必要がある。営利企業であれば，自らの活動資金は営利活動によって得る。しかし，行政は営利活動を行っているわけではないし，そのような活動が求められる存在でもない。行政の活動目的は国民や住民の日々の生活に必要なサービスを提供することであるため，活動資金は営利活動ではなく，そのサービスを受けることになる国民や住民から納税してもらうことでまかなうことが原則である。したがって，地域福祉の財源もその根本は，私たち国民や住民に行き着くのである。

では，国民や住民から集められた税金がどのように地域福祉のために使われるのであろうか。まず行政は，国民や住民にとって必要と考える行政活動について予算を組む。各省庁あるいは各部局からの予算要求に対して，国であれば財務省，地方自治体であれば財政部局が査定し，予算が編成されることになる。最終的には内閣あるいは地方自治体の長（知事や市長など）が予算を決定し，国会や地方議会に提出，そこでの議決を経て執行される。地域福祉に関わる事

業もこの流れの中に組み込まれている。

ところで,国や地方自治体を問わず,「地域福祉費」という形で政策の目的別に予算が計上されているわけではない。地域福祉関係の事業は高齢者福祉や児童福祉,障害者福祉,生活保護関連など多分野におよぶため,目的別に独立して分類することが難しいからである。したがって,本章で取り上げる「地域福祉」の公的財源というものは目的別に独立した分類を用いない。ただし,国の場合は歳出予算の分類において,厚生労働省所管の予算を区分した「項」に「**地域福祉推進費**」がある。本節ではこの「地域福祉推進費」に絞って見ていくこととする。

国の地域福祉事業と財源

では,その地域福祉の財源であるが,国の場合はどうなっているのであろうか。「国」と「地域福祉」という言葉を並べると,どこか結びつかないように感じられるかもしれない。しかし,日本国内に居住する人の生活を保障することは国の責務であるし,また直接住民と関わる地方自治体をさまざまな形で国が財政的に支援している実態がある。地域福祉と間接的に国は関わっているのである。

国から地方へ払われている補助のことを国庫支出金と呼ぶ。一般には国庫負担金(地方自治体の仕事のうち,国が共同責任をもつ仕事に対して経費の一定割合を義務的に負担するもの),国庫委託金(国が行うべき仕事を地方自治体に委託するときにその経費を交付するもの),**国庫補助金**(国が特定の施策の奨励や財政援助のために交付するもの)に分類され,地域福祉に関わる事業は国庫補助金に含まれるものが多い。そこで本節では,国庫補助金の中で地域福祉関係の事業に支出されるものを取り上げる。それが,先ほどの「地域福祉推進費」をさらに区分した「目」にある「**セーフティネット支援対策等事業費**」である。

国の社会福祉行政は厚生労働省の管轄で，地域福祉関係は同省の社会・援護局地域福祉課が担当している。同課では，ひとり暮らし世帯などの地域社会で見守りを必要とする人を支える地域づくりのための「安心生活創造事業」，認知症高齢者や知的障害者など判断能力が不十分な人への支援のための「日常生活自立支援事業」などを地域福祉の具体的な事業としてあげている（「社会・援護局関係主管課長会議資料」2011年3月3日）。また，2012年3月の同会議資料では，東日本大震災の影響によって弱体化したコミュニティの復興を目的とした「地域コミュニティ復興支援事業」も新たに「地域福祉の推進」の一節の中に含まれている。つまり，これらの事業への財源を確保することが，地域福祉の公的財源における国の役割ということになる。

　では，実際に上記の事業にどれほどの予算が計上されているのかについて，厚生労働省社会・援護局地域福祉課の2011年度予算からみてみる。同課では，「ホームレス等貧困・困窮者の『絆』再生事業関係」「地域福祉増進事業関係」「地方改善事業関係」「全国社会福祉協議会活動の推進関係」「ホームレス全国概数調査に係る経費関係」「その他」と分類しており，当然ながら「地域福祉増進事業関係」が本節に関わる事業である。

　この地域福祉増進事業には，以下の6つの事業が含まれている。

① 安心生活創造事業（前出）
② 地域福祉等推進特別支援事業　　災害時の要援護者支援，孤立死・徘徊などの予防，ボランティアの振興などの地域福祉の推進に関わる先駆的な取組みへの補助事業である。
③ 日常生活自立支援事業（前出）
④ 民生委員・児童委員研修事業（民生委員・児童委員については次節参照）

⑤ 生活福祉資金貸付事業　　低所得者世帯などに対して，低利または無利子での資金の貸し付けと必要な援助指導を行う事業である。その目的は，対象世帯の経済的自立，在宅福祉や社会参加を図り，安定した生活を確保することである。
⑥ 消費生活協同組合指導監督事業　　都道府県が行う消費生活協同組合（生協）の検査を支援する事業であり，検査の目的は事業の健全性の確保や組合員の保護を図るものである。会計士などの専門的見地からの指導検査を支援し，生協に対する指導監督の充実強化を図る事業である。

これらの事業の費用はすべて，前述の「セーフティネット支援対策等事業費」に含まれており，2011年度当初予算で総額200億円が計上された。つまり，この200億円の中から6つの事業の補助金が支出されるのである（2012年度予算では237億円に増額）。この「セーフティネット支援対策等事業費」とは，国と地方の改革に関する「三位一体改革」の一環として実施されることとなった事業である。三位一体改革とは，国から地方への税財源の移譲，地方交付税の見直し，国庫補助負担金の削減の3つの改革を同時に行うというものであった。社会・援護局の補助金も，「セーフティネット支援対策等事業費」としてまとめられた。地方自治体が地域社会の支えを必要とする人たちへの支援事業を弾力的に運用できるように，また地域社会のセーフティネット機能の整備や強化を図ることを目的とされた。

このように，国は地域福祉関連事業に補助金を支出するという形で地域福祉と深く関わっているのである。

3 地方自治体の地域福祉財源

財源を考える　前節では国の地域福祉との財源面での関わりをみてきたが，本節では地方自治体の財源面での関わりをみていくことにする。

しかし「地方」自治体は，住民にもっとも身近な基礎的な自治体である市町村（東京特別区含む），広域的な見地から市町村に支援を行う都道府県に区分されている。したがって，地方自治体における地域福祉の財源をみる場合も，基礎自治体（市町村）と広域自治体（都道府県）に分ける必要がある。しかし，基礎自治体数は全国で1742（市町村1719，東京特別区23，2012年1月現在），都道府県数は47と非常に多い。そこで本節では，総務省の『地方財政白書』から全体の傾向を把握したうえで，地方自治体が地域福祉に財源面でどのように関わっているかを紹介することにしたい。

まず地方自治体全体の社会福祉への財源面での関わりである。目的別予算には「地域福祉費」はないため，地域福祉の費用は社会福祉に関係する経費全体をさす「**民生費**」に含まれることになる。民生費には，児童，高齢者，障害者などのためのサービス提供や施設整備，生活保護の実施などの施策が該当する。『平成25年度 地方財政白書』によると，2011年度の民生費は23兆1825億円（純計額，都道府県では7兆4920億円，市町村では18兆1142億円），自治体歳出総額の23.9％（都道府県14.7％，市町村34.2％）である。自治体，とりわけ基礎自治体ではかなりの割合を占めていることがわかる。

民生費の目的別内訳は「児童福祉費」（民生費総額の32.0％），「老人福祉費」（同24.6％），「社会福祉費」（障害者などの福祉対策や他の福

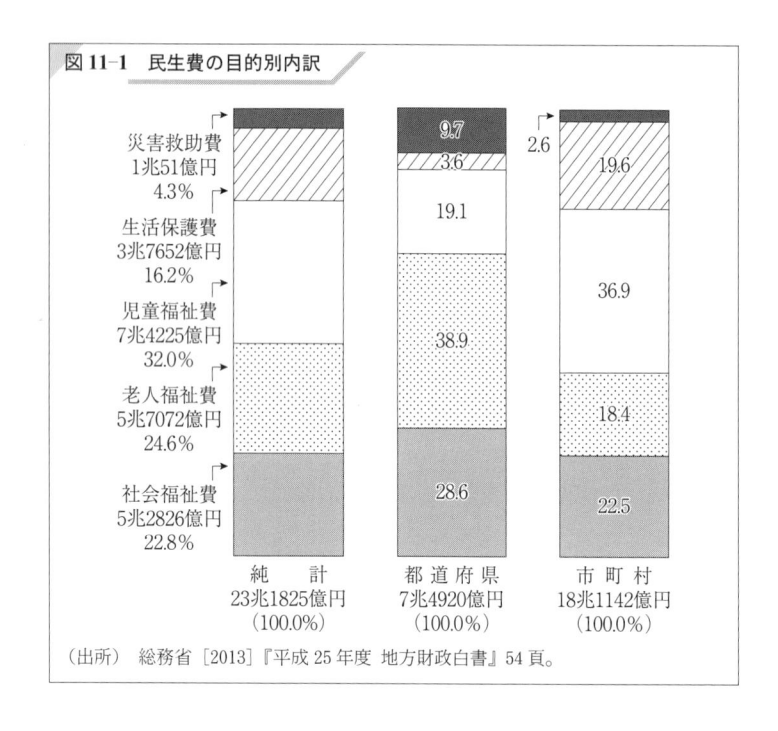

図 11-1 民生費の目的別内訳

災害救助費
1兆51億円
4.3%

生活保護費
3兆7652億円
16.2%

児童福祉費
7兆4225億円
32.0%

老人福祉費
5兆7072億円
24.6%

社会福祉費
5兆2826億円
22.8%

	純　　計 23兆1825億円 (100.0%)	都道府県 7兆4920億円 (100.0%)	市町村 18兆1142億円 (100.0%)
災害救助費		9.7	2.6
生活保護費		3.6	19.6
児童福祉費		19.1	36.9
老人福祉費		38.9	18.4
社会福祉費		28.6	22.5

（出所）　総務省［2013］『平成 25 年度 地方財政白書』54 頁。

祉に分類できない総合的な福祉対策に要する経費，同 22.8%），「生活保護費」（同 16.2%），「災害救助費」（非常災害による罹災者に対して行われる応急救助，緊急措置などに要する経費，同 4.3%）となっている（図 11-1）。なお，災害救助費は東日本大震災への対応を反映して前年度の 348 億円（前年度民生費総額の 0.2%）から 1 兆 51 億円と急増している。

都道府県の地域福祉事業と財源

次に，自治体の地域福祉での主たる役割と具体的な事業例を都道府県と市町村別にふれることとする。まず都道府県だが，国と市町村の中間に属しているため，その性格は若干複雑なものである。国と地方の関係からみると地方に属するが，地方自治体という分類

では広域的なものであり，市町村のように地域に密着している自治体とはいえない。たとえば，市役所と県庁のどちらが身近な役所であるかを考えてみるとわかりやすいであろう。そのため，国は都道府県を地方自治行政における基礎自治体の後方支援を行う広域的な地方自治体としてとらえる傾向がある。これは地域福祉でも同様である。

都道府県の地域福祉における具体的な役割だが，人材育成という点で重要な役割を担っている。地域福祉を担う人材とは，社会福祉法では「地域住民，社会福祉を目的とする事業を経営する者及び社会福祉に関する活動を行う者」（4条）とされており，条文上はほぼすべての人が該当する。とはいえ，地域福祉を考える際には福祉専門職の存在を無視することはできない。都道府県は彼らの育成に関して国から期待されているのである。

福祉専門職は，介護福祉士や社会福祉士，ホームヘルパーなどが該当する。しかし，労働条件などのさまざまな理由から福祉専門職の人材難が問題となっており，そこで国は福祉専門職の支援事業に補助金を出している。これらの事業の実施主体は都道府県あるいは都道府県が適当と認める団体（たとえば都道府県社会福祉協議会）としており，福祉専門職の人材育成を都道府県の地域福祉における重要な役割と認めているのである。具体的には，2009年度から3年間の事業として，「介護福祉士等修学資金貸付制度の拡充（介護福祉士・社会福祉士養成施設などの入学者に修学資金の貸し付けを行う事業，専門職の仕事に5年間従事した場合には返還を免除）」（320億円）と「福祉・介護人材確保のための緊急対策」（205億円）があげられる。これらは前節であげたセーフティネット支援対策等事業費にその一部が含まれていたり，補正予算で認められたりした事業である。

もちろん，都道府県の地域福祉への関わりはこれだけではない。

たとえば，民生委員の研修事業にも都道府県は取り組んでいる。民生委員は地域社会で社会福祉に関する活動を行う者として，歴史的に重要な役割を担ってきた存在であり，全国で約23万人が地域で活動している。彼らが高齢者や障害者など生活課題を抱えた地域住民を支援しているのである。民生委員自身はボランティアではあるが（交通費などは実費弁償），「民生委員，民生委員推薦会，民生委員協議会及び民生委員の指導訓練に関する費用は，都道府県がこれを負担する」（民生委員法26条）とされており，都道府県が財源面も含めて運営の責任を担っている（地方交付税や国庫補助事業による国の財政支援あり）。

市町村の地域福祉事業の財源

次に市町村の役割である。ここで重要な役割を果たすものが，市町村地域福祉計画であろう。地域福祉計画は地方自治体が中心となって策定する行政計画であるが，策定にあたっては「住民参加」が条件とされている。つまり，ある市町村にとってどのような地域福祉事業が必要なのかについて，地域住民が声を発し，一定の影響を与えることが保証されているのである。「地域福祉」というどこかとらえどころのない部分もあるものに，その地域にふさわしい形を与えるチャンスが地域住民にも与えられていると言えよう。

しかし，計画に住民の意見をすべて的確に反映させることはそもそも難しい。また地域福祉関連の事業が予算上の区分で統一されているわけではない。したがって，ここでは特定の市町村の事業から具体的な事例を取り上げることにし，兵庫県尼崎市の平成23年度予算を紹介する。尼崎市をはじめ全国58市区町村（2011年4月現在）は，国と協働して地域福祉の推進に向けた事業に取り組む「地域福祉推進市町村」となっている。これらの市区町村の地域福祉事業には，「安心生活創造事業」から補助金が支出されている。

まず地方自治体の歳出予算は，地方自治法216条，地方自治法施行規則15条を根拠条文として大区分から順に款・項・目・節に分類されている。地方自治体の目的別の歳出予算において款に該当するのが民生費であり，項には社会福祉費や児童福祉費，生活保護費が該当する。地域福祉関連の事業をいくつかピックアップして紹介する。以下は尼崎市2011年度予算からの抜粋である。カッコ内の数字は予算額である（単位は千円）。

① 民生児童委員関係事業費（86,215）　民生児童委員活動を促進し，要援護者に対する援護の充実および地域住民の福祉の向上を図る。

② 地域福祉推進事業費（17,949）　尼崎市社会福祉協議会が，地域福祉活動専門員（仮称）を配置し，地域福祉のネットワーク形成などに取り組むことを支援する。

③ 地域福祉権利擁護事業費（1,600）　認知症高齢者や知的障害者など判断能力が不十分な者ができる限り自立した地域生活を送れるよう福祉サービスの選択や契約行為などに対する支援を行う。

④ ボランティアセンター運営事業費（2,866）　ボランティア活動の推進を図るため，ボランティアセンターに各種事業を委託する。

⑤ 市民福祉振興協会補助金（14,788）　市民からの寄付金などを積み立てた市民福祉振興基金の運用によって生じた果実を市民福祉振興協会に対して補助することにより，地域に根ざしたボランティア活動をはじめ，市民による多様な地域福祉活動を促進する。

⑥ 社会福祉関係団体補助金（11,873）　尼崎市社会福祉協議会など，社会福祉関係団体の円滑な運営の確保を図る。

⑦ 緊急システム普及促進等事業費（26,784）　急病や事故などの緊急時に迅速，適切な援助を行う緊急通報システムの普及など，独居の高齢者・障害者などの日常生活の安全確保と不安の解消を図る。

⑧ 小災害見舞金（1,141）　災害救助法が適用されない火災，浸水，地震などの小災害による被災者およびその家族に一定の基準により見舞金を支給する。

⑨ 地域福祉推進啓発事業費（969）　地域福祉フォーラムなどを開催し，市民や事業者などへ地域福祉に対する意識啓発を図っていく。また，第2期地域福祉計画の研修会を各地区で開催し，啓発を図るとともに，市民とめざす姿を共有することで計画の推進を図る。

　上記の事業は項の区分の目では社会福祉総務費に該当する。もちろん，この項・目に含まれるものだけが地域福祉に限定されるというわけではない。たとえば，目で老人福祉費に含まれるものには「地域高齢者福祉活動推進事業費」（47,208）といったものがある。これは，「尼崎市社会福祉協議会の各単位福祉協会または連絡協議会等が実施する地域における安全安心活動，引きこもり防止活動，住民交流事業，学習教養・敬愛事業等，高齢者福祉活動推進事業に対し，補助金を交付する」というものである。

　最後が「安心生活創造事業」として実施された「要援護高齢者見守り対策検討事業費」（9,563）である。これは，「増加する要援護高齢者の実態把握を通じ，地域での見守り・支援体制の構築を図る」というものであり，尼崎市が地域福祉推進事業の対象として高齢者を選択した点が明らかである。そのため，予算上は目の老人福祉費に含まれている。

　同事業は，高齢者の孤独死や高齢者世帯の介護疲れによる不幸な

事態（虐待など）を未然に防ぐことを目的として，地域ぐるみの見守り体制の整備を図るものである。具体的には，市内の日常生活圏域（6圏域）それぞれに見守りを希望する高齢者に対して，社会福祉協議会や老人クラブなどの地域資源からなる「見守り協力員」（民生委員やボランティア）による定期的な訪問活動などの見守り活動を行うというものである。見守りを希望しない人に対しても，見守り協力員による声かけを行って見守り活動への登録を勧誘するとされている。なお，「安心生活創造事業」は2011年度までの事業であったが，厚生労働省は2012年度以降もモデル事業から全国への普及を図るために事業を継続することとしている（「社会・援護局関係主管課長会議資料」2012年3月1日）。

このように公的財源を活用した地域福祉活動が実践されているわけだが，本書でここまで見てきたように地域福祉を行政だけでは行うことはできない。地域の実情を把握している住民との連携は欠かせないはずである。とはいえ，地域住民だけでも不十分である。両者を橋渡しする存在が不可欠である。また，福祉ニーズをもつ人たちに対する専門的な見地からのサポートも重要である。そこで着目すべき存在が，次節でふれる社会福祉協議会である。公的組織ではないが，地域福祉を支える重要な担い手であり，かつ公益性が高い組織であるため，本章では社会福祉協議会の財源も紹介することにしたい。

4 社会福祉協議会の財源

社会福祉協議会とは　社会福祉協議会（以下，社協）とは，その全国組織である全国社会福祉協議会によれ

ば,「地域社会において民間の自主的な福祉活動の中核となり,住民の参加する福祉活動を推進し,保健福祉上の諸問題を地域社会の計画的・協働的努力によって解決しようとする公共性・公益性の高い民間非営利団体で,住民が安心して暮らせる福祉コミュニティづくりと地域福祉の推進を使命とする組織」と定義される(全国社会福祉協議会[2011b])。社協は,全国社会福祉協議会,都道府県社会福祉協議会,市区町村社会福祉協議会という全国的重層的なネットワークを有している(第5章参照)。

社協における地域福祉活動と財源を含む組織のあり方について,厚生労働省の「これからの地域福祉のあり方に関する研究会」は報告書「地域における『新たな支え合い』を求めて——住民と行政の協働による新しい福祉」を発表した(2008年3月31日)。同報告書の「Ⅵ.既存施策の見直しについて」の「2.個別の既存施策の検証,見直し」では,それぞれの既存施策について,現状と課題について整理するとともに,これからの見直しの方向を「今後の論点」として掲げた。その施策項目は,①地域福祉計画,②民生委員,③ボランティア,④社会福祉協議会,⑤福祉サービス利用援助事業,⑥生活福祉資金,⑦共同募金が整理されている。

その中で④の社協の「今後の論点」として,(1)市町村社協では事務局長の6割強が行政退職者であるため,地域福祉を推進する民間団体と住民に意識されていない,(2)市町村社協の活動において,介護保険事業や自治体からの受託事業の割合が高まっており,地域福祉活動支援の取組み強化が必要ではないか,(3)住民が社協会員として会費を納めたり,役員として参加したりはしているが,社協の事業形成や実施において住民参加が不十分ではないか,という点などを指摘した。財源の確保を優先させるだけでなく,地域福祉の推進団体として,よりいっそう住民に近い組織となることを課題と

してあげていたのである。

市町村社会福祉協議会の活動財源

では，その社協の財源面の実態について，本節では各層の社協の中で住民に一番身近な市区町村社協の活動財源について検討することとする。

市区町村社協の財源に大きな割合を占めるものは，図 11-2 にみるように補助金収入，受託金（委託費）収入から介護保険・利用料といった事業収入に代わってきた。主な収入財源については，以下のとおりである。

(1) 会費収入（住民会費・構成員会費・賛助会費）　社協の会費は自主財源として貴重なものであり，概ね次のように設定されているが，会費の名称，金額，依頼や納付の方法など，それぞれの社協で少しでも多くの会費が確保できるようさまざまな取組みがみられる。

① 住民会費　全戸会員制などとも呼ばれ，住民に呼びかけ世帯単位での加入を進めることにより，社協活動の理解を深め，社協活動の自主財源確保が行われている。全国の市区町村社協の 87.0% が住民会員制度を設けており，会費の額は「年額 300 円未満」が 10.3%，「年額 300 円以上〜600 円未満」が 52.3%，「年額 600 円以上〜900 円未満」が 7.2%，「年額 900 円以上〜1,200 円未満」が 24.4%，「年額 1,200 円以上」が 5.9% である（2009 年，全社協調査）。

② 構成員会費　団体会費などとも呼ばれ，社協を構成する福祉団体，ボランティア団体，福祉施設などが負担している。

③ 賛助会費　企業会員会費，法人会員会費，特別会員会費などといわれ，住民会費や構成員会費より高額なものとなっている。

(2) 寄付金収入　個人や団体などの寄付による収入のことである。これは，自主事業にあてることができる。自由度が高いこの財源を増やすには，社会全体の寄付意識を高める必要がある。そこで，社協広報誌に寄付者名を掲載するといったことが行われている。寄付には，金銭による寄付と物品の寄付とがある。金銭寄付には，個人寄付者からは，香典返し，お祝い返し，○○記念などで地域福祉に役立てたいというものがある。団体や法人からは，創立○周年記念，○○イベント記念，職員1円玉募金などの形で寄付が行われている。また，障害者移動支援用車両や車椅子，ボランティア活動支援物品などの物品寄付も行われている。

(3) 共同募金配分金収入　共同募金における一般募金の市区町村社協への配分金収入のことである。共同募金配分実績全体の約5割以上を占め（2007年度実績では，配分実績約187億円のうち約101億円〔54.2%〕），社協の地域福祉活動財源の大きな柱となっている。

(4) 補助金収入　行政から交付される補助金収入のことである。社協が実施する総合企画，住民参加，普及・宣伝，連絡調整などの事業や特定の事業に対して補助され，社協の基本的財源として位置づけられている。

(5) 受託金（委託費）収入　行政の実施するべき事業の委託を受け，その事業の実施に必要な経費を受託金として受け取るものである。在宅福祉サービスや福祉会館の管理などを受託してきたが，介護保険制度や指定管理者制度などが実施されるようになり，財源の中で占める割合は減少している。

(6) 事業収入（介護保険・利用料など）　在宅福祉サービスなどの利用料，介護保険などの報酬・利用料，会館の管理や売店な

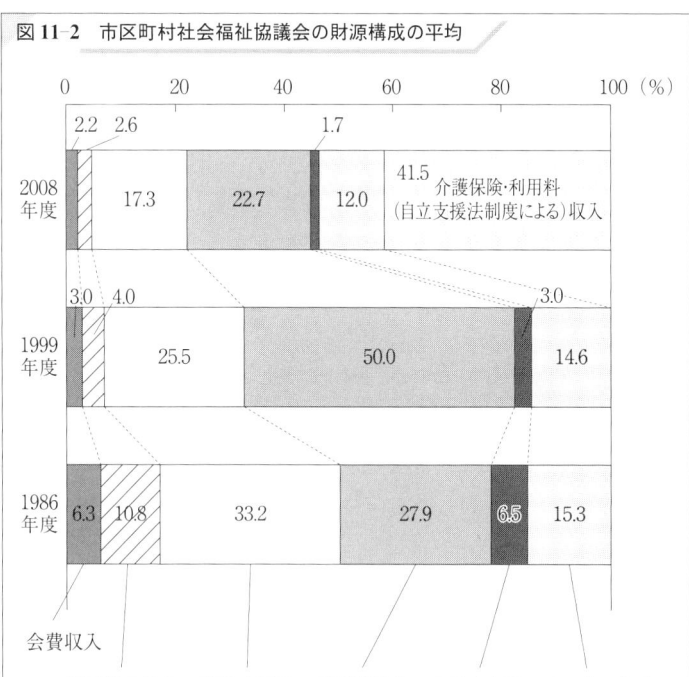

図 11-2 市区町村社会福祉協議会の財源構成の平均

年度	会費収入	共同募金収入	補助金収入	委託費収入	寄付金収入	その他の収入
2008年度	2.2	2.6	17.3	22.7	1.7	12.0 / 41.5 介護保険・利用料（自立支援法制度による）収入
1999年度	3.0	4.0	25.5	50.0	3.0	14.6
1986年度	6.3	10.8	33.2	27.9	6.5	15.3

(注) 1. 2005年度は，経常活動費資金収入（1社協当たり平均2億6313万円）の内訳である。
　　 2. 1986年度および1999年度の，その他の収入は，前年度繰り越し金が含まれる。
(資料) 『平成21年度社会福祉協議会実態調査』全国社会福祉協議会地域福祉推進委員会，2010年。『社会福祉協議会活動実態調査・財政調査』全国社会福祉協議会，2000年，128頁。『社会福祉協議会・基礎調査』全国社会福祉協議会，1987年，17頁。
(出所) 全国社会福祉協議会［2011b］『概説 社会福祉協議会2011・2012』177頁。

どの事業により得ている収入のことである。介護保険事業を実施する社協では，事業収入が財源の中で大きな割合を占めるようになっている。

「これからの地域福祉のあり方に関する研究会」報告書が指摘したように,事業収入や自治体関係の収入の割合が高まっている現状がある。社協独自の地域福祉活動の取組みを行うためにも,会費や寄付金といった自主性の確保につながる収入の割合を高める必要がある。また,同報告書の「Ⅳ.地域福祉を推進するために必要な条件とその整備方策」の「4.地域福祉を推進するための環境」において,「活動資金」について「住民の地域福祉活動は,住民同士の支え合いであることから,その資金は住民自ら負担するか,自ら集めることが原則」としており,「必要な資金を継続的に確保するために,資金を地域で集めることができる仕組みが必要」としている。住民主体の地域福祉を手助けする組織が社協であるならば,社協が何をすべきかを提言している。

5 地域福祉財源の展望

地域福祉は行政のみで担えるものではない。地域住民の主体的な活動があって生きるものである。しかし,ボランティアや資金を極力必要としない活動だけでは限界があるのも事実である。本章で紹介したように,国や地方の政府が地域福祉活動に,とりわけ財源面で深く関わっていることは忘れてはならない。そして,その財源は国民や住民からの税金であることは重要である。行政から活動が「補助」されているのは事実である。しかし,その資金はそもそも国民や住民のために活用されるものである。行政は本来すべきことを行っているのであり,住民は十分に活用すればよいのである。

しかし,行政が地域福祉のために割り当てる予算額は,他の分野と比較して大きなものではない。また国や地方も厳しい財政事情に

ある現状では，今後も財源の大きな伸びは期待できないであろう。そのような制約がある中で，どのように地域福祉のために財源を確保していくかは大きな課題である。そのためには，住民が地域福祉活動を通じてその重要性を行政に伝えることだけでなく，自治体の予算の中に地域福祉をどのように位置づけるかを意識する必要があるだろう。単なる拡大ではなく，事業の選択が求められる現状では，住民も何を地域の課題として取り組むか考えねばならないのである。

　もちろん，この課題は簡単に解決できるものではない。とはいえ，いくつかの自治体では，住民側が個人住民税の1%相当を住民自治組織や市民団体などの支援費に配分することについて，意思表示する仕組みを取り入れているところもある（千葉県市川市がはじめて導入し，2011年度では9つの自治体が採用。*Column*⑪参照）。このような制度は，地域福祉分野のみを対象にしているわけではない。しかし，地域の公的な財源を何に活用するのかについて，従来どおり政治家や公務員に任せるだけでなく，たとえ一部ではあっても住民自身の意思を示すことを認めている点は重要であろう。これからの地域福祉においては，公的財源の規模や有無だけでなく，どのように活用するのかについて住民側も巻き込んだ仕組みづくりが求められている。

Column⑪ 自分たちの納めた税金の使い道を住民が考える：1％支援と参加型予算

　千葉県市川市などで実施されている1％支援制度は，ハンガリーの「パーセント法」(1997年施行)を参考にしたものといわれる。この制度は，市民が所得税の1～2％をNPOのような市民団体に移すことができるというもので，東欧諸国では2000年代から普及している。また，住民が税金の使い道に直接関わる制度としては，ブラジルのポルトアレグレ市で1989年から実施されている参加型予算がある。これは，住宅や学校などの自治体の公共事業の優先順位の決定に住民の意思を反映させようとする制度である。イギリスでも実験的に導入されている。

　わが国で1％支援制度が拡大したり，参加型予算のような仕組みが導入されたりした場合，どのようなことになるか想像してみるとおもしろいだろう。ある自治体では，住民が公共施設の修繕よりも地域福祉関係の事業に高い優先順位をつけたり，地域福祉と深く関わる市民団体に優先的に補助金を支出したりするかもしれない。一方，別の自治体では住民は地域福祉関係の事業や支援を後回しにするかもしれない。その結果，自治体間の「地域福祉」の内容に今まで以上に違いが生じるかもしれない。

　地域福祉の推進には住民の参加が不可欠とされる。では，実際にどのように思っているのか。住民に意思表示をしてもらうことは，その町の地域福祉に対する認識を明らかにしてくれるはずである。もし意思表示できる仕組みがあったら，自分の町の福祉はどうなるのだろうか。読者も一度考えてみてはいかがであろうか。

第12章 地域福祉の民間財源

赤い羽根募金・街頭の風景（写真提供：中央共同募金会）

　本章では，第10章で述べた地域福祉の財源，すなわち，会費，寄付金，代金・料金（自主事業収入），委託金（受託事業収入），間接金融，直接金融，助成金，補助金のうち，その拠出者が公的機関である可能性の高い補助金，委託金（受託事業収入）を除いた財源について順に解説する。

1 会　　費

> **会員制度**

地域福祉関係団体の中には会員制度を設けているところが少なくない。会員制度とは，その団体の目的に賛同する個人または団体に会員として入会してもらい，重要な意思決定への参加，事業・活動への援助などをしてもらうために設けられた仕組みである。会員には，それぞれの地域福祉活動団体が独自に，正会員，一般会員，準会員，賛助会員などさまざまな呼称をつけている。1つの地域福祉活動団体で2種類以上の会員を設けているところもある。しかし，同じ呼称の会員であっても地域福祉活動団体が異なれば会員の定義や会員に与えられる権限などが同じであるとは限らない。

社会福祉法人や特定非営利活動法人（以下，本章において「NPO法人」という）など法人格を有する地域福祉活動団体では，法令の規定にしたがって会員制度を設けなければならない場合がある。たとえば，社会福祉法人では定款の中に会員に関する章を設け，そこに，会員は法人の目的に賛同し目的達成のため必要な援助を行うものであること，会員に関する規定を別に定めることを記載しなければならない。したがって，会員制度を設ける社会福祉法人では会員規程を作成して，会員の種類とその定義，会員になるための条件，退会や除名の手続きなどを定めることになる。

NPO法人ではその根拠法である特定非営利活動促進法において，法人を設立するには10人以上の社員が必要であると規定されている。ここでいう社員とは従業員のことではなく，社員総会での議決権を有する個人または団体のことであるが，実際には社員という呼

称を使わず，正会員などの呼称をつけている NPO 法人も多い。また，正会員のほかにも同法上の社員とする会員を設けている NPO 法人もある。いずれにしても同法上の社員として位置づけられる者については，その資格の得喪に関する事項，会員になるための条件，退会の手続き，除名になる条件などを定款に記載しなければならない。

会費収入

多くの地域福祉活動団体では，団体目的に賛同する個人または団体に対して，会員資格を獲得および維持するための条件として会費等（入会金，会費，その他の費用）の納入を求めている。本書では，このようにして調達した財源を単に「会費」と呼ぶことにする。ただし，地域福祉活動団体の中には，自らが提供する福祉サービスの利用者を利用会員などと称して会員制度の中に位置づけているところもあるが，この場合，利用会員などが支払うのは会費ではなくサービス利用料である。つまり，このようにして調達された財源は代金・料金（自主事業収入）であるため，ここでいう会費には含まれない。

さて，第 10 章で述べたとおり，会費は地域福祉活動団体にとって都合のいい財源の 1 つである。その理由は，カネを拠出してくれる個人または団体への "give" の必要が少なくて済むこと，カネの使用目的や使途などが特定されていないこと，継続的に拠出してもらえる可能性が高いことなどである。そのほか，ほぼ予定どおりの額のカネをほぼ予定どおりの時期に調達できるというメリットもある。このように好都合な財源である会費による収入を増やす方法は，会費の額を上げるか，会員数を増やすかのどちらかである。しかし，会費の額の上昇は会員数の減少につながりかねない。また，NPO 法人の場合，市民活動を促進するという目的のため，誰でも自由に参加・脱退できることを保証しなければならない。そのため，特定

非営利活動法においても社員の資格の得喪に関して不当な条件をつけないことと規定されており、会費の額を必要以上に高く設定することは好ましくない。一方、会員数の増加は会員管理という事務作業を煩雑にしてしまうおそれがある。たとえばNPO法人の場合、同法上の社員として位置づけた会員が社員総会に出席するか欠席するかは重要な意味をもち、そのための事務作業には多くの時間と労力が費やされることになる。このように会費収入の増加につながる2つの手段のいずれも安易に進めることはできず、それらのバランスをとりながら進めざるをえない。

2 寄付金

寄付金の捉え方

　寄付とは、日本ファンドレイジング協会の『寄付白書2010』によれば「自分自身や家族のためではなく、募金活動や社会貢献を行っている人や団体に対して、金銭や金銭以外の物品（衣料品、食料品、医薬品、日用品、クレジットカードのポイント、不動産など）を自発的に提供する行為」である。しかし、この定義では募金活動を行っている個人または団体への金銭の提供も寄付金に含まれてしまう。募金活動を行っている個人または団体は募金で集めた寄付金を、助成金などの形で地域福祉活動団体等に提供する。第10章、11章および本章では地域福祉活動団体の立場から財源をとらえているため、このような流れを経て地域福祉活動団体に届いたカネは助成金などとして扱うことになる。言い換えれば、地域福祉活動団体等に直接寄付されたカネのみを、ここでは寄付金とする。

　また、税制における寄付金をみると、一般的に、支出する側に任

意性があること,直接の反対給付がないことの2要件を満たすものを寄付金と呼んでいる。前者は寄付金を出す寄付者自身が,出すか出さないかを自由に決定でき,かつその金額を自由に決めることができることであり,後者は寄付者が支出した寄付金の代わりに,一般に流通するような商業的価値をもつ物品やサービスなどを受け取らないことである。この2要件を満たすものであれば,その名称にかかわらず寄付金になることがある。つまり,後述する助成金などの中にも,税制における寄付金にあたるものが含まれる可能性がある。なお,寄付金税制についてはあとで述べる。

さて,寄付金は会費と同様,地域福祉活動団体にとって都合のいい財源の1つである。ただし,会費はほぼ毎年度一定の収入が見込めるのに対して,寄付金は安定性に欠ける。一方,会費では先述したとおり会費の増額が会員数の減少につながったり,会員数の増加が事務作業を煩雑にしたりするおそれがあるが,寄付金では寄付者数の増加や寄付金額の増額にブレーキをかける理由はほとんど見つからない。しかし,地域福祉活動団体など公益性の高い事業・活動を行っている団体の中で寄付開拓の取組みを行っているところは決して多くない。今後は,地域福祉活動団体においても民間企業のようにマーケティング手法などを導入したり,専門の職員を配置したりして,寄付者数の増加,寄付金額の増額に積極的に取り組む必要があるかもしれない。

個人寄付と法人寄付

一般的には「寄付をしているのは個人が中心である」というイメージが強いかもしれないが,企業など法人も寄付を行っている。個人の場合,共同募金,災害支援関連の募金,国際協力関連の募金などへの寄付が多く,寄付手段をみても募金箱(人の集まる場所に設置された募金箱,街頭で募金スタッフが携帯している募金箱など)への現金の投入が多いほか,最

近では電話やインターネットを利用した簡易な寄付も増えている。いずれにしても，個人が行う寄付（以下，個人寄付）には，寄付仲介組織への募金が多いという特徴がみられる。一方，法人が行う寄付（以下，法人寄付）には寄付仲介組織を対象としたものだけでなく，学校法人，社会福祉法人，更生保護法人，NPO法人など公益性の高い事業・活動を行う団体を対象としたものも少なくない。以下では，先述した本書における寄付金の定義を踏まえ，法人寄付について概説する。

　法人が寄付を行うのは，法人としての社会的責任を果たすため，法人のイメージアップを図って収益向上や人材確保などを進めるため，あるいは経営者の純粋な思いから公益性の高い事業・活動の一翼を担うためなど，さまざまな理由による。では，法人寄付のカネはどこから出ているのか。それは大きく分けて3つある。1つは法人の従業員が職場での募金に応じたカネである。また，この職場募金で寄せられたカネに上乗せする形で，この金額の何％かを企業自らが拠出する場合がある。このような手法によって提供される寄付のことをマッチングギフトという（マッチングギフトは，従業員が拠出したカネに上乗せして提供される場合が基本であるが，最近では顧客に拠出してもらったカネに上乗せして提供する場合もみられる）。さらに，法人の顧客から集めたカネも法人寄付に使われることがある。

　法人の顧客から法人寄付に使われるカネを集める方法の1つに，**コーズ・リレイテッド・マーケティング**（cause-related marketing）がある。ここでいうコーズとは「主義，主張」のことであり，具体的には，地球温暖化を防止しなければならない，貧困を撲滅すべきであるなど社会問題を解決する必要性についての主義や主張である。つまり，コーズ・リレイテッド・マーケティングとは，社会問題の解決につながるように，製品・サービスの開発，流通，販売を行う

ことであり，製品・サービスに関する情報を伝達することである。

コーズ・リレイテッド・マーケティングの典型は，消費者が製品・サービスを購入する際に支払った代金の一部を，その企業を通じて，社会問題の解決に取り組む団体に寄付するという手法である。このとき，製品・サービスの価格または料金は割高になる場合が多い。しかし，それでもコーズ・リレイテッド・マーケティングが有効に機能しうるのは，消費者においてその企業のコーズに賛同する意思を消費行動で示そうという動きが広がりつつあるからである。このような消費行動をエシカル消費と呼ぶ（*Column*⑫参照）。つまり，供給側のコーズ・リレイテッド・マーケティングと需要側のエシカル消費が当該製品・サービスの売買を成立させることで，需給双方の連携による社会問題の解決に向けた取組みが始動することになる。

寄付税制

寄付税制とは，寄付をした者が税制上の優遇措置を受けることができる制度のことである。優遇される内容は，誰が寄付をしたのか，どこに（何に）寄付をしたのかによって異なってくる。ただし，ここでは相続財産の寄付についてはふれないものとする（表 12-1 参照）。

まず，誰が寄付をしたのか，つまり寄付主体をみると，個人か法人かで区別することができる。個人の場合に優遇対象となるのは所得税（国税）と個人住民税（地方税）であり，法人の場合に優遇対象となるのは法人税（国税）である。次に，どこに（何に）寄付をしたのか，つまり寄付客体から寄付金を分類すると，国または地方公共団体に対する寄付金，指定寄付金，特定公益増進法人に対する寄付金，認定 NPO 法人または仮認定 NPO 法人に対する寄付金（以下，「認定 NPO 法人等に対する寄付金」という）という 4 つの寄付金と，これら以外の一般寄付金に分けることができる。前述 4 種類の寄付

金のうち，指定寄付金と特定公益増進法人に対する寄付金を合わせて特定寄付金と呼び，認定NPO法人等に対する寄付金も特定寄付金と見なされる（特定寄付金は所得税法上の概念であるが，ここでは法人税にも準用している）。寄付客体として地域福祉活動団体をみると，概ね，国または地方公共団体に対する寄付金を除くすべての寄付金が該当する可能性があるため，以下では，これらの寄付金について税制上の優遇措置をみていくことにする。

まず，個人が行った寄付をみると，認定NPO法人等に対する寄付金を含む特定寄付金については，所得税の所得控除が受けられる。そのうち，公益社団法人，公益財団法人，学校法人，社会福祉法人，更生保護法人および認定NPO法人に対する寄付金の場合は，所得控除か税額控除かを選択することができる。また，住民の福祉の増進に対する寄付金として，都道府県または市区町村が条例によって個別に指定した寄付金（以下，「条例指定寄付金」という）については，個人住民税の税額控除も受けられる（表12-2参照）。なお，条例指定寄付金には，認定NPO法人以外のNPO法人に対する寄付金も含まれるため，NPO法人として地域福祉活動を行っている団体にとっては，指定を受けることで，従前よりも寄付を集めやすくなるだろう。

一方，法人が地域福祉活動団体に対して行った寄付をみると，指定寄付金については法人税の課税所得を計算する際，寄付金全額を損金の額に算入することが認められている。特定公益増進法人に対する寄付金，認定NPO法人等に対する寄付金については，上限額以内の金額を損金の額に算入することが認められている。また，一般寄付金についても損金算入は認められているが，その上限額は特定公益増進法人に対する寄付金または認定NPO法人等に対する寄付金の水準よりも低い。

表 12-1 寄付税制の概要（所得税，法人税）

	国・地方公共団体に対する寄付金〈例〉・公立高校・公立図書館など	指定寄付金[1]〈例〉・国宝の修復・オリンピックの開催・赤い羽根の募金・私立学校の教育研究等・国立大学法人の教育研究等 など	特定公益増進法人[2]に対する寄付金で，法人の主たる目的である業務に関連するもの	認定特定非営利活動法人に対する寄付金で，特定非営利活動に係る事業に関連するもの	一般寄付金
所得税 所得控除	控除限度額：寄付金[3] − 2000 円				なし
所得税 税額控除	なし		控除限度額：（寄付金[4] − 2000 円）× 40%（所得税額の 25% を限度）		なし
法 人 税	全額損金算入		以下を限度として損金算入（資本金等の額の 0.375% + 所得金額の 6.25%）× 1/2	以下を限度として損金算入（資本金等の額の 0.25% + 所得金額の 2.5%）× 1/4	

(注) 1. 指定寄付金とは，公益を目的とする事業を行う法人または団体に対する寄付金のうち，①広く一般に募集されること，②教育または科学の振興，文化の向上，社会福祉への貢献その他公益の増進に寄与するための支出で緊急を要するものにあてられることが確実であること，という2つの要件を満たすと認められるものとして財務大臣が指定したもの。
2. 特定公益増進法人とは，公共法人，公益法人等その他特別の法律により設立された法人のうち，教育または科学の振興，文化の向上，社会福祉への貢献その他公益の増進に著しく寄与する法人のことで，具体的には独立行政法人，一定の地方独立行政法人，公益社団・財団法人，社会福祉法人，医療法人，更生保護法人，学校法人，日本赤十字社等が含まれる。
3. 総所得の 40% を限度。
4. 総所得の 40% を限度。

(出所) 財務省ホームページ掲載資料〔http://www.mof.go.jp/tax_policy/summary/corporation/217.htm〕より作成。

表 12-2 寄付税制の概要（個人住民税）

寄付金の区分		条例指定寄付金（都道府県または市区町村が条例で指定した寄付金）	その他の寄付金
個人住民税	税額控除	控除限度額：（寄付金−2000円）× 10％*	なし

(注) ＊都道府県民税：4％，市区町村民税：6％。
(出所) 筆者作成。

3 代金・料金（自主事業収入）

自主事業収入の特徴

代金・料金とは、地域福祉活動団体が任意で行う事業（自主事業）において、その顧客に製品（有形の提供物）やサービス（無形の提供物）を提供する対価として得られるカネのことである。第10章で述べたとおり、地域福祉活動団体にとって自主事業による収入はさまざまな目的や用途に使うことができる自由度の高いカネであり、継続的な調達が容易な比較的安定したカネである。自主事業収入が大きい団体では資金繰りが安定し、中長期的な視点からの組織運営や事業展開が可能になる。したがって、地域福祉活動団体のみならず公益性の高い事業・活動を展開している団体では実現する・しないにかかわらず、収益性の高い自主事業を模索しているところが少なくない。

地域福祉事業と自主事業

地域福祉活動団体が行う事業としてまず思いうかぶのは、やはり地域福祉事業であろう。地域福祉活動団体が地域福祉事業を行うとき、その事業が補助金などにまったく依存しない純然たる自主

事業の場合ももちろんあるが、多くの場合は行政などから委託金をもらう受託事業であったり、補助金などに大きく依存した事業であったりする。また、純然たる自主事業であったとしても、先述したとおり製品・サービスの提供に要した費用を自主事業収入でカバーできるとは限らない。そこで、地域福祉活動団体としては、自主事業としての地域福祉事業の収入拡大を検討しつつ、他方では地域福祉事業とは直接関わりがなくても、より多くの収入を見込める収益性の高い自主事業の開発に取り組むことも重要になる。その際、考慮しなければならないのは、自主事業を行う組織のあり方と、理念・ミッションと自主事業との整合性である。

　まず、自主事業を行う組織のあり方であるが、仮に地域福祉活動団体の法人格がNPO法人であったとしよう。収益性の高い自主事業を行うにあたって多くの設備資金や運転資金を必要とするとき、NPO法人では銀行からの借り入れなどに支障をきたすことがある。このような場合には、地域福祉事業を行う地域福祉活動団体とは別に、NPO法人よりも資金調達が容易な法人格の組織を立ち上げ、そこで必要な資金調達と自主事業の運営を行い、グループ全体として地域福祉事業と収益性の高い自主事業を展開するという柔軟な発想も視野に入れるべきであろう。

　一方、自主事業を別組織において行うか否かにかかわらず、地域福祉活動団体が本来の地域福祉事業のほかに収益性の高い自主事業を展開する場合、団体の理念・ミッションと自主事業との間に不整合が生じないように留意しなければならない。自主事業において収益性を追求するあまり、利益優先の商業主義的な言動が表面化してしまうと、本業である地域福祉事業の支柱である理念・ミッションとの間で矛盾が生じてしまう。そうなると、理念・ミッションに賛同して寄付をしたり会員になったりした個人または団体が不信感を

抱いたり，それまで安心して地域福祉事業を利用していた人が離れていったり，補助金や委託金，助成金などの調達にも支障が出たりしてしまう。地域福祉活動団体が自主事業を展開するにあたっては，団体の理念・ミッションによってつながっているステークホルダー（利害関係者）の思いに常に配慮しながら，より大きな収入を実現するために柔軟な発想で取り組むことが肝要になる。

4 金融による資金調達

金融の仕組み

　金融とは，その漢字の示すとおりカネの融通という意味であり，カネに余裕のある個人または法人（以下，資金提供者）とカネを必要としている個人または法人（以下，資金需要者）との間で行われるカネに関する取引のことである。また，カネの流れ方に注目すると，金融は間接金融と直接金融に分けることができる。間接金融では，資金提供者と資金需要者の間に仲介業者が介在し，仲介業者が資金提供者，資金需要者と自らとの間でカネの貸し借りを行う。また，仲介業者は資金需要者への資金提供に伴って生じる債務不履行などのリスクも負うことになる。一方，直接金融では，資金提供者から資金需要者に対して直接カネの融通が行われる。仲介業者が介在する場合もあるが，カネの流れには関与しない。したがって，資金需要者への資金提供に伴って生じるリスクは資金提供者が負うことになる。なお，後述する株式発行による資金調達の場合を除き，資金需要者は金融を通じて資金を調達した場合，それが間接金融であれ直接金融であれ，借りたカネを金利負担分も添えて返済することになる。

間接金融①（銀行融資）

　間接金融の典型は銀行融資である。融資とは資金を融通すること，つまり，資金需要者へのカネの貸し出しである。銀行融資では資金提供者（預金者）と資金需要者（企業等）の間に銀行が介在してカネの融通が行われる。なお，ここでいう銀行には普通銀行（都市銀行，地方銀行など）のほか，協同組織金融機関（信用金庫，労働金庫など）も含まれるものとする。

　銀行は融資を行う際，安全性，収益性，成長性，流動性，公益性の5原則に基づいて融資先候補を審査し，融資するかどうか，融資する場合には貸出額をいくらにするか，貸出金利を何％にするかなどを決定する。融資先候補として地域福祉活動団体をみた場合，とくに問題になってくるのは安全性の原則，収益性の原則であろう。安全性の原則とは，貸し出したカネを期日までに確実に回収できるということである。そのため，銀行は融資先に対して物的な担保や信用力のある保証人を求めてくる。収益性の原則とは，銀行にとっての利益をより多く確保できるということである。銀行では貸出額をできるだけ多くし，かつ貸出金利をできるだけ高くすることでより多くの利益を得ることができる。

　地域福祉活動団体の法人格をみると，株式会社，合同会社など営利法人は少なく，社会福祉法人，NPO法人など非営利法人，サークル，グループなど任意団体（法人格を有しない団体）が多い。銀行はこれまで非営利法人や任意団体とビジネス上で付きあうことがあまり多くなかったため，地域福祉活動団体への融資を検討する際に必要な情報も不足している。一方，地域福祉活動団体も銀行からの融資を受けるのに必要な保証人を見つけることが難しかったり，こういう場合の頼みの綱でもある信用保証協会（銀行融資などを受けたいとき，保証人が見つからない場合に保証人となってくれる公益法人）で

もNPO法人は対象外とされていたり，社会福祉法人も医業を主たる業務とする場合以外は対象外とされていたりするなど，結果として無担保や個人保証（経営者・代表者やその家族が保証人となること）になる可能性が高い。また，地域福祉活動団体が行う事業では大きな利益を得ることはあまり期待できない場合が多い。さらに，地域福祉活動団体は組織の規模，事業の規模が概して小さく，必要とするカネも比較的小額の場合が多い。以上のことから，銀行はこれまで安全性や収益性の原則からみて，地域福祉活動団体への融資には二の足を踏むことが多かった。

ただ，2000年頃から，信用金庫や労働金庫など一部の協同組織金融機関ではNPO法人向けの融資，福祉，環境など公益性の高い事業・活動に対する融資を始めている。融資額の上限は，無担保の場合，信用金庫では300万～500万円というところが多く，労働金庫では500万円というところが多い。なお，福祉に関する事業の中でも，介護保険法に基づく介護給付費，障害者総合支援法に基づく給付費などを受給できる事業，行政から補助金や委託金を受けられる事業，指定管理者として指定管理料を受けられる事業など，安定した事業収入が期待できる事業に対しては，より好条件で「つなぎ融資」を受けることができる。

> 間接金融②（NPOバンクによる融資）

間接金融の典型は上述のとおり銀行融資であるが，地域福祉活動団体にとってはNPOバンクによる融資も重要な資金調達先になりうるだろう。**NPOバンク**とは，その連絡組織である全国NPO連絡会の定義にしたがえば「市民が自発的に設立し，市民からの出資に基づいて，市民事業など社会的に求められているニーズに対して融資を行う，非営利の金融機関」のことである。具体的には，①市民が自発的に設立する，②社会的に求められているニーズ

に対して融資を行う,③非営利である,④市民からの出資を融資の原資とする,これら4つの要件が基準となる。法的には,NPOバンクは貸金業法2条2項に規定する貸金業者である。出資した市民にとっては,元本保証がない,出資金を自由に引き出せないなどのデメリットがあるほか,非営利であるため,出資金に対する配当にも規制がかけられている。

全国NPOバンク連絡会によれば,2012年3月末現在でNPOバンクは全国に19団体ある。そのうち,多重債務者の生活再生事業を行う7団体を除いた12団体が主に事業向け融資を行っている。ただし,12団体の中には,地域福祉以外の事業を融資対象としているところもあるため,実際に地域福祉活動団体が融資対象となりうるのはさらに限られてくる。融資額の上限をみると,900万〜1000万円の団体もあるが,多くの団体は200万〜500万円であり,小額の資金ニーズに対応できる内容になっている。また,貸出金利は概ね1.5〜3％程度で,中には0％という団体もある。

直接金融①（株式,社債の発行）

直接金融の典型は,資金需要者である会社が株式,社債を発行し,それを資金提供者が購入することによって成立するカネの融通である。株式,社債を書類に表したものをそれぞれ株券,社債券という（株券,社債券等の有価証券については電子化,ペーパーレス化が進められている）。株券や社債券はどちらもカネの融通に関する事実などを証明したもの（証券）であるが,株券は「カネを出してもらったこと」を証明するものであるのに対し,社債券は「カネを借りていること」を証明するものである。したがって,株式発行で調達したカネは自分のカネ（自己資本）であるため返す必要はないが,社債発行で調達したカネは他人のカネ（他人資本）であるため返済しなければならない。

ところで，先述したとおり，地域福祉活動団体には営利法人が少なく，非営利法人や任意団体が多いという特徴がある。会社法の規定により，株式を発行できるのは株式会社であり，社債を発行できるのは株式会社，合同会社などである。したがって，株式発行または社債発行による資金調達は地域福祉活動団体にとっては一般的とはいえない。では，非営利法人や任意団体でも可能な直接金融の手段にはどのようなものがあるのだろうか。

直接金融②（擬似私募債の発行）

　上述のとおり社債は会社が発行するものであるため，非営利法人や任意団体では発行することはできないが，擬似私募債はその発行主体についてとくに規定は設けられていない。つまり，営利団体はもちろん非営利団体，任意団体でも発行可能である。**擬似私募債**は擬似という言葉が示しているように，少人数私募債という種類の社債によく似た使われ方をする証券を発行するものである。

　少人数私募債は銀行法に規定する社債であり，かつ金融商品取引法の規定により「有価証券の私募」に該当する。一方，擬似私募債は社債ではなく，擬似私募債を規定する法律もないが，法律上では擬似私募債の発行および購入は民法587条に規定する消費貸借契約（この場合はカネの貸し借りであるため，「金銭消費貸借契約」という）にあたる。金銭消費貸借契約とは，借り主が借りたカネを何らかの用途で使うことを前提に，借りた金額と同額のカネを返還することを約束して，貸し主からカネを借りる契約のことである。したがって，擬似私募債を書類に表した証券には「社債」という名称を使うことはできない。そのため，擬似私募債を発行する団体では団体名や発行目的と関連のある言葉を用いて「○○債」とネーミングする場合が多い。地域福祉活動団体が擬似私募債を発行する場合であれば，たとえば「○○地域福祉債」「お互いさま○○債」などが考えられ

るだろう。

また、金融商品取引法は資金提供者の保護を目的としているため、少人数私募債では利息に関する制限は設けられておらず、少人数私募債を発行する資金需要者において自由に設定することができる。一方、擬似私募債の場合のように金銭消費貸借契約における利息の契約については、資金需要者の保護を目的とする利息制限法によって利息の上限が定められている。

5 助成金

助成金の仕組み

ここでいう助成とは、資金需要者が事業・活動を実施して達成しようとしている目的について、資金提供者がその実施に必要なカネの一部または全部を負担することによって、その成就を助けることである。また、その際に資金提供者が負担するカネを助成金という。助成金と同様の目的、機能を有するものに補助金がある。助成金と補助金はとくに区別することなく用いられる場合もあるが、第10章、11章および本章においては、民間団体が提供する場合を助成金と呼び、行政が提供する場合を補助金と呼ぶことにする。

資金需要者からみると、助成金は返済する必要のないカネであるため、銀行などからの借入れに比べて使い勝手のよいカネといえる。しかし、助成対象となる事業・活動が特定されていたり、人件費を助成の対象としていなかったりするなど、カネの使途が限定されている場合も多いため、会費や寄付金などに比べて自由度の低いカネともいえるだろう。また、事業・活動を開始し、進めていくためにはヒト・モノ・情報とそのためのカネが必要になるが、助成金の多

くは事業・活動の開始時に暫定的に見積額が支払われる概算払いではなく、事業・活動の完了後に支払われる精算払いであるため、助成金を受け取るまでの間の「つなぎ資金」を用意しなければならない。もしつなぎ資金が不足している場合は、金融機関などからつなぎ融資を受けるなどの対策を講じる必要が出てくる。

助成金を提供する団体（以下、「助成金提供団体」という）の中には、福祉、教育、環境、国際交流など多様な事業・活動分野の中から特定分野の事業・活動にのみ助成金を提供するところが少なくない。また、助成金提供団体の多くは、助成金を希望する団体等に申請書を提出させ、それを審査して助成先を選考している。したがって、地域福祉活動団体が助成金を獲得するためには、まず自分たちの事業・活動に対して助成金を提供してくれる可能性のある助成金提供団体を探し出さなければならない。

次に自分たちの理念・ミッションを踏まえて、助成を受けたい事業・活動の目的、内容、手法、推進体制、費用などを盛り込んだ申請書を作成することになる。場合によっては、プレゼンテーションを行うこともある。このように、地域福祉活動団体が助成金を獲得するためには、情報収集力、企画力、プレゼンテーション力なども重要になってくる。

以下では、地域福祉活動団体への助成金提供の可能性がある団体として次の5つを取り上げ、その概要を順にみていこう。

・助成財団（ただし、共同募金会、公営競技系財団、市民ファンドを除く）
・共同募金会
・公営競技系財団
・市民ファンド
・公益信託の受託者（信託銀行など）

助成財団

まず**助成財団**の定義であるが、助成財団などに関する情報や資料の収集とその提供などを行っている公益財団法人助成財団センターは、助成財団とは「個人や団体が行う研究や事業（活動）に対する資金の提供、国内外の学生・留学生等に対する奨学金の支給、個人や団体の優れた業績の表彰や賞金等の贈呈のいずれかの公益活動を行う団体である」と定義している。また、助成財団には財団法人のほか、社団法人、社会福祉法人など制度上は財団法人以外の公益法人であっても活動内容が同等なものも含めている。一方、NPO法人、独立行政法人、公益信託、企業などは含めていない。

助成財団センターによると、2011年7月に実施したアンケート調査の結果、この定義にあてはまる助成団体の中で2010年に活動実績のあったのは約1500団体である。また、2010年中に設立されたのは5団体にとどまる。2010年に活動実績のあった助成財団のうち、正味財産（資産総額）が明確である、年間助成額合計が500万円以上であるなどの条件に見合うのは754団体である。この754団体が実施している助成・奨学・表彰等の事業は1642プログラムであり、それを事業分野別にみると、社会福祉分野は172プログラムで全体の約10％である。ただし、1つのプログラムで複数の事業分野に属するものもある（図12-1参照）。

助成財団は、その設立にあたって財産を拠出した者の違いによって、個人財団（個人または家族が拠出して設立した財団）、企業財団（企業が拠出して設立した財団）、公営競技系財団、行政系財団（行政がその目的遂行のために公的資金を原資として設立した財団）などに分類することができる。助成財団は一般的には、拠出された財産を運用し、その収益によって助成などを行っている。ただし、財団法人においてはやむをえない事情がある場合を除き、基本財産を取り崩すこと

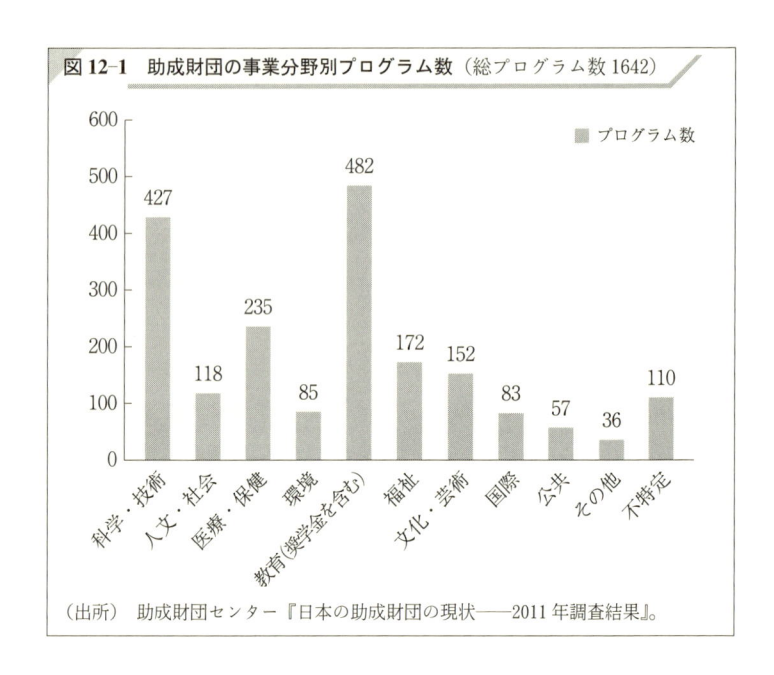

図 12-1　助成財団の事業分野別プログラム数（総プログラム数 1642）

分野	プログラム数
科学・技術	427
人文・社会	118
医療・保健	235
環境	85
教育（奨学金を含む）	482
福祉	172
文化・芸術	152
国際	83
公共	57
その他	36
不特定	110

（出所）　助成財団センター『日本の助成財団の現状――2011年調査結果』。

はできない。

　なお，本書でいう助成財団とは，助成財団センターの定義にある3つの公益活動のうち，少なくとも「個人や団体が行う研究や事業（活動）に対する資金の提供」を行っている団体で，後述する共同募金会，公営競技系助成団体，市民ファンドの3つの団体を除くものと定義する。

> 共同募金会

共同募金とは社会福祉法を根拠に，都道府県の区域を単位として毎年10月1日から12月31日に行われる寄付金の募集のことである。募金をすると赤い羽根をもらえることから，「赤い羽根共同募金」とも呼ばれている。共同募金会は同法113条の規定に基づき，共同募金事業を行うことを目的として設立された社会福祉法人である。共同募金会は都

道府県ごとに設立されているため、一般的には都道府県共同募金会という。また、その連合会として中央共同募金会がある。都道府県共同募金会には、共同募金による寄付金を公正に配分するための機関として配分委員会が設置されている。

共同募金では計画募金という仕組みを採用している。つまり、都道府県共同募金会では寄付金を募集にするにあたって、あらかじめ、区域内の社会福祉を目的とする民間事業者から助成金を必要とする事業の内容、必要とする助成金の額などの申請を受けつけ、それを審査し、配分委員会の承認を得て、その区域における共同募金による寄付金の使途や目標額を定めている。共同募金の募集方法には、戸別募金（各世帯からの募金）、街頭募金（通行人からの募金）、法人募金（企業からの募金）、職域募金（従業員・職員からの募金）、学校募金（児童・生徒からの募金）、イベント募金（イベント参加者からの募金）、個人募金（個人からの募金）などがある（図12-2参照）。実際に募金活動を行うのは、市区町村の区域を単位に設置される共同募金委員会（市区町村によっては、支会、分会の場合もある）である。共同募金委員会には、その下部組織として地区共同募金委員会や、さらにその下部組織として学区共同募金委員会が設置されることがある。

各都道府県内で集められた共同募金の寄付金は、配分委員会の承認を得て、その都道府県の地域福祉を推進するため、区域内にある社会福祉を目的とする民間事業者に配分される。2000年の社会福祉事業法改正までは、共同募金による寄付金は区域内にある社会福祉事業、更生保護事業を経営するものの過半数に配分しなければならないという過半数配分の原則が存在していたが、現在の社会福祉法ではこの原則は撤廃されているほか、新たに、災害の発生などに備えて共同募金による寄付金の一部を準備金として積み立てることもできるようになっている。

図12-2 共同募金の募金実績額の推移（2002～2011年度）

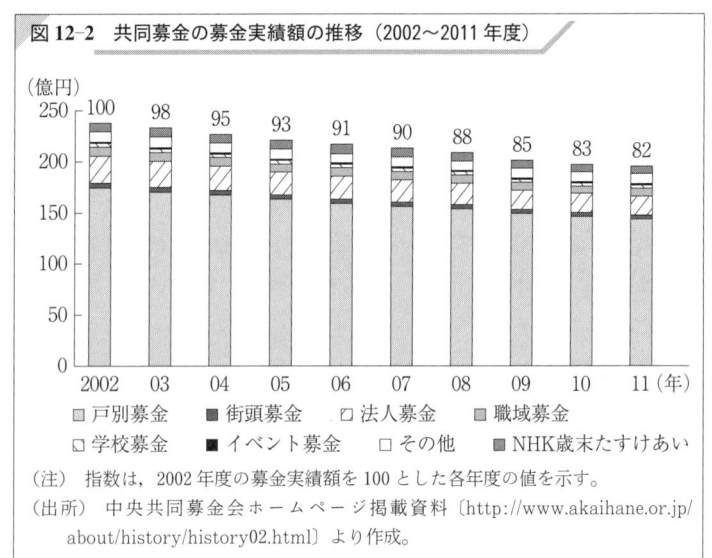

（億円）

年	指数
2002	100
03	98
04	95
05	93
06	91
07	90
08	88
09	85
10	83
11	82

凡例：□戸別募金　■街頭募金　□法人募金　■職域募金　□学校募金　■イベント募金　□その他　■NHK歳末たすけあい

（注）指数は，2002年度の募金実績額を100とした各年度の値を示す。
（出所）中央共同募金会ホームページ掲載資料〔http://www.akaihane.or.jp/about/history/history02.html〕より作成。

図12-3 共同募金の助成額の推移（2002～2011年度）

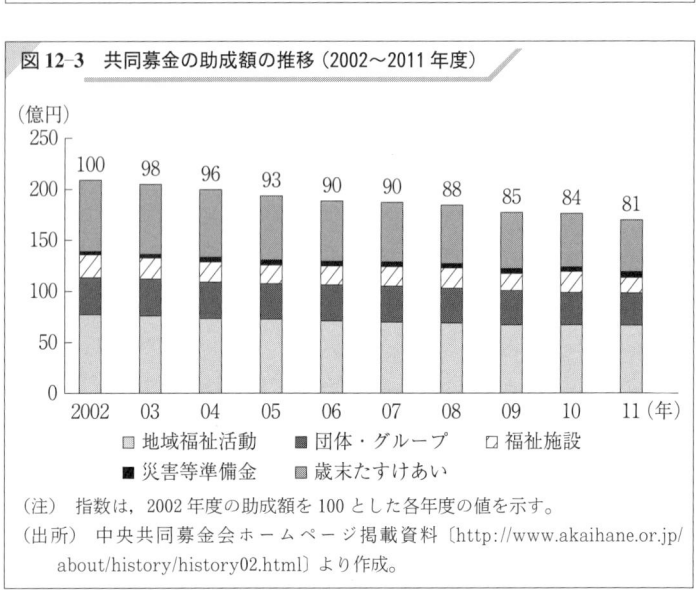

（億円）

年	指数
2002	100
03	98
04	96
05	93
06	90
07	90
08	88
09	85
10	84
11	81

凡例：□地域福祉活動　■団体・グループ　□福祉施設　■災害等準備金　□歳末たすけあい

（注）指数は，2002年度の助成額を100とした各年度の値を示す。
（出所）中央共同募金会ホームページ掲載資料〔http://www.akaihane.or.jp/about/history/history02.html〕より作成。

2011年度の募金実績額は約195億円である。2002年度から2011年度までの10年間では一貫して減少しており，2011年度は2002年度の82％にとどまっている。一方，2011年度の助成額をみると，地域福祉活動への助成額は約66億円であるが，この10年間ではやはり一貫して減少しており，2011年度は2002年度の86％にとどまっている。また，団体・グループへの助成額は約32億円であるが，同様にこの10年間ではほぼ一貫して減少しており，2011年度は2002年度の88％にとどまっている。逆に，災害等準備金はこの10年間では概ね増加傾向にあり，2011年度は2002年度の2倍弱に達している（図12-3参照）。

公営競技系助成団体

　日本で開催されている公営競技は競馬，競艇，競輪およびオートレースの4つであり，競馬には中央競馬と地方競馬がある。本書でいう公営競技系助成団体とは，公営競技による売上などのカネをもとに，民間団体などに助成金を提供している団体のことである。具体的には，中央競馬の特殊法人日本中央競馬会（JRA），地方競馬の地方共同法人地方競馬全国協会（NRA），競艇の公益財団法人日本財団，競輪およびオートレースの財団法人JKAである。これら4団体のうち，福祉事業や福祉活動を行っている民間団体などに助成金を提供しているのは，日本財団とJKAである。

　競艇はモーターボート競走法を根拠に開催される公営競技で，その施行者は都道府県，総務大臣が指定する市町村である。日本財団は同法に規定する船舶等振興機関として国土交通大臣が指定した団体である。同法に基づき，施行者は競艇による売上に法定率を乗じたカネを日本財団に交付しなければならず，日本財団は交付金の一部を船舶等の製造またはその振興を図る事業，海事またはその振興を図る事業，公益増進またはその振興を図る事業に対し助成金を提

供しなければならない。具体的には、日本財団では公益・ボランティア、海洋、国際協力の3分野に助成金の提供を行っている。2011年度の公益・ボランティアへの助成総額は約81億円である。そのうち福祉関係をみると、社会福祉への助成が約52億円、福祉ボランティアへの助成が約3億円、移送サービスへの助成が約1000万円などである。また、1事業あたりの助成金の額は公益・ボランティアでは事業費総額の80％以内であり、助成金の提供を受ける団体が任意団体の場合はさらに上限100万円という条件が加わる。

競輪は自転車競技法を根拠に開催される公営競技で、その施行者は都道府県、総務大臣が指定する市町村である。また、オートレースは小型自動車競走法を根拠に開催される公営競技で、その施行者は都道府県、一部の市町村（小型自動車競走法3条では「京都市、大阪市、横浜市、神戸市、名古屋市、都のすべての特別区の組織する組合及びその区域内に小型自動車競走場が存在する市町村」と規定している）である。JKAは自転車競技法に規定する競輪振興法人として、また小型自動車競走法に規定する小型自動車競走振興法人として、経済産業大臣が指定した団体である。各施行者はこれら2法に基づき、競輪またはオートレースによる売上に法定率を乗じたカネをJKAに交付しなければならず、JKAは交付金の一部を機械に関する事業または公益増進を目的とする事業の振興に資するために必要な業務の経費にあてなければならない。具体的には、JKAでは機械工業振興、公益事業振興の2分野に助成金の提供を行っている。2011年度の公益事業振興への助成総額は約40億円である。そのうち社会福祉の増進への助成は約13億5000万円である。また、1事業あたりの助成金の額は公益事業振興では事業費の中の補助対象経費の4分の3であり、上限額も設定されている。

市民ファンド　市民ファンドという言葉は，それを使う人によって自由に解釈されている。また，それに類似する言葉も多数氾濫しているため，市民ファンドの全体像の把握をより困難にしている。そこで，本書ではこのような混乱を回避するため，2011年6月30日に設立された市民ファンド推進連絡会の設立趣意書に記載されているものを引用し，「市民ファンドとは『民』が『民』を支援する資金循環の仕組みとして，市民からの志のあるお金を集め，市民社会づくりを目指して公益的な活動を行っているNPOなどへ助成する仕組み」と定義しておく。ただし，ファンド創設において行政が主導的役割を果たしたもの，およびファンド運営において市民主体性が担保されていないものについては，市民ファンドに含めないものとする。

　市民ファンドと類似する言葉としては，コミュニティ・ファンドがある。この2つの言葉について，奥田は「主体の部分が『人』である『市民』と，『場』である『コミュニティ』と違っているが，学問的な定義は別として，NPOの現場からみると大きな違いは感じられない」と述べている（奥田［2011］）。本書では，コミュニティ・ファンドは市民ファンドに含まれるものとして扱うことにする。また，コミュニティ財団という言葉もある。これに関して茶野は，コミュニティ財団には3つの専門性，すなわち，助成活動に携わるプログラムオフィサー，投資の専門家および募金活動の専門家が必要であると主張したうえで，市民ファンドは「米国のコミュニティ財団にみられるような，徹底したリアリズムと戦略に裏打ちされた資金集めとは，やや趣が異なっているように思われる」と，市民ファンドとコミュニティ財団との違いを説明している（茶野［2006］）。本書では，コミュニティ財団はより専門化された市民ファンドであると位置づけ，市民ファンドの一類型として扱うことにする。なお，

市民ファンドの領域を助成を行う団体だけでなく，融資を行う団体まで広げてとらえようとする見方もある。この場合，前者は助成型市民ファンドとなり，後者は融資型市民ファンドとなる。ただし，本書では，後者をNPOバンクと呼んでいる。

さて，市民ファンドが市民から志のあるカネを集める方法には概ね3つある。1つめはカネを拠出する市民自らが市民ファンド内に基金を創設する方法である。この方法では，創設した基金の管理，運営などは市民ファンドが行うため，独自の財団を立ち上げて基金を創設する場合に比べて小額のカネで，かつ簡単な手続きだけで創設することが可能である。2つめはすでにある基金にカネを拠出してもらう方法である。これら2つの方法では，市民は助成金として提供される分野または相手先を特定したうえで，自らのカネを市民ファンドに拠出することになる。これらの方法においては，市民ファンドは複数ある基金の管理，運営などを主に担当することになる。一方，3つめは助成分野や助成先の決定を市民ファンドに委ねる形でカネを拠出してもらう方法である。

市民ファンドは先述したとおり，コミュニティ・ファンドとしての側面も有しており，市民ファンドが活動する地域社会の住民から集められたカネは，その地域社会の中で公益性の高い活動を展開しているNPOなどに助成されることになる。したがって，地域福祉活動団体が市民ファンドから助成金を提供してもらうためには，自らの活動エリア内またはその周辺にある市民ファンドを探し，そこに地域福祉活動を助成対象とする基金が創設されているかどうかを確認するところから始めることになる。

公益信託の受託者（信託銀行など）

まず信託とは何か。信託は信託法を根拠に行われる行為または仕組みである。信託には通常，3人の人物が登場する。1人めは，

特定の者に対して「あなたに財産を移転するので，あなたの方でその財産の管理，処分などを行ってください。ただし，その財産の管理，処分等を行うにあたっては，それによって得られた利益を○○さんに提供するということを目的として行ってください」という趣旨の契約，遺言などを行う人である。この人を委託者という。2人めは，この場合における特定の者であり，この人を受託者という。3人めは，この場合における○○さんであり，この人を受益者という。また，この場合における財産を信託財産といい，信託財産の管理，処分などによって得られた利益を受益者に提供するという目的を信託目的という。

　一方，**公益信託**は，公益信託に関する法律を根拠に行われる行為または仕組みである。信託法は1921年に制定され，その後，2006年に改正されて新しい信託法になったが，公益信託に関する部分は改正されることなく，新しい信託法から切り離されて，公益信託に関する法律となった。公益信託と信託の主たる違いは以下の3点である。1点めは，公益信託では信託目的が私益ではなく公益であるということ。2点めは，公益信託では受益者の定めのない信託であるということ。3点めは，受託者は主務官庁から公益信託の引受けの許可を受けなければいけないということである。公益信託における受託者は信託銀行などで，受託者である信託会社などは定められた公益目的にしたがって，不特定多数の人（受益者）に対して助成金の交付を行う。公益信託では，公益目的を円滑に遂行するため，助成先の推薦および公益信託の事業の遂行について助言・勧告を行う機関として運営委員会などが設置される。また，受託者の職務のうち重要な事項について承認を与える機関として信託管理人が設置される。公益信託では，信託財産を取り崩しながら事業を行う場合が多く，信託財産の消滅をもって終了するのが一般的である（図12

図12-4 公益信託の仕組み

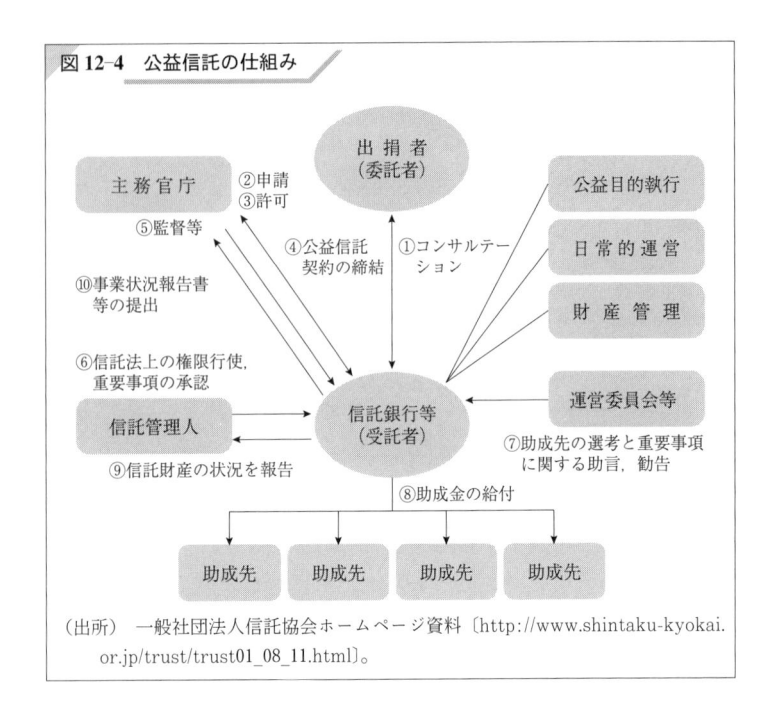

```
                     出 捐 者
                    （委託者）
   主務官庁    ②申請                        公益目的執行
            ③許可
     ⑤監督等         ④公益信託  ①コンサルテー        日常的運営
                  契約の締結    ション
  ⑩事業状況報告書                             財 産 管 理
   等の提出
  ⑥信託法上の権限行使,
   重要事項の承認
                  信託銀行等              運営委員会等
   信託管理人      （受託者）
                                    ⑦助成先の選考と重要事項
     ⑨信託財産の状況を報告                    に関する助言, 勧告
                  ⑧助成金の給付

            助成先  助成先  助成先  助成先
```

（出所）一般社団法人信託協会ホームページ資料〔http://www.shintaku-kyokai.or.jp/trust/trust01_08_11.html〕。

-4参照)。

　2012年3月末現在，公益信託の受託件数は515件，信託財産残高は約602億円である。2011年度中では2件を新たに受託し，約2億4000万円の信託財産が新たに追加された。社会福祉を信託目的とする公益信託は39件で，その信託財産残高は約37億円である。一方，2011年度中に行われた助成件数は約1万件で，助成額は約50億円である。

　委託者は，基本的には個人，法人，人格のない社団でもかまわない。公益信託の名称は「公益信託○○基金」のように，信託目的や実態を適切に表現したものにするのが一般的である。また，名称の中に委託者の個人名や法人名などを入れることも可能であり，委託

者の意志を広く伝えることができる。

　財産を有する個人または法人がその財産を活用して公益目的の事業に助成しようとするとき，その方法としては，一般財団法人を設立・運営する，公益信託をするなどが考えられる。両者を比較すると，たとえば一般財団法人を設立するには設立者が登記手続きなどを行わなければならないが，公益信託では受託者が主務官庁への許可申請などをすべて行うため，設立に要する手続きが簡単である。また，一般財団法人では運営スタッフなどを確保する必要があるが，公益信託では運営などは受託者が行ってくれる。さらに，一般財団法人では法人を立ち上げた以上は存続することを前提に運営しなければならないが，公益信託では信託財産を取り崩して助成を行い，財産の消滅をもって終了させることができる。

Column⑫ エシカル消費

　ここに,中身も外観もまったく違いのない2つのケーキ(ケーキXとケーキY)があり,ケーキXの価格が300円で,ケーキYの価格が250円だったとしよう。さて,消費者はどちらを購入するだろうか。経済学の基本にしたがえば,中身も外観も同じであれば,どちらのケーキを選択しても,それを食べることによって得られる効用(満足感,幸福感など)は変わらないのであるから,それを得るために支払うカネが少ない方(ケーキY)を購入することになる。このような消費行動を,仮に「合理的な消費」と呼ぶことにしよう。

　次に,ケーキXの製造企業ではケーキXの売上高の一部を地域福祉活動団体に寄付しており,その事実を消費者も認知したと仮定しよう。日頃から何らかの形で地域福祉活動団体を支援したいと考えている消費者の中には,ケーキXの方を購入する者が出てくるかもしれない。また,利潤追求だけでなく社会貢献も果たそうとする企業姿勢を評価して,ケーキXの方を購入する者も出てくるかもしれない。このような消費行動を「エシカル消費」(ethical consumption) という。つまり,合理的な消費では「個人にとって損か得か」という基準で製品・サービスが選択され購入・消費されるのに対して,エシカル消費では「社会にとって善か悪か」という基準も加えたうえで製品・サービスが選択され購入・消費される。

　消費者にエシカル消費を促す企業の取組みには,上述のような寄付活動のほかにも,たとえば,原材料の調達にあたって環境や人権に配慮した状況下で生産・製造されたものを優先的に使用する,生産・製造工程などに就労困難者等を積極的に活用するなど,企業活動のさまざまな場面で展開される社会貢献活動が含まれる。言い換えれば,社会貢献活動を展開する企業を積極的に評価し,その活動を支えているのがエシカル消費である。このように,企業は社会貢献活動を展開することによって,家計(消費者)はエシカル消費を実践することによって,市場というメカニズムを通じて,政府・行政では対応しきれなくなった社会的課題の解決の一翼を担っている。しかしながら,少なくとも日本においてはこれまでのところ,エシカル消費は一部の消費者による特異な行動,あるいは一過性の現象にとどまっているということも否定できない。

　ところで,企業が社会貢献活動を展開するのには理由がある。1つは,企業の存在意義に関わる理由である。企業は利潤を追求する組織体であるとともに,地域住民と同様に地域社会を構成する企業市民でもあるため,企業もCSR(企業の社会的責任)を果たすため,社会貢献活動に取り組むことになる。もう1つの理由は,企業の経営戦略に由来するものである。つくれば

売れる時代からつくってもなかなか売れない時代へと移行する中で，企業は競争上の優位性を確保するために他社との差別化を図る（他社との違いをつくる）ことに注力している。企業の中には，他社に先駆けて社会貢献活動に取り組むことは差別化につながると認識しているところもある。しかし，この後，多くの企業が社会貢献活動に取り組むようになると，差別化の効果はしだいに希薄化し，やがて社会貢献活動を中止する企業が続出するかもしれない。このように戦略上の理由から行われる社会貢献活動は一過性のもので終わってしまうおそれがある。そうさせないためには，エシカル消費を普遍的，持続的な消費行動として普及・定着させ，消費者がエシカル消費を通じて企業活動をチェックすることによって，企業内に「社会貢献活動の展開は企業にとって当たり前のこと」という文化を醸成させていくことが重要になるだろう。

参考文献

浅野令子 [1999]「影響力分析（インパクト・アナリシス）——5つの機能と5つの欠点」NPO 研究フォーラム『NPO が拓く新世紀』清文社。

安立清史 [2008]『福祉 NPO の社会学』東京大学出版会。

尼崎市のホームページ（http://www.city.amagasaki.hyogo.jp/）

池田省三 [2011]『介護保険論——福祉の解体と再生』中央法規出版。

石崎忠司・成道秀雄・松葉邦敏編 [2010]『非営利組織の財源調達』全国公益法人協会。

市川一宏・大橋謙策・牧里毎治編 [2010]『地域福祉の理論と方法』ミネルヴァ書房。

右田紀久恵 [2005]『自治型地域福祉の理論』ミネルヴァ書房。

太田貞司・森本佳樹編 [2011]『地域ケアシステム・シリーズ1 地域包括ケアシステム——その考え方と課題』光生館。

岡田朋子 [2010]『支援困難事例の分析調査——重複する生活課題と政策とのかかわり』ミネルヴァ書房。

岡村重夫 [2009],『地域福祉論』（新装版）光生館。

小川有美編 [2007]『ポスト代表制の比較政治——熟議と参加のデモクラシー』早稲田大学出版部。

奥田裕之 [2011]「『新しい公共』における市民ファンドの可能性」『都市社会研究』第3号，せたがや自治政策研究所。

川瀬憲子 [2011]『「分権改革」と地方財政——住民自治と福祉社会の展望』自治体研究社。

クロポトキン, P. [1996]『相互扶助論』大杉栄訳（現代訳，同時代社編集部）同時代社。

厚生労働省『これからの地域福祉のあり方に関する研究会報告書』
　http://www.mhlw.go.jp/shingi/2008/03/s0331-7.html《2013.4.11：採録日》

厚生労働省『地域包括ケア研究会報告書——今後の検討のための論点整理』
　http://www.mhlw.go.jp/houdou/2009/05/dl/h0522-1.pdf《2013.4.11：採録日》

厚生労働省『2015年の高齢者介護——高齢者の尊厳を支えるケアの確立に

向けて』
http://www.mhlw.go.jp/topics/kaigo/kentou/15kourei/《2013.4.11：採録日》

厚生労働省のホームページ http://www.mhlw.go.jp

サラモン，レスター・M. ほか［1996］『台頭する非営利セクター――12 カ国の規模・構成・制度・資金源の現状と展望』今田忠監訳，ダイヤモンド社。

市民ファンド推進連絡会［2011］『市民ファンド推進連絡会設立趣意書』。

社会保障審議会福祉部会［2002］『市町村地域福祉計画及び都道府県地域福祉支援計画策定指針の在り方について（一人ひとりの地域住民への訴え）』。

神野直彦・山本隆・山本惠子編［2011］『社会福祉行財政計画論』法律文化社。

炭谷茂・大山博・細内信孝編［2004］『ソーシャルインクルージョンと社会起業の役割――地域福祉計画推進のために』ぎょうせい。

全国社会福祉協議会［2008］『地域における「新たな支え合い」を求めて――住民と行政の協働による新しい福祉』。

全国社会福祉協議会［2009］『概説 社会福祉協議会 2009・2010』全国社会福祉協議会。

全国社会福祉協議会［2011a］『社会福祉学習双書 2011 地域福祉論――地域福祉の理論と方法』全国社会福祉協議会。

全国社会福祉協議会［2011b］『概説 社会福祉協議会 2011・2012』全国社会福祉協議会。

総務省［2013］『平成 25 年版 地方財政白書』。

髙橋紘士編［2012］『地域包括ケアシステム』オーム社。

高森敬久・高田眞治・加納恵子・定藤丈弘［1989］『コミュニティ・ワーク――地域福祉の理論と方法』海声社。

武川正吾［2006］『地域福祉の主流化』法律文化社。

谷口和弘［2008］『組織の実学――個人と企業の共進化』NTT 出版。

茶野順子［2006］「地域社会を支えるコミュニティ財団と地域ファンド」『月刊福祉』第 89 巻第 12 号，全国社会福祉協議会。

内閣府「NPO ホームページ」http://www.npo-homepage.go.jp

内閣府大臣官房市民活動促進課［2011］『平成 22 年度 特定非営利活動法人の実態及び認定特定非営利活動法人制度の利用状況に関する調査』。

日本ファンドレイジング協会［2012］『寄付白書 2012――GIVING JAPAN

2012』経団連出版。

日本福祉介護情報学会編［2009］『福祉・介護の情報学――生活支援のための問題解決アプローチ』オーム社。

野口定久［2008］『地域福祉論――政策・実践・技術の体系』ミネルヴァ書房。

福祉クラブ生活協同組合編［2005］『ワーカーズコレクティブ――地域に広がる福祉クラブのたすけあい』中央法規出版。

古川孝順・庄司洋子・三本松政之編［1993］『社会福祉施設――地域社会コンフリクト』誠信書房。

牧里毎治・野口定久編［2007］『協働と参加の地域福祉計画――福祉コミュニティの形成に向けて』ミネルヴァ書房。

牧里毎治・野口定久・武川正吾・和気康太編「2007」『自治体の地域福祉戦略』学陽書房。

森本佳樹［1996］『地域福祉情報論序説――「情報化福祉」の展開と方策』川島書店。

山岡義典編［2003］『NPO実践講座3 組織を活かす資金源とは』ぎょうせい。

山本隆［2009］『ローカル・ガバナンス――福祉政策と協治の戦略』ミネルヴァ書房。

山本隆・山本惠子・岩満賢次・正野良幸・八木橋慶一編［2010］『よくわかる福祉財政』ミネルヴァ書房。

索　引

◆あ 行

アウトリーチ　188
アクティビティサロン(寄り合い)　31
アセスメント　191
アダムス，A. P.　38
新しい公共　171, 181
アドボカシー(代弁)　172, 223, 228
安心生活創造事業　287
安全安心　73
安藤謙治　38
いきいきサロン　180
石井十次　40
石井亮一　39
委託金　277, 278, 313, 316
委託事業　123
委託者　329, 330
移動手段の確保　67
インフォーマル・サポート　214, 252, 254, 255
インフォーマル資源　87, 130
右田紀久惠　95
内村鑑三　39
エコ社会　29
エシカル消費　309
エンパワメント　169
荻野吟子　39
奥田三郎　39
オンブズマン制度　228

◆か 行

介護サービス付きの有料老人ホーム　28
介護支援専門員(ケアマネジャー)　155, 176, 192, 212, 217, 251
介護保険　61, 111, 120, 157-159, 166, 176, 189, 192, 200, 210, 247, 297, 299
介護保険ケアマネジメント支援システム　221
介護保険法　51, 52, 128, 250, 316
介護予防　248
介護予防ケアマネジメント　250
会　費　277-280, 297, 305
外部調達　275, 276
学生セツルメント運動　39
拡大ネットワーク会議　179
笠井信一　38
過　疎　60
片山潜　39
ガーディアン・エンジェルス　132
家庭奉仕員派遣事業　47
間接金融　278, 314, 315
機会費用　269
企画指導員　86, 106
擬似私募債　318, 319
寄　付　306
寄付金　277, 278, 280, 298, 307-310
寄付税制　309
虐　待　80
虐待防止　234
給付と負担のバランス　165
供益者　4
共　住　3
共　助　164-166, 168, 171, 188, 192, 254
共生社会　22
競　艇　325
共同作業所　28
共同募金(赤い羽根共同募金)　81, 115, 202, 298, 307, 322, 323
共同募金運動　41

居宅介護支援　158, 159
居宅ケア　→在宅ケア
「居宅寝たきり老人実態調査」　43, 46
キングスレーホール　39
銀行融資　315
苦情解決　183, 205
国と地方の改革に関する三位一体改革　288
グループホーム　28, 114, 117, 192
車椅子　203
ケア記録　226
ケアコーディネーション　189
ケアハウス　193
ケアプラン　191
ケアマネジメント　183, 189–192, 198, 199, 209, 225, 226, 249
ケアマネジャー　→介護支援専門員
経営・管理情報　219
経営・管理情報システム　222
契　約　204
競　輪　326
ケースワーク　184
権利擁護　169, 182, 234, 250
公営競技系助成団体　325
公益信託　329–331
後　見　55, 205
後見制度支援信託制度　55
公　助　164–166, 168, 171, 188, 192, 254
公的財源　276, 277
高度情報通信社会　208
公民館　39
公立保育所の民営化　63
高齢者虐待防止法　182
「高齢者保健福祉推進十か年戦略(ゴールドプラン)」　48, 206, 234
声かけ訪問活動　31
国立身体障害者更生相談所　42
互　助　164–166, 168, 171, 188, 192, 199, 254

個人寄付　308
個人情報保護法　225
コーズ・リレイテッド・マーケティング　308, 309
子育てサロン　26, 139, 184
子育て支援サービス　25
子育て支援センター　26
国庫委託金　286
国庫支出金　286
国庫負担金　286
国庫補助金　286
国庫補助負担金　288
孤独死　36, 68, 132, 165, 166, 173, 199
コミュニティ・オーガナイザー　84
コミュニティ・オーガニゼーション　84, 85
コミュニティ・カフェ　120
コミュニティ協議会　180
コミュニティケア　32, 33, 188, 189
コミュニティケア・システム　32, 33
コミュニティケア政策　117
コミュニティ再生　145
コミュニティ財団　327
「コミュニティ──生活の場における人間性の回復」　42
コミュニティ・ソーシャルワーカー　117
コミュニティ・ソーシャルワーク　93, 94, 184, 185, 250
コミュニティ・ファンド　327, 328
コミュニティワーカー　11, 81, 83, 84, 86, 88, 104, 106, 109, 113, 115, 118, 138, 141, 144, 256, 257
コミュニティワーク　53, 83, 84, 90, 91, 110, 116, 144, 184, 185
孤立死　68, 165, 173, 199
コレクティブ・ハウジング　143, 144, 146
「今後の社会福祉のあり方について」　48

混　住　3
混住化　21, 22

◆さ　行
災害ボランティアセンター　199
財　源　264
財源ミックス　280, 281
済世顧問制度　38
在宅介護支援センター　49
在宅介護者リフレッシュ事業　49
在宅ケア（居宅ケア）　61, 214, 216, 217
在宅福祉サービス　50, 114
「在宅福祉サービスに関する提言」　46
支えあいの福祉のまちづくり活動　32
サテライト型デイサービス施設（ミニデイサービス）　28
サービス化社会　208
サービス情報　218
サービス情報提供システム　221
サービス評価　182, 205, 219
サラモン, L.　123
サロン活動　74, 158, 159, 175, 176
さわやか福祉推進センター　50
参加・関与情報　219
参加・関与情報システム　221
支援性の財源　277
事業収入　298
自　助　164-166, 168, 171, 188, 189, 192, 254
施　設　53
自治会　31, 69, 70, 73, 74, 80-82, 121, 125, 132, 133, 145, 180, 193, 199, 237, 256
自治体基本構想　234
市町村社会福祉協議会　47, 107, 296
　──の財源　110, 297
市町村地域福祉計画　232, 233, 292
指定管理者制度　83, 123
指定寄付金　311
児童委員　→民生委員・児童委員

児童虐待防止法　182
児童の健全育成　42
児童福祉法　41
資本集約型の活動　282
市　民　6
市民オンブズマン　219
市民後見人　55
市民参加　5, 8
市民ファンド　327, 328
社会的孤立　145, 173
社会的ニーズ　162, 165
社会的排除　145
社会福祉　156, 157, 160, 174
社会福祉関係八法の改正　49
社会福祉基礎構造改革　51, 210, 213
社会福祉協議会（社協）　31, 83, 86, 106, 109, 138, 145, 158, 198-200, 235, 241, 295, 296
社会福祉士　43
社会福祉士及び介護福祉士法　48
社会福祉資源　34
社会福祉施設　116, 128
社会福祉法　51, 107, 204, 232
社会福祉法人　116, 304
社　協　→社会福祉協議会
集　住　3
住民アンケート　260
住民活動　81, 180
住民参加　8, 53, 108, 242, 244, 292
住民参加型在宅福祉サービス　114, 142
住民主体　5, 8, 228
住民組織化　84, 98
住民の自治　62
就労支援　53
受益者　4, 137, 138, 329
主体形成　97, 98, 101, 102
受託金　298
受託事業　313
受託者　329, 331

恤救規則　38
障害者虐待防止法　182
障害者総合支援法　316
障害者の就労　62
小学校区　64,65
小規模多機能型居宅介護　128,192-194,249
少子高齢化　22
小地域助けあい活動　246,255
小地域ネットワーク(見守り活動)　31,138,148,165,180,186-188,198,210
少年院法　41
少年法　41
情報開示　172
情報化社会　208
情報化福祉　222,227
情報の共有化　225
情報リテラシー　226
条例指定寄付金　310,312
処遇情報　218
処遇情報管理システム　221
助成型市民ファンド　328
助成金　202,277,279,319,320
助成財団　321,322
女性の就業　25
ショートステイ　49
自立支援　169
シルバーハウジング構想　48
「新ゴールドプラン」　51
人材の育成・研修　201
身上監護　55
信　託　328
信託財産　329
信託法　328,329
スティグマ　228
ストレングス・モデル　169
生活学習支援センター　26
生活圏　20
生活福祉資金貸付事業　288
生活保護法　41

青少年保護育成運動　41
成年後見制度　52,54,172,182,205,223,228,250
説明責任(アカウンタビリティ)　173
説明と同意(インフォームド・コンセント)　172
セーフティネット　7
セーフティネット支援対策等事業費　286,288
セルフヘルプグループ　134,135,137
全戸加入制　133
全国子ども会指導者連絡会議　42
全国社会福祉協議会(全社協)　43,86,106,108,139,295,296
全国地域子ども会連絡会議　42
全国老人クラブ連絡協議会　42
戦災孤児　41
全社協　→全国社会福祉協議会
善隣館　38
善隣思想　39
早期発見　173
総合相談　250
総合相談窓口　188,210
総合福祉支援法　34
相互扶助　115
組織化　185-187
ソーシャルアクション　202
ソーシャル・インクルージョン(社会的包摂)　169,170
ソーシャルワーカー　224
ソーシャルワーク　223,230

◆た　行
対価性の財源　278
代金・料金　277,278
対人社会サービス　178
宅老所　193
タスク・ゴール　100-102
多文化共生主義　21,22
単身社会　22

地域アセスメント　238, 239
地域移行　53, 62
地域活動　68, 69, 180
　――の組織化　180
地域ケア　61, 62, 249
地域ケア会議　179, 200
地域経済の活性化　60, 145
地域コミュニティ復興支援事業　287
地域再生　13
地域社会　2, 3, 14, 18, 20, 163, 167
　――の安心と安全　32
地域住民のネットワーク化　199
地域生活支援　53
地域組織化活動　43, 53, 180
地域通貨　142, 143, 146
地域づくり　83
地域の防犯活動　36
地域福祉　3, 6, 156, 160, 166, 168, 174–178, 185, 214, 254
　――の基盤整備　178, 207
　――の公的財源　287
　――の財源　264, 285
　――の推進　107, 138, 177, 247
　ネットワーク型の――　208
地域福祉活動　178, 180, 181, 195, 201, 205, 225, 264–268
　――の財源　115
　――の組織化　198
地域福祉活動計画　92, 140, 159, 235, 241, 242
地域福祉活動コーディネーター　92, 93
地域福祉活動団体　266, 267, 305, 313
地域福祉計画　158, 232–234, 236, 237, 255, 259, 260
地域福祉コーディネーター　157, 159, 162
地域福祉サービス　178
地域福祉事業　265–267, 312
地域福祉推進費　286

地域包括医療　33
地域包括ケア　33, 128, 170, 189, 194, 214, 217, 246, 247, 250–255, 259
地域包括ケアシステム　20, 32, 128, 249, 253
地域包括支援センター　26, 128, 152, 157, 159, 200, 250, 251
地域密着型介護老人福祉施設入所者生活介護　193
地域密着型サービス　62, 192, 249
地域密着型特定施設入所者生活介護　193, 194
知縁型組織　121
地縁型組織　121, 125
地区懇談会　238, 239, 245
地区社協　139, 180
地区福祉計画　236
地方交付税　288
地方自治法　293
痴呆性老人対策　48
地方分権　62
地方分権一括法(地方分権の推進を図るための関係法律の整備等に関する法律)　51
中央身体障害者福祉審議会　42
仲介・調整業務　208
中学校区　66
中間支援団体(インターミディアリー)　112
中間施設　47, 48
長期継続ケア　170
超高齢社会　60
町内会　31, 36, 68, 70–74, 80–82, 121, 125, 132–134, 145, 175, 180, 193, 199, 237
直接金融　278, 314, 317
賃金　264
つながり　166
つなぎ資金　272, 275, 320
つなぎ融資　272, 316, 320

定期巡回・随時対応型訪問介護看護　193
デイサービス　50
テーマ型組織　121
手をつなぐ親の会　42
当事者　183
　——の組織化　181, 199
当事者主体　171, 192
当事者性　136, 137
当事者組織　135
登録ボランティア　140
特定寄付金　310
特定公益増進法人　311
特定非営利活動促進法（NPO法）　51, 121, 304
特定非営利活動法人（NPO法人）　123, 125, 159, 181, 265, 304-306, 316
特別養護老人ホーム　46, 60, 158, 159, 193
都道府県社会福祉協議会　107, 291, 296
都道府県地域福祉支援計画　232, 233
徒歩生活圏　64-66
留岡幸助　39

◆な　行

ナイトケア事業　48
「21世紀福祉ビジョン」　50
ニーズ情報　218, 223, 224
ニーズ情報把握システム　220
ニーズ調査　210
日常生活圏域　20, 152, 251, 252
日常生活自立支援事業（地域福祉権利擁護事業）　52, 172, 182, 205, 287
日本財団　325, 326
日本社会事業協会　41
任意後見制度　54
認知症　195
認知症ケア　248
認知症サポーター　195

認知症対応型共同生活介護　192-194
認知症対応型通所介護　192
認定NPO法人　→認定特定非営利活動法人
認定こども園　63
認定特定非営利活動法人（認定NPO法人）　127, 310
寝たきりゼロ作戦　33
寝たきり老人　46
ノーマライゼーション　117, 121

◆は　行

配食サービス　159
バークレイ委員会報告　94
ハートビル法（高齢者，身体障害者等が円滑に利用できる特定建築物の建築の促進に関する法律）　51
バリアフリー　22, 203
　心の——　203
　制度間の——　203
ピアカウンセリング　180, 181
東日本大震災　12, 71
ひきこもり　173, 199
ひとり暮らし世帯　61
ファンド　264
ファンドレイジング　264
フォーマル・サービス　252, 254, 255
フォーマル資源　87, 130
複合型サービス　193
福祉　160
　——の情報化　177, 210, 213, 214
　——のユニバーサル化　35
　選別主義的——　170
　普遍主義的——　170
福祉委員　140
福祉NPO　31, 53
福祉オンブズマン制度　50
福祉活動支援員　106
福祉活動指導員　86
福祉活動専門員　86, 91, 106, 109, 110

索引　343

福祉教育　92, 198, 200, 201, 206, 228
福祉コミュニティづくり　11, 241
福祉サービス利用援助事業（日常生活自立支援事業）　223, 228
福祉施設　117, 118, 179
　――の社会化　117
福祉情報　190, 217
福祉情報化　217, 227
福祉情報システム　217, 220
福祉専門職の人材育成　291
福祉組織化　179
福祉タクシー　67
福祉のまちづくり　55
福祉のまちづくり計画・条例　235
福祉のまちづくり推進モデル事業　49
福祉避難所　128
福祉マンドウレ　75
プライバシー　36
プラットホーム　145
ふれあい・いきいきサロン　139
プレッシャーグループ（圧力団体）　132, 135, 202
プロセス・ゴール　100, 102
保育所　25
防　災　120, 133
防災NPO　145
法人寄付　308
法定後見制度　54
防犯・防災　70, 71, 81, 132
方面委員制度　38
訪問介護（サービス）　28, 61, 158, 159
訪問診療・看護サービス　28
補完性の原理　164, 168
募金箱　307
保　佐　55
補　佐　205
補　助　55, 205
補助金　277, 279, 298, 313, 316, 319
ホームヘルパー　61
ホームヘルプサービス　49, 50

ボランティア　31, 50, 83, 113, 114, 120-122, 130-132, 137, 139-141, 145, 171, 180, 183, 193, 257, 265, 270, 326
　――の組織化　180, 199
ボランティア元年　123
ボランティア・コーディネーション　113
ボランティア・コーディネーター　113, 116
ボランティアセンター　112

◆ま　行
マズロー, A. H.　266
まちづくり　5, 120
マッチング　113, 114, 140, 223, 224, 230
マッチングギフト　308
ミニデイ・タイプ　114
見守り活動　→小地域ネットワーク
見守りネットワーク　128, 153, 158, 159, 176, 246, 255
民間財源　276, 277
民生委員・児童委員　41, 68, 139, 140, 155, 158, 193, 237, 256, 287, 292
民生委員令　41
民生児童委員　→民生委員・児童委員
民生費　289, 293
無縁社会　68, 74
名称独占　43
モニタリング　190, 191

◆や　行
夜間対応型訪問介護　192
山口昇　32
融資型市民ファンド　→NPOバンク
有料老人ホーム　193
ユニットケア　249
ユニバーサルデザイン　203
要援護者の安否確認　246, 255
要介護認定　211

養護老人ホーム　46
幼保一元化　63
横山源之助　38
予　防　173, 206
寄り合い　→アクティビティサロン

◆ら　行
ライフスタイルの変化　29
ライフステージ　24
リハビリテーション施設　28
利用者主体　171, 192
利用者の権利擁護　205
利用者保護　213
リレーションシップ・ゴール　101, 103
隣人祭り　31
老人医療費支給制度　46
「老人介護の実態──ねたきり老人介護の実態調査最終報告書」　47
老人家庭奉仕員事業　46
老人クラブ　31
老人日常生活用具給付事業　46
老人福祉法　46
老人訪問看護制度　50
老人保健施設　49
労働集約型の活動　282
ローカリティ　146
ロスマン, J.　84
ロビー活動　202

◆わ　行
ワーカーズ・コレクティブ　31, 114, 142, 143, 146
ワンストップサービス　175

◆アルファベット
ADL(日常生活動作)　167, 218
CDC　145
CSR　148
DV　80
EBC(根拠に基づいたケア)　172
EBM(根拠に基づいた医療)　172
EBSW(根拠に基づいたソーシャルワーク)　172
Iターン現象　21
JKA　325, 326
NGO　62, 63, 121
NPO　62, 63, 112, 120-125, 127, 134, 145, 171
NPOバンク　316, 317, 328
NPO法人　→特定非営利活動法人
OA化　227
PCDAサイクル　190
PFI手法　83
QOL　121
SOSネットワーク　195
Uターン現象　21
WAM-NET　221

索　引　345

◆ 編者紹介

牧里毎治
　　関西学院大学人間福祉学部教授

杉岡直人
　　北星学園大学社会福祉学部教授

森本佳樹
　　立教大学コミュニティ福祉学部教授

ビギナーズ地域福祉
A Handbook for Community Workers

有斐閣アルマ

2013年8月10日　初　版第1刷発行

編　者	牧里毎治 杉岡直人 森本佳樹
発行者	江草貞治
発行所	株式会社 有斐閣 郵便番号　101-0051 東京都千代田区神田神保町2-17 電話　(03)3264-1315〔編集〕 　　　(03)3265-6811〔営業〕 http://www.yuhikaku.co.jp/

印刷・株式会社理想社／製本・牧製本印刷株式会社
© 2013, Tsuneji Makisato, Naoto Sugioka, Yoshiki Morimoto.
Printed in Japan
落丁・乱丁本はお取替えいたします。
★定価はカバーに表示してあります。

ISBN 978-4-641-12486-8

JCOPY　本書の無断複写(コピー)は、著作権法上での例外を除き、禁じられています。複写される場合は、そのつど事前に、(社)出版者著作権管理機構(電話03-3513-6969, FAX03-3513-6979, e-mail:info@jcopy.or.jp)の許諾を得てください。